军备及其影响

Arms and
Influence

Thomas C. Schelling

[美] **托马斯·谢林** – 著

毛瑞鹏 – 译

上海人民出版社

前　言

　　人类生产的一条可悲规律是：破坏总比创造容易。 一座需要几个人花费多年的时间才能造好的房子，在一个小时内就可以被任何买得起一盒火柴的违法少年所焚毁。 毒死一条狗要比喂养它所需的花费低廉得多。 一个国家使用价值 200 亿美元的核武器所造成的破坏，要比它用同样数量的对外投资所创造的财富大得多。 人们或者国家能够造成的危害令人印象深刻，而且，这种危害常常被用来引起他人的注意。

　　伤害性力量（the power to hurt）——毁坏他人珍惜的事物，使其遭受伤痛和悲哀的纯粹非获得性（acquisitive）、非生产性的力量——是一种讨价还价的交易力量（bargaining power）。 运用这种力量并不容易，但是人们还是经常会使用它。 在黑社会，它是敲诈、勒索和绑架的基础；在商业社会，它则是抵制、罢工以及封锁工厂的依据。 在某些国家，它通常被用来胁迫选民、官僚甚至警察；它构成了社会通过精神以及肉体的惩罚慑止犯罪和违法行为的基础。 同时，它也具有非暴力的形式，例如造成混乱或收益减少的静坐抗议；它还具有一些更加微妙的形式，比如通过自残使他人感到负疚或羞耻。 甚至法律本身也会被用作伤害性力量。 例如，从古代雅典开始，人们就已经通过诉讼的威胁来索取钱财，甚至包括那些不属于他们的钱财。 这种力量通常还是纪律的基础，不论是在平民社会还是在军队之中。 上帝同样利用它来获得人们的服从。

　　讨价还价的交易力量来自一个国家可以对另一个国家施加的有形伤害，它反映在一系列的观念上，如威慑、反击与报复、恐怖主义与神经战、核讹诈、休战与投降，乃至限制对战俘的伤害以及管理军备的互惠努力。 有时军事力量无须通过劝说或者恫吓就能强制性地实现某一目标；然而在整个历史中，尤其是现在，人们通常利用军事潜力可以造成的伤害影响其他国家的政府或者人民。 这种利用既可能是巧妙的，也可能是笨拙的；既能够用来实现邪恶的目的，也能够用来实现自我保护，甚至能够用来谋求和平。 如果作为一种讨价还价的交易力量，它便是外交的一部分——外交中较为丑陋、负面和缺乏文明的那一部分——然而，它的确是外交。

这种外交没有一个惯例的称呼。 它并不是通常意指实现军事胜利的艺术或者科学的"军事战略"。 当传统上胜利的目标被描述为"将一方的意愿强加于敌人之上"时，如何做到这一点通常却比战役和战争的实施较少受到重视。 至少在美国，以前这种外交是例外和偶然的，不处于核心的地位，也不被持续地运用，并且当战争逼近或正在进行时，它经常会让位于军事行动。 但是，在最近的 20 年，这种外交却一直处于核心的地位并且得到持续的运用。 在美国，在武器的爆炸威力发生革命性增长的同时，军事同外交政策的关系也发生了一场革命。

在本书中，我试图识别出几个构成这种暴力外交基础的原则。"原则"可能是一个过于矫饰的术语，但是我的兴趣在于这一点：国家是如何将它们实施暴力的能力作为讨价还价的交易力量的，或者至少它们是如何试图这样做的？ 其中的困难和危险是什么，成功或者失败的原因又有哪些？ 在某种程度上，成功不是一个排外的或者竞争性的概念，失败更是如此。 当面对暴力的时候，甚至敌对双方之间的利益也会出现重合；如果没有重合，就不存在交易，而只有针锋相对的战争（a tug-of-war）。

这不是一本关于政策的书。 我无意重组北约组织、遏制共产党中国、解放古巴、挫败越共，或者阻止印度谋求核武器；我也无意支持或者贬低载人轰炸机、核动力舰艇或者弹道导弹防御系统；我同样无意在死亡与投降之间作出选择，抑或对军种进行重组。 原则很少直接导向政策；政策依赖于价值与目的、预测与估计，还必须经常反映出相互冲突的原则的相对重要性。（政策应当是连续的，但是令人感兴趣的原则几乎总是相互冲突的。）同时，我知道自己没有平和地掩饰自己的偏见：在某些时候，它们被明显地强加给读者；在另外一些时候，读者可能同我持有同样的看法，因而没有注意到它们；还有一些时候，我无疑过于屈从于一些不同的看法，以至于一些本不属于我的观点也被认为是我的。

我没有在军备控制问题上着墨很多。因为在 1960—1961 年，我同莫顿·哈尔珀林（Morton H.Halperin）合作完成了一本关于军备控制的篇幅不长的书；我仍然很喜欢这本书，并且找不出需要在这里重述或者重写它的理由。本书也很少涉及暴动、起义以及国内恐怖主义，这些问题需要另外再写一本书。本书也很少或者根本没有具体分析关于因存在多个核国家而导致的"去极化"（depolarized）世界的问题，尽管如此，我所写的那些在一个极化的世界中是有效的内容，或许在一个存在数个竞争性大国的世界仍然是有效的。它们和法国或中国的政策也是相关的，就像和美国或苏联的政策相关一样。并且，如果我所说的内容符合当前的情况，那么它也应当适用于未来，只是更加不完善而已。

我在书中使用了一些历史案例，但是它们通常是用来说明观点，而非作为证据的。在翻阅文献以寻求思路时，我发现恺撒（Caesar）的《高卢战记》是一本内容相当丰富的著作，修昔底德的《伯罗奔尼撒战争史》则是最好的一本书。不论它们的历史学价值如何，即使把它们当作纯粹的小说来读，也是如此。我经常会使用最近的事例来阐明某个观点或者策略，然而此举并不意味着我赞同这些政策，即使它们取得了成功。举例来说，我用好几页分析了 1964 年美国对东京湾*的轰炸，但这并不表示我赞成这一政策（尽管事实上我的确赞成）；我也用好几页探讨了 1965 年美国轰炸北越的强制行动，同样这并不意味着我赞成这种做法（事实上我还不能确定）；我还用好几页研究了政府最高层的

---

* 东京湾，即北部湾的旧称。——译者注

那种培植非理性的策略，即使并不可信的威胁变得可信的策略，这也并不表示我赞同这一方法（事实上我不赞同）。

在写作中我得到了很多的帮助，以致我想打破常规，让其他人不仅和我一起分享荣誉，而且同时承担责任。颇有说服力的批评家对本书的结构和风格产生了重要的影响。其中的两位是伯纳德·布罗迪（Bernard Brodie）和小詹姆斯·金（James E.King, Jr.）。出于对本书初稿作品的严重不满，更是出于对作者的爱护，他们花了巨大的精力对每一章都进行了指正。在这里我不仅要感谢他们，而且还要特别说明他们对本书依然不满意。我还要感谢那些毫不犹豫地指出我的错误所在、或者表述不清、或者书的结构安排糟糕的人，以及那些为我补充新的想法或提供案例的人。他们是罗伯特·鲍伊（Robert R.Bowie）、唐纳德·伯西（Donald S.Bussey）、林肯·布卢姆菲尔德（Lincoln P.Bloomfield）、托马斯·多纳休（Thomas C.Donahue）、罗伯特·欧文（Robert Erwin）、劳伦斯·芬克尔斯坦（Lawrence S.Finkelstein）、罗杰·菲舍（Roger Fisher）、罗伯特·金斯伯格（Robert N.Ginsburgh）、莫顿·哈尔珀林（Morton H.Halperin）、弗雷德·伊克尔（Fred C.Ikle）、威廉·考夫曼（William W.Kaufmann）、亨利·基辛格（Henry A.Kissinger）、罗伯特·莱文（Robert A.Levine）、内森·莱茨（Nathan Leites）、杰西·奥兰斯基（Jesse Orlansky）、乔治·奎斯特（George H.Quester）和托马斯·沃尔夫（Thomas W.Wolfe）。这些列举还没有能够包含那些对本书的文字和内容同样产生影响的很多人。

我还将之前发表于下述杂志和研究机构的刊物的部分论文以修订的形式整合到本书的一些章节中。它们包括：《原子科学家学报》（*Bulletin of Atomic Scientists*）、《外交事务》（*Foreign Affairs*）、《弗吉尼亚评论季刊》（*The Virginia Quarterly Review*）、《世界政治》（*World Politics*）、普林斯顿大学国际研究中心、乔治敦大学战略研究中心、加州大学伯克利分校国际研究所以及伦敦战略研究所。我要感谢这些杂志和研究机构允许我这样做。

在第一稿完成后，来自华盛顿防务分析研究所（Institute for Defense Analyses）的一群坚持不懈的研究人员与我一起举办了11次每周一次的研讨会。在访问伦敦战略研究所期间，本书最终得以定稿。

1965年春，我以前在耶鲁大学的同事们邀请我在亨利·史汀生讲坛（Henry L.Stimson Lectures）作系列的演讲，演讲的内容便来自本书。

托马斯·谢林
马塞诸塞州坎布里奇市
1965年11月15日

目　录

第一章　暴力外交

外交和武力之间的一般差别，不仅在于使用的工具，即到底是语言还是子弹，而且还在于敌对双方之间的关系——动机的互动以及交流、谅解、妥协和克制所具有的作用。外交就是讨价还价的交易，尽管它所追求的结果对任何一方来说都不是理想的，但是对双方来说都要好于其他一些选择。在外交谈判中，每一方在某种程度上都控制着对方所需求的东西，并且相比把它们完全掌握在自己手中而忽视对方的愿望，通过妥协、交换或者合作能够获得更多的收益。交易可以是礼貌的，也可以是粗鲁的，既包括发出威胁，也包括给予好处，既可以维持现状也可以忽视任何现有的权利和特权，还可以采取不信任而非信任的立场。但是不论是礼貌的还是粗鲁的，建设性的还是侵略性的，善意的还是恶意的，也不论是发生在朋友之间还是对手之间，以及不论是否存在信任和友好的基础，只要双方试图避免相互破坏，以及认识到需要让对方选择一个自己可以接受的结果，就一定会有一些共同的利益。

假如一个国家拥有足够强大的军事实力，它可能就不再需要进行讨价还价的交易了。它可以通过纯粹的实力、技巧和智谋来获取它所需要的物品，并继续保留已拥有的物品。它可以强制性地实现这些目标，仅仅需要考虑敌人的力量、技巧和智谋，而不需要迎合它们的愿望。国家可以强制性地击退和驱逐、进犯和占领、俘获和剿灭、解除武装和使之丧失能力、限制行动和阻止进入以及直接挫败入侵或攻击。如果它有足够的力量，它就能够实现上述目标。是否"足够"取决于对手拥有多大的实力。

武力还可以完成一些其他的较少军事性、英雄式、无人情味以及单边的目标。 这些目标更加丑陋，在西方的军事战略中也较少获得重视。 军事力量在实现夺取、持有、解除武装、限制、渗透和阻碍等目标之外，还可以被用来造成伤害。 除了用于获得和保护有价值的东西之外，它还可以用来破坏价值。 除了在军事上削弱敌人之外，它还可以使敌人遭受巨大的痛苦。

作为战争的结果，总是会在某种程度上——有时则是极度地——出现痛苦和震惊、损失和悲伤、困苦和惊恐。 然而在传统的军事科学中，这些只是战争的副产品，而不是战争的目标。 但是如果暴力可以是附带产生的，那么它也可以被刻意地制造。 伤害性力量就可以被视为军事力量最突出的属性之一。

与强制性的夺取或者自卫不同，伤害并不是毫不关心他人的利益。伤害的大小可以通过它能够造成的痛苦，以及受害者试图避免这种痛苦的迫切性来衡量。 强制性行动针对的对象可以是杂草、洪水或者军队，但是痛苦要求必须有一个受害者，他能够感受到疼痛或者拥有某种可能会被夺去的东西。 施加痛苦不能直接获得或者挽救任何东西，它只能促使人们努力避免被施以痛苦这种情况的发生。 所以它唯一的目的，除非是为了娱乐或者报复，否则必然是影响他人的行为，并迫使其作出决定或者选择。 为了用于强制，暴力还必须是可以被预测的，而且它必须是通过和解可以避免的。 伤害性力量是讨价还价的交易力量。 利用这一力量便产生了外交——手段恶劣的外交，但的确是外交。

武力与强制之间的差别

主动获取与迫使他人给予、抵御攻击与迫使他人不敢攻击、防止他人夺取与迫使其不敢夺取、被他人强制性地夺取与主动放弃以避免风险或者破坏之间是存在差异的。这是防御与遏制、武力（brute force）与恫吓、征服与敲诈、行动与威胁之间的差别。这是单边的、依赖于实力的"非外交"（undiplomatic）行动与建立在伤害性力量基础上的强制外交（coercive diplomacy）之间的差别。

　　两者之间存在几个方面的不同。武力行动的"军事"或"非外交"活动关注敌人的力量，而非它的利益；用于强制的伤害性力量则充分地利用敌人的需求和恐惧。武力通常通过与敌人的实力的比较来衡量，两者直接对立。而伤害性力量一般不会被敌人的伤害性力量所削减。对立的实力可以相互抵消，然而彼此造成的痛苦和悲伤却不能。虽然施加伤害的意愿、威胁的可信性，以及运用伤害性力量的能力确实取决于对手反过来能够造成多少伤害，但是对手的痛苦和悲伤很少或者不会直接减少本方的痛苦。敌对双方不可能同时利用优势力量战胜对方，但是它们却可以同时伤害对方。通过伤害性力量，它们能够对具有价值的目标提出质疑，并通过纯粹的暴力将其摧毁。

　　武力只有当它被使用时才会成功，而伤害性力量当它蓄势待发时则是最成功的。伤害性力量是一种施加破坏或者更大破坏的威胁，它将迫使对手屈服或顺从。这是一种影响他人决定的潜在的暴力——既可以被保留也可以被施加的暴力，或者受害者认为可以被保留或施加的暴力。伤害的威胁试图塑造他人的动机，而武力则试图战胜对手的军事力量。不幸的是，伤害性力量经常需要通过一些表现方式来传达给对方。不论是试图导致他人作出非理性反应的恐怖暴力，还是试图劝告他人相信你的意图以及你可能会再次这样做的有预谋的暴力，其目的都不在于造成的痛苦和破坏本身，而在于对他人行为的影响。如果伤害性力量能够完全实现其目标，它所希望出现的结果是，他人将会作出出现更多暴力的预期。

　　为了利用造成伤害和施加破坏的能力，就需要知道对手珍惜的是什么，什么将使他感到害怕，需要使对手明白自己的何种行为将导致对其施加暴力以及何种行为将使得暴力的实施得以抑制。受害者必须知道何种行为是受欢迎的，何种行为又是不受欢迎的。 痛苦和灾难的发生必然视其行为而定，威胁不仅应当是有效的——如果拒绝服从，将招致痛苦或者损失——而且还应当有相应的保证，可以向他暗示，如果他确实屈服，就可以避免痛苦和损失。 必然死亡的前景可能会令对手震惊，然而这样的前景使他别无选择。

利用威胁造成破坏来实施强制时，我们同对手之间的利益不能是绝对相反的。 如果对手的痛苦是我们最大的快乐，而反过来，我们的满意是对手最大的不幸，那么彼此将只会着手去伤害和挫败对方。 只有当与对手能给我们带来的收益相比，他的痛苦很少或者根本不会给我们带来满足时，以及令我们满意的行为给对手造成的损失比我们能够给他造成的伤害更少时，强制才有实施空间。 为了实施强制，需要与对手展开交易，并使其认识到按照我们的愿望行事将获得最好的结果——不按照我们的愿望行事将导致最坏的结果。

和大部分严重的劳工纠纷、种族冲突、市民暴动和镇压、敲诈等经常联系在一起的是实施纯粹破坏（pure damage）或纯粹暴力的能力。 然而我们在应对这些犯罪时，通常使用的是伤害性力量，而不是残酷的暴力（brute violence）；对于不当行为，我们通过事后惩罚或者威胁惩罚来加以避免，而不借助于电网、高墙及全副武装的警察实施保护。 当然，监狱既可以是为了强制性的监禁，也可以是为了威胁剥夺自由；如果设置监狱的目的是通过监禁使罪犯无法为害，那么收监服刑的人数越多就意味着越成功，但是，如果目的是威胁剥夺自由，那么则是人数越少越成功。 这种情况下，成功取决于主体对后果的理解。 当一辆汽车执意霸占道路，或者极力争取正当的分享权利，或者在十字路口坚持首先通过时，它所作的威胁正是一种纯粹破坏。 一辆坦克或者推土机能够不顾他人强行通过；我们则不得不威胁要进行破坏（通常是相互的破坏），使其他司机出于爱惜他的车辆和顾及自身的安全而作出让步。 当然，上述这种纯粹破坏的威胁并不适用于无人驾驶的汽车。

强制与武力之间的区别既反映在意图上，也反映在手段上。 搜寻并灭绝科曼奇人(Comanches)是武力的运用，袭击他们的村庄以使其顺从则是基于伤害性力量的强制外交。印第安人的痛苦和损失也是一样的，区别仅仅在于目的和效果不同。如果印第安人被杀死是因为他们阻挡了道路，或者某人想夺取他们的土地，或者当局认为他们不可归顺并难以限制于是决定予以灭绝，那么这就是纯粹的单边暴力。但是，如果杀死一部分印第安人是为了使其他的人顺从，那么这就是强制性暴力——不论它是否有效。德国人在凡尔登可怕的"绞肉机"(meatgrinder)战役中认为，他们自己在吞噬成千上万的法国士兵。如果以清除军事障碍为目的——法国步兵被当作军事"资产"而不是活生生的人——那么在凡尔登的进攻就是一场单边的军事行动。相反，如果目标是使法国人为失去年轻的男人——不是客观的"士兵"，而是儿子、丈夫、父亲以及法国男性的尊严——而感到痛苦以至于无法忍受，最终将投降视为受欢迎的解脱，也因此破坏联盟胜利的前景，那么这是一项旨在使和解更易接受的强制行动。当然，任何的武力运用都往往是残忍、轻率、报复或者完全顽固的，其动机本身也是复杂和混乱的。英雄主义和残忍行为既适用于强制外交也适用于纯粹的武力较量，这一事实使得当某种强烈的进取心被调动起来时，将无法根据这一因素区分强制与武力，也无法明确这两种战略的差异。

武力与强制之间的区别可以通过成吉思汗的两种战略得到阐述。早期他坚持蒙古人的战争信条：被征服者永远不会成为胜利者的朋友，因此消灭被征服者对于胜利者的安全是必要的。这是一种单方面消除威胁和推卸责任的做法。根据林恩·蒙特罗斯(Lynn Montross)的观点，在成吉思汗发现如何运用伤害性力量实现外交目的后，他的立场发生了转变。"伟大的可汗，不受常规仁慈的限制，强迫俘虏——妇女、儿童、年长的父亲、心爱的孩子——走在部队前面作为敌人发起抵抗时率先的受害者。"[1]活着的俘虏经常证明比死了的敌人更有价值。成吉思汗在他壮年时采用的这一方法在当代仍然是常用的。人质是伤害性力量最为纯粹的形式。

战争中的强制性暴力

在现代战争中，无论是大型的还是小型的，假定的还是实际的，伤害性力量与强制夺取或维持之间都存在非常重要的差异。 长期以来，虽然希腊和土耳其在塞浦路斯可以不定期地给对方造成伤害，然而任何一方都无法强制地达成获取或维持的目标，也无法依靠有形的手段使自己免于暴力攻击。 20 世纪 40 年代末，居住在巴勒斯坦的犹太人虽然无法驱逐英国人，但是他们通过恐怖主义对敌人造成伤害和引发恐惧，使其丧失斗志，并最终影响了某些人的决定。 发生在阿尔及利亚的残酷战争更多地是纯粹的暴力而不是军事力量的竞争，结果取决于哪一方首先因为无法继续承受痛苦和屈辱而先行屈服。 法国部队希望并确实试图使这场战争成为一场力量的对决，即以军事力量对抗民族主义者制造恐怖的能力，灭绝或使民族主义者丧失战斗力，将他们与其暴力的受害者隔离开。 然而由于在内战中恐怖主义分子通常可以通过纯粹的身体接近靠近受害人，所以这些受害人及其财产并不能被有效地保护起来，最终法国部队选择诉诸一场不成功的伤害战争。

没有人会相信苏联人能够从我们手里夺走夏威夷、纽约或者芝加哥，但是也没有人会怀疑他们有能力摧毁这些地区的建筑和伤害这些地区的人民。 从任何意义上来说，虽然苏联人是否能占领联邦德国是存在疑问的，但是他们有能力严重地破坏联邦德国则是毋庸置疑的。 美国被普遍认为有能力摧毁苏联的大部分国土，但是反过来，美国是否能够避免被严重地破坏甚至毁灭，或者在它破坏苏联的同时避免西欧遭到毁灭，这些至少是有疑义的。 我们能够占领苏联并使用其经济资产，这几乎是不成问题的，除非苏联威胁将制造灾难或者愿意屈服。 目前，伤害性力量，而非传统意义上的军事力量，已经成为我们最引人注目的军事能力。 我们虽然将一个政府部门命名为国防（defense）部，但是强调的却是报复（retaliation），即"以恶制恶"（to return evil for evil）。同样，痛苦和暴力，而非传统意义上的武力，已经成为当前一些不太引人注目的军事能力的基础，例如塑料炸弹（plastic bomb）、恐怖分子的子弹、被烧毁的农作物以及被折磨的农民。

战争看起来更多地是（或者威胁成为）一场忍受、紧张、固执及痛苦的较量，而不是一场武力的对决。战争更多地是（以及威胁成为）一个讨价还价的交易过程，尽管对于一方或者双方而言或许是肮脏的、敲诈性的，并且经常是非常不情愿的交易。

这种差异不能完全表述为使用武力和威胁使用武力。强制地达成目标与完成一项威胁两者所包含的行动是相当不同的。给敌人造成足够大的损失或痛苦的最有效的直接行动有时可以作为一种威胁，有时则不能。美国威胁如果苏联对它发动突然攻击，它将实质性地破坏苏联社会；作为纯粹破坏，致使上亿人死亡是可怕的，但是它在阻止苏联的攻击方面却可能是无用的，尤其如果威胁是事后才作出的。所以有必要将武力行动和痛苦威胁这两个概念区分开来，并认识到一些行动可以同时作为强行达成目标与施加纯粹破坏的手段，一些则不能。挟持人质容易造成人质的痛苦和伤害，这与其他所有形式的事后报复相同。某些类型的自卫只引发微不足道的暴力，因而仅造成极少的流血冲突和财产损失，但某些强制行动可能导致大量的暴力，由此形成的威胁本身就可能是有效的。

虽然伤害性力量通常不能直接实现任何目标，但是同强制达成目标的简单能力相比，它具有更多的潜在适用性。单凭蛮力，我们甚至无法将一匹马牵到河边——我们不得不硬拖着它——更不用说迫使它饮水了。任何的肯定性行为（affirmative action），任何形式的合作，有形的排斥、驱逐或灭绝之外的几乎所有行动，都需要对手或受害者作出某种回应，即使仅仅是停止或者离开。面对施以痛苦和破坏的威胁，对手或许愿意作出回应，而他的回应潜在地是容易被诱导的。强力仅能够完成不需要合作的事情。可以通过一项徒手搏斗技术说明这一原则：

7

一个人能够以令人恐惧的和富有杀伤力的拳击致残对手，但是如果希望把对手送进监狱，则不得不借助于对手自身的努力。在保有使对手痛苦或致残威胁的同时，允许其自行选择步入监狱。

我们必须牢记，在一个层次上属于纯粹痛苦或者痛苦威胁的行动，在另一个层次上则可能等同于现实的武力行动。伦敦在1940年遭受德军的初期轰炸时，丘吉尔担心伦敦会陷入大恐慌。对于民众来说，轰炸是纯粹的暴力，诱使他们无纪律和混乱地逃避；对于丘吉尔和英国政府来说，轰炸仅导致了社会生产效率的降低，因为它破坏了交通使得人们来不及工作，或者使人们受到惊吓不敢出来工作。丘吉尔的决定不会因为少量的伤亡而改变。在战场上同样如此，那种使士兵受到惊吓而逃跑、头脑不清或者放下武器投降的策略代表了在伤害性力量的基础上进行的强制；但是对于那些仅仅遭受挫折而没有被压服的最高指挥官而言，这种策略只是军事纪律及力量的较量而已。

暴力——纯粹的痛苦和破坏（pure pain and damage）——在有意识地进行肮脏的讨价还价的过程中，能够被用来实现或者威胁实现强迫和慑止、恐吓和勒索、挫伤意志和致使瘫痪。当然，这一事实无论如何都不意味着，暴力通常不是随意的和毫无意义的，甚至当有目的地使用暴力时，如果局势失去控制，也会演变为随意地使用暴力。古代战争对于失败者而言通常是"彻底的"（total）：出于报复、公正、个人利益或者仅是习惯等方面的原因，男人被处死，女人被卖作奴隶，男孩被阉割，牲畜被屠杀，房屋被夷为平地。如果由于预先的设计或者疏忽，敌人轰炸了一座城市，那么我们通常也会轰炸敌人的城市，如果我们能够这样做的话。在对战争的兴奋和厌倦中，复仇是少数几个能够让人感到满足的东西之一；公正通常被理解为需要对敌人进行处罚，即使比公正所对应的合理要求投入更大的热情。当耶路撒冷在1099年被十字军占领时，随之而来的杀戮是军事史上最血腥的场景之一。蒙特罗斯描述说："西方人端着尖刀向圣墓大教堂（the church of Holy Sepulcher）行进，其恐怖程度就像'榨汁机的搅拌一样'。"根据他的观察，这种放肆的行为通常会出现在攻取一座防御据点或城市的最高潮。"攻城的士兵承受了长时间的折磨，远超出他们能够施加的痛苦；因此一旦城池被攻破，压抑的情绪就在屠杀、强奸和劫掠中得到宣泄，此时，纪律是无力对之加以阻止的。"这一情况同样发生在经过痛苦的围困，提尔城（Tyre）被亚历山大最终攻陷的时候，并且这一现象在第二次世界大战的太平洋岛屿上并不少见。 纯粹的暴力，如同火一样，可以被用于实现一个目标；这并不意味着每一次大屠杀背后都有一个需要成功完成的刻意的意图。

但是如果暴力的发生并非必然表示实现一个刻意的目标，那么痛苦和破坏的缺失也并非标志着暴力是无用的。 当暴力被用于威胁使用而不是实际使用时，它是最具有目的性的，也是最成功的。 成功的威胁是那种不必然被实施的威胁。 按照欧洲的标准，丹麦在第二次世界大战中并没有受到实际的伤害，迫使丹麦人投降的是潜在的暴力。 被抑制的暴力——成功地威胁使用暴力——看起来是干净的，甚至是仁慈的。 被绑架的受害人可能由于交纳巨额赎金而安全地返回，然而这并不能使绑架成为一项非暴力的企图。 1847 年美国在墨西哥城的胜利就是一个仅以极少的暴力取得胜利的例子：用对方的首都城市换取我们希望通过战争获取的一切。 我们甚至无须说我们可以对墨西哥城采取何种行动就使得墨西哥政府认识到反抗需承担的风险。〔他们肯定在一个月前维拉·克鲁斯（Vera Cruz）兵败投降时就已经获得消息。 在经历了48 小时的炮火攻击后，在这座城市的外国领事们纷纷同温菲尔德·斯科特（Winfield Scott）将军的总部联系要求停火以使妇女、儿童及中立者能够撤离该城。 斯科特将军则"希望这种来自内部的压力能够帮助促使该城投降"，于是拒绝了他们的请求，并称任何企图离开这座城市的人，不论是士兵还是非战斗人员，都将被射杀。[2]〕

说与不说，威胁都摆在那里。 在早期阶段，外交礼节更加盛行。当波斯人企图诱导爱尼恩人（Ionian）的城市投降并归顺自己时，不需要攻打而只需命令大使们：

向他们提出你的建议并承诺,如果他们放弃原先的盟友,将不会招致令人厌恶的后果,我们将不会烧毁他们的房屋或庙宇,也不会以比这场麻烦发生前更大的灾难来威胁他们。但是如果他们拒绝投降而继续战斗,你必须明确地告诉他们当他们被打败时,我们将对其采取如下措施:他们将被卖作奴隶,男童将被阉割,女孩将被送往大夏(Bactria),土地将被没收。[3]

这听起来就像希特勒对苏施尼格(Schuschnigg)的警告:"我只需要下一道命令,一夜之间,前线所有那些可笑的懦夫就将消失……到那时,你将切实地经历一些事情……在部队之后将是冲锋队(S.A.)和神鹰军团(Legion)。 没有人能够阻止复仇的狂热,甚至是我本人。"

或者是亨利五世在哈弗娄(Harfleur)门前的演说:

要想喝住这班疯狂的兵士,叫他们在奸淫掳掠中放下手来,那就跟拿着拘票去召鳄鱼游上岸来,同样地办不到。所以,你们哈弗娄人,顾惜自己的城市和自己的人民吧——趁眼前,我的将士还在我的掌握中;趁眼前,还有那清凉柔和的仁风在吹散那邪念、杀气、狠毒所凝成的重重乌云。要不然,嘿,只要一眨眼,那无法无天的兵丁不管满手血污,不管耳边的一阵阵尖声惨叫,一把拖住了你们家闺女的秀发往外跑。你们的父老尊长有多么可敬,却给一把揪住了银白的胡须——高贵的额头,也得对准墙脚撞!你们那些赤裸裸的婴孩,被高高地挑在枪尖子上,底下,发疯的母亲们在没命嘶号,那惨叫声直冲云霄,好比当年希律王大屠杀时的犹太妇女一样。你们怎么回答?你们愿意投降、避免这场惨剧呢,还是执迷不悟、自取杀身之祸?(亨利五世第三幕第三场)*

---

* 译文取自方平译《亨利五世》,载于《莎士比亚全集》(第5卷),人民文学出版社1978年版,第286—287页。 ——译者注

痛苦和破坏的战略角色

纯粹的暴力是一种非军事暴力，它在力量不对称的国家之间尤为显著，因为在那里不存在实际的军事挑战，并且战争的结果也毫无悬念。希特勒可以轻蔑和野蛮地威胁奥地利；对于丹麦，如果他愿意则可能会用一种略为斯文的方式。 当然值得注意的是，是希特勒而不是他的将军们在使用这种类型的语言；傲慢的军事当权者并不想把自己设想成勒索者，他们最喜欢的工作是宣布胜利，铲除敌对的军事力量，以及把大部分平民暴力（civilian violence）交由政治和外交手段解决。 但是如果力量竞争的结果是毫无疑问的，则或许可以完全绕开军事阶段，立即按照强制性的交易来处理。

不对称力量之间典型的对抗发生在战争临近结束的时候。 奥地利在交战之前面对攻击已经脆弱不堪，法国在 1940 年军事防御体系崩溃后亦是如此。 当针对平民的暴力就要到来时，投降谈判便会发生。 此时的谈判往往是一边倒的，并且潜在的暴力看起来是如此不可避免，以致直到讨价还价的交易取得成功，暴力仍然处于备用的状态。 大多数的实际破坏发生在战争的军事阶段，然而这一事实并不表示暴力在随后的阶段是没有意义的，它只是处于潜在的备用状态，并且意味着暴力威胁是成功的。

事实上，军事胜利往往是运用伤害性力量的前提。 当色诺芬（Xenophon）在波斯人的领导下征战小亚细亚的时候，他用军事力量驱散了敌方的士兵并占领了他们的领土；但是土地并不是胜利者希望得到的，也不是胜利的目的。

第二天，这位波斯领袖将村庄完全烧毁，没有留下一幢房屋，目的在于将恐怖传递给其他部落，使他们认识到如果拒绝投降将会发生什么事情……他派遣一些俘虏进入山中告诉当地居民,如果他们不迁回自己的房屋并屈服于他,他将同样烧毁他们的村庄,毁坏他们的庄稼,使他们饥饿致死。[4]

军事胜利是获得承认的条件,收益则依赖于成功的暴力威胁。

就像这位波斯领袖一样,苏联人在1956年通过"碾碎布达佩斯"来恐吓波兰及其他邻近国家。 取得第二次世界大战的军事胜利与这次暴力展示之间间隔了十年,但是其原理则与色诺芬阐释的完全相同。军事胜利常常是暴力的序幕,而不是结束。 成功的暴力通常被留作备用这一事实不应当掩盖它所扮演的角色。

纯粹的暴力对于战争本身又有何作用呢? 施以痛苦如何作为一项军事技术? 对痛苦的威胁是仅适用于军事胜利后的政治活动,还是可以作为战争本身的一项决定性技术?

很明显,在不对称的力量之间,它是战争的一部分。 殖民征服常常是一种"惩罚性远征"(punitive expeditions),而不是实际的军事介入。 如果原住民逃入森林,你可以烧毁他们的村庄直到他们屈服于——用醒目的现代语言来说——女王的"保护"。 英国空军在20世纪二三十年代便被用于惩罚阿拉伯原住民以迫使他们投降。[5]

如果敌方的军事力量不足以抵抗入侵或者不愿意介入战争,就不需要以取得胜利作为继续展示强制性暴力的先决条件。 当恺撒在安抚高卢人(Gaul)部落时,他有时不得不通过武装人员杀出血路来展示惩罚性暴力以迫使其顺服,而在没有遭遇到真正的抵抗时则直接进入到惩罚性展示。 对于恺撒的军事将领来说,他们需要更多勇猛的战斗来到达权力中心;但是作为高卢的统治者,恺撒仅将敌方军队视为实现政治控制的障碍,并且这种控制通常建立在施加痛苦、悲伤及贫困的力量之上。事实上,他更愿意拘押数百名不可靠部落的成员作为人质,这样他的暴力威胁甚至可以不依赖于远征而进入这些部落的境内。

纯粹的伤害(pure hurting)作为一项军事策略曾出现在针对平原印第

安人(plain Indians)的军事行动中。 1868 年，在同夏安族人(Cheyennes)的战争中，谢里登(Sheridan)将军认为最佳的作战方案是攻打印第安人冬季的营地。 他的理由是，在那些印第安人的矮种马可以依赖青草维持生命的季节，印第安人将能够随心所欲地外出掠夺，而在冬季则需要躲藏在偏远的地方。"为了使他们从那种可以躲避惩罚的想法中醒悟，以及在他们没有办法移动家畜和村庄的时候打击他们，冬季战役将阻止他们在印第安人的领土内大范围地转移。"[6]

这不是军事交战，而是针对人的惩罚性攻击。 它们的目的在于通过暴力的使用使之屈服，而无须毫无意义地将敌人的军事力量拖入决战。 他们是小范围内的"大规模报复"，效果与发生在广岛的情形一样。 印第安人完全缺乏组织和纪律，并且通常无力购买足够的弹药进行射击练习，也没有骑兵所需的军事装备；他们的基本战略最多是骚扰和报复。 印第安人在西部地区的半个世纪的斗争为我们留下了一份关于骑兵战术的遗产，但是很难找到一部关于美国针对印第安人的战略或印第安人针对白种人的战略的严肃著作。 20 世纪不是第一个将"报复"作为战略的一个组成部分的世纪，但却是第一个系统地认识到这一点的世纪。

作为一种战略，伤害(hurting)在美国内战时曾出现过，但当时是作为插曲而不是核心的战略。 美国内战主要是军事交战，即双方军事力量之间的斗争。 南方的邦联军队希望尽可能地损毁联邦的领土以迫使北方同意与之就它们的独立进行谈判，但是没有足够的军事力量实现这一目标。 联邦军队则专注于取得军事胜利。 主要的例外发生在谢尔曼将军对佐治亚的战斗，他在战争中显示了一种有意识的和清晰表述的暴力运用。 谢尔曼曾写道："如果有人对我的暴行和残忍提出抗议，我会回答他们战争就是战争……如果想要和平，他们及其亲属就必须停止战斗。"他的一位助手对此表示认同："谢尔曼是完全正确的……结束这场不幸的和糟糕的冲突的唯一可能的方法……是使其可怕到超出承受的极限。"[7]

"可怕到超出承受的极限"这一说法让我们联想到发生阿尔及利亚、巴勒斯坦、遭到镇压的布达佩斯以及中非部落间的战争。但是近几百年的大战中,具有决定性的通常是军事胜利而不是对人员的伤害;谢尔曼将军试图使战争成为南方人的地狱的想法并没有成为之后的军事战略的主流。搜寻并摧毁敌人的军事力量,实现对敌方军队的压倒性胜利仍然是美国在两次世界大战中公开声明的核心目标。军事行动被视为讨价还价交易的一种替代,而不是其中的一个阶段。

原因并不在于文明国家反对伤害人民,更喜欢"纯粹军事性的"(purely military)战争。(战争的所有参与者也并非全部被完全地文明化了。)原因明显在于战争的技术和地理条件阻碍了强制性暴力在军事胜利之前成为决定性的因素,至少在 20 世纪第二次世界大战之前实力相当的国家之间的战争就是如此。封锁确实是针对整个敌对国家而不是仅集中于它的军事力量。第一次世界大战期间死于流行性感冒的德国公民是直接针对这个国家的暴力的受害者。我们一直都不是非常清楚,封锁——美国内战中针对南方的封锁,以及两次世界大战中针对轴心国(Central Power)的封锁或者针对英国的潜艇战——是被预期将使战争对于民众来说无法忍受,还是仅仅旨在通过阻断经济援助削弱敌方的军事实力。两种可能性都是存在的,只要任何一种目的被视为合理,便没有必要明确究竟是哪一个。对敌国的"战略轰炸"偶尔也会着眼于通过给该国公民造成痛苦和贫困以及破坏民用设施,使其民众或领导人认识到,投降比坚持更为有利。同时这一行动也可以用更加"军事性的表述"来证明其合理性,即作为一种有选择地阻断部队的战争材料供应的方式,或者作为普遍削弱军事行动赖以维持的经济基础的方式。[8]

但是作为恐怖主义——暴力的目的在于强制敌人而不是从军事上削弱敌人——封锁和战略轰炸在两次世界大战的欧洲战场上并没有完全发挥本身的效用。(当连续的军事行动使日本处于美国战机的轰炸范围之后,它们的效用可能在对日作战上得到了充分的发挥。)在欧洲,飞机无法使惩罚性的强制暴力具有决定性的影响，至少在一个可以容忍的时间表内如此。 这也因此排除了击溃或破坏敌方空军力量的需要，只要它们仅能携带传统的炸药和燃烧弹。 希特勒的 V-1 喷射推进式炸弹（Buzz Bomb)和 V-2 火箭是相当有限的几个用于恐吓以及伤害英国本身而不是盟国军事力量的武器的例子。 V-2 火箭需要的是用于惩罚的有效载量，而德国不具备这样的能力。 20 世纪二三十年代，一些人曾估计下一场世界性的大战将是一场纯粹的平民暴力战争，一场从空中进行打击和制造恐怖的战争。 但最终战争各方不具备这样有效的技术。 惩罚性的暴力威胁将使被占领土不敢轻举妄动；然而欧洲战场的胜利却是建立在武力和技巧的基础上的，是通过军事手段而不是恐吓和针对平民的暴力威胁实现的。 军事胜利仍然是获得承认的条件。 针对人的潜在暴力则要到投降和占领等政治层面才能发挥作用。

重大的例外是日本城市所遭受的两枚原子弹攻击。 这些是恐怖的和令人震惊的武器。 它们造成伤害并声称将带来更多的伤害，这便是它们的目的。 我们拥有的这少数几件"小"武器无疑具有某种直接的军事价值，但是它们的巨大价值在于实施纯粹的暴力。 在军事方面，美国人破坏日本的两座工业城市的所得是有限的；然而在平民伤亡方面，日本失去的却非常巨大。 针对广岛的轰炸是对整个日本的威胁。该枚原子弹的政治目标不是广岛的死难者或他们工作的工厂，而是东京的那些幸存者。 这两枚原子弹延续了谢里登对科曼奇族人的做法，以及谢尔曼在佐治亚采取的行动。 不论这两枚原子弹是拯救了还是无谓地牺牲了日本人和美国人的生命，不论惩罚性的强制暴力相比于直接的军事较量更加丑陋还是更加文明，也不论恐怖是否比军事毁灭更加人性，我们至少认为，对广岛和长崎的轰炸代表了针对日本本身的暴力，而主要不是对这个国家的军事力量的打击。 轰炸的效果和目的主要不是造成军事破坏，而是施加痛苦和令其震惊并且声称将会带来更多。

核武器对恐怖和暴力的贡献

核武器被认为是一种没有可靠的防御手段的武器，使人类第一次具备了足够的军事力量，可以将自身这一物种从地球上消灭掉。"人类历史上第一次，"马克斯·勒纳（Max Lerner）在题为《过度杀戮的时代》（*The Age of Overkill*）的著作中说，"创造了一种力量……他们迄今不敢使用这种力量。"[9]那些不愿意为了适应单独一次的科技发展事件而对整个历史理论作出调整的苏联军事权威也不得不重新研究一系列的军事原则，这些原则曾被赋予一个令人尴尬的名称：战争中"永久运行的因素"（permanently operating factors）。我们的时代确实被冠以诸如"人类历史上第一次"这样的词语，相应放弃的是那些曾被称为"永恒的"东西。

为了产生巨大的影响，这些言论是极好的。然而它们中的一些也显示出一种贬低早期战争灾难的倾向，这是完全没有必要的。它们可能会夸大威慑、恐怖平衡等所具有的历史新奇性。[10]最为重要的是，它们并没有回答当如此大的破坏性能量聚集在一颗弹头上，并且先进国家只要付出一定的代价便可拥有大量这样的弹头时，战争发生了何种新的变化。核弹头与之前的任何武器相比都更具有无与伦比的破坏性。这对于战争又意味着什么呢？

那种认为这是人类历史上第一次有能力杀死大量的甚至是大多数人的观点是不正确的。日本在1945年8月已经没有防御能力。如果在轰炸的同时配合封锁并最终直接入侵，必要时还可以有意地传播疾病，美国或许在没有核武器的情况下也可以灭绝日本岛内的人口。这将是一场可怕的、代价昂贵的和令人悔恨的战役，也将需要花费时日和坚持不懈。但我们具有足够的经济和技术能力来做到这一点；与苏联人一起，或者即使单独进行，我们能够在世界上很多人口稠密地区做到这一点。对于没有防御能力的人们而言，并没有多少核武器能做而冰锥不能做的事情。如果用冰锥来实现这一点，将无须过度消耗我们的国民生产总值。

我们正在谈论的是一件可怕的事情。我们没有这样做，难以想象我们会这样做。我们当时没有恰当的理由，假如有，我们可能就不会坚持我们的行动目的，当战争狂怒在胜利中消失时，我们已经执行了行刑者的任务。如果我们及我们的敌人现在对对方及其他人实施种族灭绝行为，这不是因为核武器使得这种行动第一次具有了可行性。

核武器能够迅速地完成这一任务，这与之前的战争形式有相当大的差别。当十字军攻破耶路撒冷的城墙后，他们失去理智般地洗劫了这座城市。他们烧光了所有可以烧的东西并且强奸了城里的妇女。假如他们花些时间思考一下，本可以将这些东西带走，或许还可能娶这些妇女为妻。将一场灾难性的战争压缩到一段人们可以保持清醒的时间内，将极大地改变战争的政治、决策的程序、集中控制和节制的可能性、负责人的动机以及在战争过程中的思考和反思的能力。可以想象，在目前的战争中，我们可以杀死 2 亿苏联人，而不再仅是像过去的战争那样杀死 8 000 万日本人。这是可以想象得到的，因为它能够"在很短的时间里，在一瞬间，在发出最后一声吼叫时"完成。

这可能是人们很少讨论全面战争（all-out war）如何结束的原因。人们并不期望它会被主动地"带向"结束，而相信只有当一切都耗尽时，战争才会走向终止。这也是为什么"有限战争"的观念在最近几年变得如此明确。在早期战争中，例如第一次世界大战和第二次世界大战，或者法国与普鲁士之间的战争，大规模潜在暴力的实施需要等到战争结束后才会发生，停战谈判会伴随着威胁使平民遭受痛苦和贫困，然而这又常常排除了针对平民的大规模暴力。由于核武器的出现，对暴力使用的节制不能等到军事力量较量的结果出来以后才开始进行，而必须在战争的过程中就开始进行。

这是核武器与刺刀之间的区别。这种区别不在于最终杀死的人的数量，而在于这样做的速度、决策制定的集中程度、战争同政治过程的分离，以及威胁战争一旦开始就将失去控制的精确计算的程序。

核武器使得全球战争被压缩到在几个小时内进行成为可能，当然这并不意味着核武器使全球战争的爆发不可避免。我们仍然不得不提出疑问，这是否就是大型核战争将会采取的方式，以及是否应当从事这样一场战争。然而整个战争的爆发可能就像一大串鞭炮那样，这使得我们关于核战争的设想与已经经历的世界大战存在决定性的差异。

当然这无法保证更为缓慢的战争不会持续存在。第一次世界大战在马恩河（Marne）战役后随时都可能会停止。参战国有大量的时间考虑战争的目标和国家的长远利益，反思已经付出的代价和伤亡以及战争持续进行所可能造成的更多损失，并有充足的时间和敌人讨论停战协议。这一恐怖的交易就像受到计算机操控一样机械（或者更糟糕：计算机可能被编入程序以便更快地从经验中学习）。人们可能甚至认为这是一种赐福，因为原先长达四年的痛苦和惊骇如今被压缩到四天来承受，战争同样会终止。而那时胜利者并无兴趣用刺刀来对德国实施今天的核武器所能够造成的破坏。

还存在另外一个区别。在过去，通常的情况是，胜利者按照他们的意愿来处置敌人。战争对于失败者而言常常是"整体战争"（total war）。波斯人、希腊人及罗马人对待战败者的做法十分相似，他们"处死了所有兵役年龄的男人，将妇女和儿童作为奴隶出售"，被击败的领土除了名字之外全部遭到毁坏，直到之后的某个时刻被新的移民重新开发。战败者却不能对胜利者做同样的事情。男童被阉割或变卖只会发生在战争胜利之后，并且只可能发生在战败的一方。伤害性力量只有在军事力量取得胜利后才会运用。这样的顺序是发生在20世纪的大战的特征；由于技术和地理的原因，在向敌国领土施加破坏之前，一方的军事力量通常不得不首先穿透敌方的防线，消耗和击溃敌方的军事力量，即首先实现军事胜利。第一次世界大战中的协约国，在击溃德国军队之前无法以决定性的方式直接向德国施加强制性的伤害和痛苦；德国同样无法用刺刀对法国人民实施强制，除非他们首先击败挡在前面的协约国部队。 在二维战争（two dimensional）中，军事力量有一种相互对抗的倾向，即保护自己的土地，同时试图强制性地侵入对方的领土。小规模的突破不能对人民造成巨大的伤害，而大规模的突破则通常意味着战争军事阶段的终结。

核武器使得一方可以在没有取得军事胜利的情况下对敌方实施恐怖的暴力。 借助于核武器及今天的投放手段，一方预计可以在击溃敌方的军事力量之前侵入其母国。 核武器已经实现的或者看起来实现的是促使这种类型的战争成为首要的战争形式。 核威胁使得战争的军事成分减弱，这是造成目前"军事胜利"地位降低的原因。 胜利已不再是伤害敌人的先决条件。 当然，这并不保证不会发生可怕的伤害。 一方不需要等到赢得战争胜利，便可以向敌方施加不可"承受的"破坏；另一方也不需要等到输掉战争，才遭受破坏。 曾经有一段时间，对胜利的预期——错误的或正确的——使国家领导人不仅愿意从事战争，有时甚至对此充满狂热。 现在已经不是这样了。

核武器不仅在取得战争胜利之前就可以伤害敌人，并由于所造成的伤害可能足够巨大以致军事交战是不切实际的，而且它们被广泛地认为在大战中所能做的全部便是实施这种伤害。 在关于大战的讨论中，战争仿佛只是一场国家间破坏的竞争。 如果确实如此——利用核武器对城市及其人口实施破坏成为一场全面战争的主要目标——那么战争的顺序就会颠倒过来。 摧毁敌人的军事力量不再是将本国的意愿施加到敌国之上的前提条件，相反，一方将不得不把对敌方的破坏作为摧毁其军事力量的手段或前提条件。 如果一方不实质性地破坏敌方的国家，就无法迫使其军事力量丧失战斗能力，它甚至没有机会选择宽恕对方。因为它已经摧毁对方了。 甚至可以想象，由于遭到封锁和战略轰炸，一方在被摧毁之前就将会被击败，或者在被歼灭之前就会选择投降。在美国内战时期，北方希望南方在过于虚弱以至于无法生存之前就首先变得无法战斗。 对于"全面战争"而言，核武器威胁要颠倒这一顺序。

所以核武器确实造成了一种差异，它标志着战争进入一个新的时代。 这种差异不仅仅在于它所能够造成的破坏的数量，而且在于破坏所扮演的角色和决策制定的过程。 核武器能够改变事件发展的速度、事件所受的控制、事件发生的顺序、胜利者和被征服者之间的关系以及本国与战争前线之间的关系。 当前的威慑，依赖于威胁施加痛苦和造成种族灭绝，而不仅仅依赖于威胁造成军事失败。 我们可能会对将"无条件投降"（unconditional surrender）作为上次大战的目标是否明智存有争议，但是却将"无条件毁灭"（unconditional destruction）视为下一次大战理所当然的事情。

同样的破坏总是能够实现的。 而由于核武器的存在，我们则形成一种预期，即这样的破坏将会实现。"过度杀戮"（overkill）并不是新近才出现的；美国军队肯定拥有足够的 30 口径（30 Caliber）的子弹来杀死1945 年时世界上所有的人，即使没有，它也本可以毫不费力地买到这些子弹。 新奇之处在于简单地"杀死"（plain "kill"）——大战可能仅仅是一场国家间屠杀的竞争，甚至不是竞争，而只是平行地相互毁灭的行动而已。

这种差异是由核武器所造成的。 至少，它们可能会造成这种差异。 当然，它们也可能不会。 如果武器本身或者装载武器的装置在攻击面前是脆弱的，那么一场成功的突袭将可能会消除对手实施报复的手段。 巨大的爆炸能量聚集在一枚炸弹之上这一情况本身并不能保证胜利者将同样遭受致命的惩罚。 在一座西方的小镇，两个枪手面向对方，这并不必然意味着两个人都会死——只有那个反应迟缓的人才会死。 致命性较差的武器允许受伤的一方在死亡之前予以还击，这可能更有益于实现克制性的恐怖平衡或者谨慎平衡（balance of caution）。 核武器所具有的效力则使得如果它们能够突然消除敌人的还击能力，发动战争将是理想的。

存在一种相反的可能性：核武器并非易受攻击，并且在相互的攻击中，证明并非十分有效，所以没有必要由于担心在发射之前就遭到对方的摧毁而迅速地率先发射；另外，由于除了系统地破坏敌方国土之外没有其他任何的可行任务，所以没有必然的理由要求进行迅速的而不是缓慢的发射。试想一下，如果不得不缓慢地进行核破坏——一天之内只能投掷一颗炸弹——境况将会非常地不同，在某种程度上这会像大规模的恐怖游击战争一样。恰巧核战争不是必须要缓慢地进行，但是它也不是必须要迅速地进行。核武器的存在本身不能决定所有的一切将必须在一瞬间消失，它并没有将事情简化成这样。

最近几年，人们开始重视思考，如果战争发生，核武器使得什么变得可能，又使得什么变得不可避免。1961年以来，美国政府强调，即使一场大规模核战争，也可能不会且不需要成为一场简单的毁灭性的愤怒的竞赛。美国国防部长麦克纳马拉（McNamara）在1962年6月所作的一场演讲其内容颇具争议。他提出，甚至在战争期间，"威慑"也可以运作，交战双方出于自身利益的考虑可能会试图限制战争的破坏。任何一方都可能会认识到，单纯地伤害敌国的人民、破坏敌国的城市，并不能满足决定性军事目的的需要，相反，持续的威胁却可能服务于这样的目的。持续的威胁依赖于敌国的人民和城市尚未遭到破坏。任何一方都可能会回报对方的节制，正如同在小范围的有限战争中所发生的一样。即使是最凶残的敌人，为了互惠，也常常不会严重地伤害战俘；平民也将得到类似的对待。所以核攻击可能仍然主要是针对对方武器和军事力量的打击。国防部长麦克纳马拉说：

> 美国已经决定，在可行的程度上，在一场可能的总体战争（general war）中，其基本的军事战略应当是继续使用过去所重视的更加传统的军事行动方式。也就是说，主要的军事目标……应当是破坏敌方的军事力量，而不是其居民……向可能的对手提供可以想象到的最强烈的激励，以使其保持克制，避免攻击我们的城市。[11]

如果不得不考虑进行一场战争，且这场战争不可避免，那么麦克纳马拉所提出的想法是一种思考战争的明智的方法。但是国防部长的

"新战略"是否明智呢，敌国的居民应当被收作人质，还是应当被立即消灭，主要的目标应当是军事力量，还是应当仅是人民及他们的生活来源，这些并不是"过去所重视的更加传统的军事行动方式"。 这是完全不同的，其中的差别值得强调。

在第一次世界大战和第二次世界大战期间，一国所对付的是敌国的军事力量，而不是其人民，因为在敌国的军事力量被击败之前，该国通常不具备任何使其对敌国本身采取行动的决定性力量。 德国人在第一次世界大战中并没有刻意地避免杀死法国公民，并以此换取盟军不要射杀德国居民。 他们在突破盟军防线之前没有能力接近法国公民。 希特勒试图使伦敦陷入恐慌，但是没有取得成功。 盟国空军将战争直接引入到希特勒的领土，其意图类似于美国内战时期谢尔曼将军在佐治亚的做法；但是以第二次世界大战时期的轰炸技术，一方是无法绕过敌方的军队而特意地攻击其居民的——无论如何，盟国在德国没有做到这一点。 借助于核武器，人们拥有了这种选择。

这种集中于敌人的军事设施，同时有意地保留足以摧毁其城市、灭绝其人口、瓦解其社会的大规模能力的战略，在敌方保持同样克制的情况下，并不是"传统的方式"。 在第一次世界大战和第二次世界大战中，首要的任务是破坏敌人的武装力量，因为这是迫使对方投降的唯一有效的方式。 开展一场"全面的"（all out）军事对抗，同时保留实施暴力的决定性能力，如果敌方采取同样的方式，这并不是军事行动在传统上所遵循的方式。 国防部长麦克纳马拉在新的时代提出了战争的一种新的形式。 在当今这个时代，伤害性力量比对抗性力量（power to oppose）更加令人印象深刻。

从战场战争到暴力外交

1868年，也就是麦克纳马拉发表演说的近一百年前，《圣彼得堡宣言》（the Declaration of St.Petersburg）（近代以来首次举行的处理战争罪恶的大型会议）宣称："各国在战争中应尽力实现的唯一合法目标是削弱敌人的军事力量。"1920 年，国际红十字委员会主席在给国际联盟的信函中表示："委员会认为如下事项是非常值得拥有的：战争应当恢复它之前的特征，即它应当是军队之间而不是民众之间的对抗。平民必须尽可能地处于斗争及其结果之外。"[12]他的说法同麦克纳马拉的非常相似。

国际红十字委员会注定是要失望的，就像那些在 19 世纪末试图精心设计规则以使战争更加人道的人们一样。当红十字委员会在 1863 年成立时，它关注的是战争的发动者对非战斗人员的漠视；而在第二次世界大战期间，非战斗人员被轴心国和同盟国有意地选为攻击的目标，虽然不是决定性的但却是刻意的。这种趋势和国际红十字委员会的愿望是背道而驰的。

在当前时代，非战斗人员不仅是刻意的攻击目标，而且是主要的攻击目标，到麦克纳马拉发表演说时，这一点至少被认为是理所当然的。事实上，在最大规模和最小规模的战争中，非战斗人员都是攻击的主要目标；核战争威胁进行一场破坏城市和伤害平民的竞赛，而在另一端，叛乱几乎完全是恐怖主义的。我们生活在一个肮脏的战争（dirty war）的时代。

为什么会这样呢？战争理所当然地是战斗人员之间的军事事务吗？20 世纪的战争具有了特有的邪恶性，我们无法将其限制在得体的范围之内吗？或者战争内在地就是肮脏的，红十字委员会对于包裹着文明外衣的战争的怀旧，是一种受人欢迎但又不被期待的想法吗？

为了回答这些问题，有必要对非战斗人员——普通人及其财产——卷入战争的三个阶段作出区分。这些阶段是值得进行区分的；但是它们的顺序只是对西欧在过去 300 年的情况的描述，而不是对整个人类历史的总结。第一个阶段是人民有可能会被轻率的战斗人员伤害的时期。这是一个人民处于国际红十字委员会记忆中的"文明战争"的时期。

从 1648 年前后到拿破仑时期，西欧很多地区的战争是超越社会的。 这些战争是君主们为了领土，间或为了金钱或者王朝诉求的利益而展开的争夺。 军队的大部分是雇佣兵，战争的动力局限于贵族精英的意图。 君主们为了小块的领土而战，而当地居民则更加关心保护他们的庄稼和女儿免受打家劫舍的军队的破坏和侵扰，而不是效忠于哪个人。 正如昆西·赖特（Quincy Wright）在其经典著作《战争研究》（*Study of War*）中所评论的，平民很少关心他们生活的土地上出现一个新的君主（sovereign）。[13] 而且就普鲁士国王和奥地利皇帝而言，波希米亚（Bohemian）农民的忠诚和热情并不是决定性的考虑因素。 将这一时期的欧洲战争说成是国王之间的游戏虽然有一些夸张，但也并非是过分夸大。 这一时期的战争逻辑将战争行为限定在不要求民众有参与热情的范围内。

伤害平民不是战争的决定性手段。 伤害平民或者破坏其财产只会降低为之战斗的财物的价值，结果对双方都不利。 而且进行战争的君主们常常不希望怀疑彼此共享的社会制度。 绕过敌国的君主，直接对其人民发动战争具有革命性的暗示。 摧毁敌对的君主国通常不符合双方的利益；对立的君主之间，相比于他们与自己的隶属对象之间，具有更多的共同之处。 推翻敌对君主的政权可能会造成灾难性的后果。 在那个特定的时代，欧洲大陆的战争被很好地限制在军事活动的范围之内，这并不奇怪——即使奇怪，也并不足以令人惊讶。

人们在当时的那个年代和在世界的那个地区仍然可以关注非战斗人员的权利，希望设计出在战争中双方都能够遵守的规则。 这些规则可以得到良好的遵守，因为维持社会秩序和不摧毁敌国对双方都有好处。 规则可能是令人讨厌的，但是如果它们能够约束战争中的双方，或许可以抵消其不利影响。

这一情况在拿破仑战争时期发生了变化。 在拿破仑法国，人们关心的是战争的结果。 国民被动员起来。 战争成为一场全国性的努力，而不仅仅是精英的行动。就拿破仑和他的部长们而言，全国的政治和军事天才都可以被动员起来服务于战争。宣传变成一种战争工具，战争也变得更加大众化。

很多学者对这种牵连民众的战争大众化持强烈的反对立场。事实上，我们认为归属于热核战争的恐怖已经被很多评论家预见到了，一些是在第一次世界大战之前，更多的则是在此之后；但是这些制造恐怖的新式"武器"正是人民，数百万人充满激情地投入国家战争之中，牺牲自己以追求完全的胜利和不顾一切地避免完全的失败。今天，我们对于少数几个经过高度训练的飞行员携带足够能量的炸弹杀死数百万平民并烧毁其居住的房屋感到印象深刻；而在两三代人以前，成百上千的平民使用刺刀和带有倒钩的绳索、机关枪和榴霰弹能够制造同样的破坏和无序。

那是平民与战争关系的第二个阶段，欧洲在 17 世纪中期以后进入这个阶段。在第一个阶段，平民是中立的，但他们的福利有可能会被忽视；而在第二个阶段，平民被卷入进来，因为这是他们的战争。一些人参加战斗，一些人制造作战的材料，一些人生产食品，一些人照顾儿童；但是他们全部都是正在作战的国家的一个组成部分。当希特勒在 1939 年进攻波兰时，波兰人有理由关心战争的结果。当丘吉尔声称英国人将背水一战时，他是代表英国人而不是雇佣军讲话。战争成为一件关系重大的事情。如果人们宁愿打一场肮脏的战争，也不愿意输掉一场干净的战争，那么战争就将是发生在国家之间而不再仅仅是政府之间。如果平民可以对战争是否继续进行以及停战协定的具体条款施加影响，那么使战争对平民造成伤害就是有价值的。这是一个肮脏的目的，但是战争本身常常就是关于某种肮脏的事情的。波兰人和挪威人、苏联人和英国人有理由相信如果他们输掉战争，其结果将是肮脏的。这在近代的国内战争中是如此明显——涉及大众感受的国内战争——以致我们预料到它们是血腥和暴力的。希望战争在不对平民实施暴力的情况下干净地进行有些类似于期望一场干净的种族骚乱。

还有另外一种有助于理清事件顺序的方式，即将一场干净的现代战争理解为虽不能排除使用暴力，但却只能将之留待在战后阶段使用。在一场干净的战争中，一旦军队被击败，胜利的敌人将能够随心所欲地使用残忍的强制力。 一场干净的战争将决定哪一方在胜利后可以获得强制伤害的力量，然而，为了避免成为失败的一方，使用暴力很可能就是值得的了。

"投降"是军事对抗之后的步骤，伤害性力量将在这一阶段发挥效力。 如果投降谈判是成功的，没有发生随之而来的公开暴力，这是因为在交涉的过程中已经成功地使用了施加伤害和破坏的能力。 对于失败的一方而言，预期到的伤害和破坏通过在谈判时的让步得以避免；而对于胜利的一方而言，施加进一步伤害的能力换来了对方的让步。 一场成功的绑架同样如此。 它提醒我们，纯粹的伤害和破坏的目的在于敲诈和勒索；这是一种被用来获利的潜在暴力。 一个表现良好的被占国家不是暴力未对其发挥效用，而可能是因为潜在的暴力使用得如此富有技巧以致无须在惩罚中加以应用。

这将我们带入到了平民暴力与战争关系的第三个阶段。 如果能够在战争期间实施伤害和破坏，就无须等到军事较量之后的投降谈判阶段再行运用。 如果一方能够在战争期间强制对方的平民及其政府，它就不需要等到取得战争胜利或者冒着在一场可能失败的军事较量中消耗掉所有的强制权力（coercive power）的风险后再这样做了。 谢尔曼将军向佐治亚进军可能已经具有重大的意义，尤其是如果北方输掉这场战争的话，这就像德国的喷射推进式炸弹和 V-2 火箭被认为是可以在遭受军事失败之前迫使战争停下来的强制性工具一样。

在目前这一时期，至少东西方的大国可以在战争期间实施大规模的超出第二次世界大战期间可获得的任何形式的针对平民的暴力，正是因为这一原因，国家在取得军事胜利或停战之前就需要保持克制。 第二次世界大战期间约束暴力实施的主要措施，是确立一方投降时的临时边界。 朝鲜战争在军事较量上表现出强烈的"全力以赴"特征，这不仅体现在半岛战场上，而且体现在双方所动用的资源上。 尽管这场战争具有这样的特征，然而它仍然保持了一些令人印象深刻的限制：没有使用核武器，没有苏联人参战，没有涉及中国和日本的领土，没有轰炸双方战线中联合国一方的海上船只甚至机场。 这是一场史无前例的受到针对平民的暴力威胁限制的军事较量。 朝鲜可能是也可能不是核暴力时代思考有限战争的绝佳案例，但是一个引人注目的事实是，暴力的使用得到了有意识地限制，甚至是在已经造成数以万计的军事死亡以及世界上两个最大国家全力以赴地投入战争的情况下仍然如此。

这种第三阶段的结果是，"胜利"已经无法充分地表达一个国家希望从军事较量中获得什么。 在这种情况下，国家通常想要的是蕴藏在潜在军事力量之中的影响力。 它希望获得一种讨价还价的交易力量，而不仅仅是成功的军事行动的直接结果。 而这种交易力量来自它所具有的施加伤害的能力。 甚至取得对敌人的完全胜利也至多提供了一种不被抵抗地向敌国居民实施暴力的机会。 如何根据国家利益或者更为广泛的利益来使用这种能力与获得胜利本身同等重要；但是传统的军事科学并没有告诉我们如何使用这种施加痛苦的能力。 如果一个国家，不论是胜利的一方还是失败的一方，准备运用它具有的实施纯粹暴力的能力来影响敌人，它可能不需要等到取得完全的胜利即可实现这一目标。

事实上，第三阶段具有两种不同的类型。 在第一种类型中，强制战争的主要工具是纯粹的痛苦和破坏，它可以被实际地用来恐吓和慑止。 在第二种类型中，战争中的痛苦和破坏很少或者完全不服务于一定的目的，而仅仅是纯粹的暴力甚至是自动的和不可控制的暴力的前期威胁而已，它是与军事力量配合产生的。 两者的区别在于慑止和恐吓在其中的全有或全无（all-or-none）的地位。 于是便产生了两个实际的困境：一个是，要么使预期的暴力尽可能地可怕，要么规避一些能力以便相互限制暴力的使用；另一个是，要么使报复行动尽可能地自动发生，要么对灾难性决定有意地加以控制。 这些选择部分是由政府决定的，部分是由技术决定的。 痛苦和破坏——被威胁的（未施加的）痛苦和破坏，在其中都扮演着强制角色，这是两种类型的特征。 但是在其中的一种类型中，不论威胁是否成功，随后的暴力实施都是不需要的；而在另一种类型中，进一步伤害和破坏可能实际地被用来作出更多的威胁。 对于拥有核武器的国家而言，当前的时代是这两种类型的复杂和不确定的混合体。

建立在伤害性力量基础上的强制外交是非常重要的，甚至是在历史上的那些军事力量在本质上被作为占领、防卫、阻止攻击、驱逐入侵者以及控制领土抵抗对手权力的时期，亦即军事力量倾向于与敌对力量相抗衡的时期，也是如此。 即使在那一时期，一个关键的问题仍然是，对于争端领土，对方将承受多大的损失和痛苦。 一旦墨西哥城成为我们手中的抵押品，墨西哥人是否将让出田纳西、新墨西哥和加利福尼亚，这是一个外交判断，而不是军事判断。 如果一方无法轻易地占领特定的它想获得或者希望保留以抵抗进攻的领土，那么它可以通过占据其他的东西来进行交换。[14]关于敌人的首领愿意拿什么——首都城市还是国家的生存——来作交换的判断，即使在过去也是战略的关键部分。 现在我们处于这样的时代，即伤害性力量——对一个国家本身而不仅仅是其军事力量施加痛苦和打击并致使其贫困——的重要性与攻占和防卫力量相比，可能更为重要，甚至是决定性的。 我们非常有必要将战争理解为一种关于暴力的讨价还价的过程。 这并不是第一次主张活着的俘虏比死去的敌人更有价值，伤害性力量一直是一个谈判优势；但是在美国的经验中，这种类型的力量成为军事关系的主导内容却是第一次。

在战争中运用伤害性力量并不鲜见，但是对于美国而言，现代技术极大地加强了纯粹的、不具建设性的、不愿承受的痛苦和破坏在战略中的重要性，不论它们被用来对抗我们，还是被我们用于自己的防御之中。 这反过来又加强了战争和战争威胁作为影响而非破坏，强制和慑止而非征服和防御，以及讨价还价和恐吓等方面的手段的重要性。

　　赖特在《战争研究》一书中用了两页的篇幅（第 319 页至第 320 页）来阐述战争的"阻挠价值"（nuisance value），并以劫匪手持足以摧毁银行的炸弹实施抢劫来作类比。 根据赖特的观点，阻挠价值使得战争威胁"对于肆无忌惮的政府实施的外交是一种帮助"。 现在我们需要一个更为有力的术语和更多的篇幅来公正地讨论这一主题，需要明确的是，即使是谨慎的政府也常常依赖于这种威胁。 奇怪的是，如此多的关于战争和战略的著作却一直不愿意接受如下的观点，即伤害性力量在整个人类历史过程中始终是军事力量的基本特征，它对于建立在其基础上的外交具有至关重要的意义。

　　战争不再看起来只是力量的较量。 战争和战争边缘更多的是一场紧张和冒险、痛苦和忍耐的竞赛。 小型战争孕育着更大的战争威胁；它们不仅是军事交战，还是"危机外交"（crisis diplomacy）。 战争威胁总是存在于国际上的某个外交活动中，然而对于美国人而言，它现在更加接近于表面。 就像劳资关系中的罢工威胁、家庭纠纷中的离婚威胁、政治大会中的脱党威胁一样，暴力威胁持续地影响着国际政治。实力和善意都无法免除暴力威胁。

　　军事战略不再如一些国家在某些时代所认为的那样是关于军事胜利的科学。 它现在即使不是更多，也已经平等地被视为一种关于强制、恐吓和威慑的艺术。 军事设施具有更多的惩罚性质而不是获取性质。不论我们喜欢与否，军事战略已经变成了暴力外交。

注　释：

　　[1] Lynn Montross，*War Through the Ages* (3d ed. New York，Harper and Brothers，1960)，p.146.

　　[2] Otis A.Singletary，*The Mexican War* (Chicago，University of Chicago Press，1960)，pp.75—76. 类似的情景出现在公元前 52 年，高卢人（Gauls）在守卫雅拉西亚城（Alesia）时，"决定将那些年老虚弱无法参加战斗的人员遣散出城……这些人来到罗马人的要塞，流着泪乞求士兵将他们收为奴隶以缓解他们的饥饿。 但是恺撒命令守卫士兵拒绝了这些人的请求"。 Caesar，*The Conquest of Gaul*，S.A.Handford，transl. (Baltimore，Penguin Books，1951)，p.227.

　　[3] Herodotus，*The Histories*，Aubrey de Selincourt，transl.(Baltimore，Penguin Books，1954)，p.362.

〔4〕Xenophon, *The Persian Expedition*, Rex Warner, transl. (Baltimore, Penguin Books, 1949), p.272. H.L.尼伯格(H.L.Nieburg)说:"暴力威胁的'理性'目标……在于利益的调解,而不在于实际暴力挑衅。 同样,实际暴力的'理性'目标在于展示行动的意愿及能力,确立未来威胁的可信性,而不在于在无止境的冲突中消耗这种能力。"H.L. Nieburg, "Uses of Violence," *Journal of Conflict Resolution*, 7 (1963), 44.

〔5〕英国空军司令劳德·波特尔(Lord Portal)在一次题为《空军对帝国管制的协助》(Air Force Cooperation in Policing the Empire)的演讲中对这种策略作出了深刻和缜密的阐释,并且他着重强调了其"外交"特征。"破坏法律的部落必须在被轰炸之外给予替代的选择,并且应当以尽可能清楚的措辞告知其替代的选择是什么。""那种认为吝惜生命及关注失败者感受的胜利,不如那些对战斗人员施以沉重打击,并最终对受灾地区进行'和平'支配的胜利持久和效果好的想法是极端错误的。"*Journal of the Royal United Services Institution* (London, May 1937), pp.343—358.

〔6〕Paul I.Wellman, *Death on the Prairie* (New York, Macmillan, 1934), p.82.

〔7〕J.F.C.富勒(J.F.C.Fuller)的著作中重现了一些这样的信件和言论:"对于 19 世纪而言,这是一种新的观念,因为它意味着战争的决定因素——寻求和平的权力——从政府转移到了人民,并且和平的缔造成为革命的产物。 这是将民主原则贯彻到底……"*The Conduct of War*:*1789—1961* (New Brunswick, Rutgers University Press, 1961), pp.107—112.

〔8〕关于运用核时代的观点探讨第二次世界大战期间及之前的战略轰炸的理论可参考乔治·奎斯特(George H.Quester)的著作《广岛之前的威慑》,参见 George H.Quester, *Deterrence before Hiroshima* (New York, John Wiley and Sons, 1966)。 也可参考伯纳德·布罗迪(Bernard Brodie)的著作《导弹时代的战略》的前四章,参见 Bernard Brodie, *Strategy in the Missile Age* (Princeton, Princeton University Press, 1959), pp.3—146。

〔9〕New York, Simon and Schuster, 1962, p.47.

〔10〕温斯顿·丘吉尔(Winston Churchill)经常用到"恐怖平衡"(balance of terror)这一术语,下面的这段引文尽管来自丘吉尔 1934 年 11 月在英国下院的一次演讲,却简洁地表达了我们熟悉的关于相互核遏制的观念。"事实依然是,当我们说完和用尽所有的防御手段时,在得到新的防御手段之前,唯一的措施在很大程度上就在于,给予敌人它施加于我们之上的同样的破坏。 不要低估这种行动的效力。 它在实施中将能够提供完全的免疫力——我承认我不能在理论上证明这一点。 如果两个大国通过战争的某种特定过程显示它们具有同等的向对方施加破坏的能力,任何一方都无法从行动中获得好处,双方都遭受可怕的伤害,那么不仅可能而且是很可能任何一方都不会动用那种手段。"前文引用的奎斯特的著作对于从世纪之交到第二次世界大战结束这一段时间的有关空中战略的文献所涉及的威慑、预防性攻击、打击军事力量(counterforce)和打击城市(countercity)的战争、报复(retaliation/reprisal)、有限战争等概念作出了令人着迷的重新研究。

〔11〕Commencement Address, University of Michigan, June 16, 1962.

〔12〕International Committee of the Red Cross, *Draft Rules for the Limitation of the Dangers Incurred by the Civilian Population in Times of War* (2d ed. Geneva, 1958), pp.144, 151.

〔13〕Quincy Wright, *Study of War* (Chicago, University of Chicago Press, 1942), p.296.

〔14〕例如儿童。 雅典暴君希庇亚斯(Hippias)在雅典卫城被得到斯巴达帮助的雅典流放者军队围攻,他的权位牢固并且拥有充足的食品,希罗多德(Herodutus)说:"除非发生不可预料的事件",否则围攻将在持续一段时间后自行瓦解。 但是被围困的儿童在出于安全的考虑被转移时却被流放者的军队抓来。"这一灾难搅乱了他们所有的计划,为了挽救这些儿童,他们被迫接受……条款,同意在五天之内离开阿提卡(Attica)。"Herodotus, *The Histories*, p.334. 如果儿童在远距离就可以被杀死,例如通过德国的喷射推进式炸弹或者核武器,那么他们就不需要被抓起来。 并且如果双方都能够伤害彼此的儿童,那么讨价还价就会变得更加复杂。

第二章　承诺的艺术

　　似乎没有人会怀疑加利福尼亚州将能够得到美国联邦军队的保卫，然而，我曾经听到过法国人怀疑是否可以依靠美国的军队来防卫法国，或者在法国遭到攻击时，美国是否会使用导弹摧毁苏联。

　　几乎没有必要告诉苏联人，如果他们攻击我们，我们将与之展开战斗。 但是我们需要作出巨大的努力来使他们相信，如果苏联或者它的卫星国进攻我们的同盟国家，我们将与之进行一场搏斗。 不幸的是，我们作出肯定的表态并不足以使之真实，而即使它是真实的也不足以使之令人信服。 我们明显是不希望发生战争的，只有在迫不得已的时候才会投入战斗。 困难在于如何向对手展示我们已经到了迫不得已的地步。

　　在传统上，军事计划专注于敌人的能力而非意图。 但是威慑所关注的却是意图——不仅对敌人的意图作出估计，而且试图影响其意图。而最为困难的是如何向敌人传递我们的想法。 战争无论如何都是丑陋的、代价高昂的和存在危险的，而最坏的情况则可能是灾难性的。 国家往往被认为是虚张声势的，它们严肃地作出威胁，但当筹码落下时便会改变主意。 很多领土并不值得为之进行一场战争，尤其是一场可能会失去控制的战争。 有说服力的战争威胁可以慑止侵略者，但问题是如何使之具有说服力而不是看起来是虚张声势。

　　人们一般都期望国家的军队能够保卫祖国，即使这些军人在毫无希望的努力中光荣就义。 当丘吉尔声称英国人将背水一战时，没有人曾料想到他坐了一整夜，反复考虑这一决定是否正确。 当波兰受到攻击时，盟军对德宣战则是一个不同的决定，它不是一个简单的反射动作，而是一项"政策"。 一些威胁本身就具有说服力，而另一些则不得不使自身具有说服力，还有一些则注定看起来是虚张声势。

这一章将讨论那些难以作出、不具有内在可信性、其真实性遭到他人怀疑的威胁。 国家边界是分析的恰当起点。 相当粗略的估计是，一个国家的本土（homeland）与任何的"海外"事物（everything "abroad"）之间的差异，是内在可信的威胁与不得不使之可信的威胁之间的差异。将他国及其领土纳入本国军事力量的保护之下是一种外交行为。 远赴国外作战是一种军事行为；但是在面临高昂成本和巨大风险的情况下，劝说敌人或者盟友相信自己将赴国外作战，则不仅仅需要具备足够的军事能力，还需要具有这样的意图，并能够令人信服地表达意图。

可信与理性

威慑的一个悖论是：当向某人发出威胁，如果他行为不当，就将遭受惩罚时，如果我们能够成功地使其相信这种威胁，那么就不需要考虑当这一威胁付诸实施时自身将遭受多大的伤害。 就如同在繁忙的街道上卡车会被不依照交通信号行走的人们慑止一样。

这项原则适用于 1956 年的匈牙利。 西方国家因为担心干预的后果而不敢与苏联进行一场关于匈牙利正当地位的合法争论。 西方国家之所以被慑止，不是因为它们相信苏联更为强大，也不是因为随之而来的战争将对西方造成更大的伤害，而是因为苏联足够强大并且极有可能对西方的干预采取军事回应措施，这使得西方国家不值得为了匈牙利而冒这样的风险，不论哪一方在较量中会伤得更重。

威慑的另一个悖论是：它并不总是有助于或被相信有助于某人保持完全的理性和冷静，并能够有效地控制自己或自己的国家。 约瑟夫·

康拉德(Joseph Conrad)的著作《秘密特工》(*The Secret Agent*)讲述了伦敦的一群无政府主义者试图破坏资本主义社会的故事。这些无政府主义者掌握了炸弹技术，袭击的目标是格林威治天文台。他们试图从一个身材矮小的不知名的化学家那里获得硝酸甘油。当局事先得知了他们获取材料的计划，但是这个硝酸甘油供应者却仍然顺利地通过了伦敦警察的检查。当一名参与这项格林威治行动的年轻人问这名供应者为什么警察没有拘捕他时，他的回答是，这些警察不会从远距离向他射击——那将否定资产阶级道德而服务于无政府主义者的事业——也根本不敢拘捕他，因为他总是随身携带一些"材料"。他说，他的一只手插在衣兜里，握着一个连接上衣夹克里的硝酸甘油容器的圆球，他只需要按下这个小球，周围的人就会和他一起被炸成碎片。那个年轻的同伙又向这个供应者提出质疑，为什么警察会相信他愿意将自己炸死这样荒谬的事情。这个小个子男人非常平静地解释道："在这个事例中，单靠个性就足以保证一个人的安全……我拥有使我成为致命危险的手段，但是你知道，它对于保护安全是绝对没有什么用的，起作用的是，那些人相信我有使用这种手段的意愿。那是他们对我的印象。这是绝对肯定的。因此我便是致命地危险的。"[1]

我们可以称他为盲信者、骗子或者狡猾的外交家；但是对他来说，使人相信他会采取这样的行动，不论是否荒谬，都是值得的。有人告诉我，一些精神病院的病人，或者因为非常疯狂，或者因为非常精明，或者两者皆有，向护理人员提出，如果他们不被允许为所欲为的话，他们将割开自己的静脉或者点燃自己的衣服。我知道他们有时的确是可以为所欲为的。

让我们回想一下美国在 20 世纪 50 年代初劝说摩萨台(Mossadegh)时所遇到的困难。我们警告他，如果他不能在处理伊朗及盎格鲁—伊朗石油公司(Anglo-Iranian Oil Company)的问题上采取更加理智的态度，他将使自己的国家遭受不可挽回的破坏。这一威胁没有能够很好地传递给他。结果，根据报道，他穿着睡裤亮相，还流下了眼泪。当英国或美国的外交官试图向摩萨台解释，如果他继续固执下去，伊朗将会发生何种变故，且为什么西方不会帮助他摆脱困境时，我们显然甚至无法确定他是否理解了这些外交官所说的话。这就像告诉一条刚刚出生的幼犬，如果它在地板上撒尿，就揍死它一样。如果对方无法听到你所说的话，或者没有理解你的意思，或者无法控制自己，那么威胁就不能起到作用，你甚至很可能都无法发出威胁。

有些时候，我们会因为无法掌控所有的事情和易于冲动或不可靠，而使对手相信我们的威胁。与一个易于冲动的国家结成同盟可能会收到同样的效果。曾经有人严肃地建议将核武器直接置于德国军队的安排之下，因为在战争初期或模糊不清的侵略行动面前，德国人与他们的美国同行相比更愿意使用这些武器——苏联领导人知道这一点。那种关于在和平年代将动用核武器的权限授权给战区司令甚至更低级别指挥官的建议——在 1964 年美国总统竞选期间，人们便提出这种观点——其动机在于，在一场危机中，以军人的大胆取代文人的犹豫，或者至少在敌人看来是如此。在出现危机时，派遣高级别的军事官员到柏林、金门或者西贡包含着这样的信息，即当局已经授权某人绕过政治的拘谨、官僚的拖延甚至总统的责任而依照军事上的大胆作风作出反应。美国很多参议员对肯尼迪总统在 1962 年初应对古巴危机时所展现的克制态度和这场危机在当年 11 月结束时所遗留的问题表示了强烈的不满，然而，总统所遭受的这种尴尬局面却帮助美国向古巴人和苏联人传递了这样的信息，即尽管总统可能是希望和平的，然而他的耐心却是受到国内政治的限制的。

关于政府最高层领导人对外展示本国冲动的生动例子，可见于埃夫里尔·哈里曼（Averell Harriman）就 1959 年他与赫鲁晓夫的一次会谈的记述。"你们的将军们，"赫鲁晓夫说，"谈到要用武力来维持你们在柏林的地位。那是虚张声势。"他生气地强调："如果你们派遣坦克，它们会被烧毁，那是确定无疑的。如果你们想要战争，你们可以这样做，但是要记住，那将是你们的战争。我们的火箭会自动发射。"根据哈里曼的记载，这个时候，环坐在桌边的苏联方面的代表们随身附和"自动"一词。哈里曼发表在《生活》（*Life*）杂志上的文章的标题是：《我与赫鲁晓夫的令人恐惧的会谈》（My Alarming Interview with Khrushchev）。[2]赫鲁晓夫后来还在联合国大会上用一只鞋敲击桌子，这是苏联政府上层知道如何表演节目的生动证据。

皮埃尔·加卢瓦（Pierre Gallois）将军，法国著名的美国军事政策评论家，曾称赞赫鲁晓夫"敏锐地理解了威慑政治学"，并说赫鲁晓夫在国务卿哈里曼在场的情况下的"非理性情感爆发"证明了这一点。[3]加卢瓦表示，"几乎不相信莫斯科会因为柏林而向美国发射原子弹"（我猜测，这尤其是因为赫鲁晓夫当时还可能并不拥有这样的武器），但是又明确地认为，即使如此，美国还是应当充分地意识到，正如赫鲁晓夫所做的，将出现一种非理性的自动机制，并引发盲目的和完全报复性的行动。

然而，即使某个重要人物在一定程度上可能会被苏联的关于自动机制的说法所震慑，我仍然怀疑是否我们希望美国政府为了保持威慑的可信性而采取相应的姿态。我们应当找到一些更为充分的理由来支持每年500亿美元的国防开支。一个有义务在其外交政策中显示负责任态度的政府，几乎永远不可能塑造出在重大决定上易于冲动的形象。赫鲁晓夫或许需要一条实现威慑的捷径，美国政府则应当在确定一系列有说服力的威胁时表现出足够成熟和富有经验，而不是完全地依赖于总统的脾气。

尽管如此，冲动、非理性和自动机制并非是毫无意义的，它也可以对事件发挥影响。肯尼迪总统的表态就令人们印象深刻，可能甚至包括克里姆林宫的苏联领导人。肯尼迪总统选择在一个引人注目的场合宣布他的关于"自动机制"的声明，1962年10月22日的这场演说引发了古巴危机。在这个不同寻常的经过深思熟虑的声明中，他宣称："第三，我们国家的政策是，从古巴发射的针对西半球任何国家的任何核弹都将被视为是苏联对美国的攻击，美国将对苏联作出全面的报复反应

(full retaliatory response)。"在国防部长麦克纳马拉对受控的和灵活的反应战略作出官方解释不到六个月后，总统的声明则暗示美国将作出的反应不仅是非理性的而且很可能——取决于肯尼迪总统和苏联人对"全面的报复反应"的理解——与总统自己的军事政策的基本原则相违背。这一基本原则是在1961年他的第一个国防预算报告中提出的，它强调对刺激——即使是在战争期间——作出相称反应的重要性。[4]然而这并非完全是不可信的；就我所知，总统先生确实是这个意思。

事实上，下列情况是最不可能，也是最不可想象的，即在准备演说时，肯尼迪总统指示高级军事将领和文职官员，他演说的这一段内容不应被解释为一项政策。 即使这一段完全是夸夸其谈，然而，在那个多事的星期一的危机氛围下，它很可能已经被理解为一项政策。 对这一政策的确认更像是检验是否这个半球的任何一次原子弹爆炸都将是全面核战争的信号。

即使肯尼迪总统曾经发表过一些与上述立场非常矛盾的言论，提醒苏联人现在是认真考虑麦克纳马拉所传递的信息和总统本人关于对挑衅作出相称的军事反应的言论的时候了；虽然肯尼迪的说法表明美国不会仅仅因为一次原子弹事件，尤其是那些可能并非苏联领导人完全预谋的事件，就惊恐地陷入全面战争，然而他的言论并没有排除一颗来自古巴的携带核弹头的炸弹在北美大陆爆炸将引发狂暴的全面战争的可能性。要求一个政府，尤其是负责任的政府，在任何便利的情况下都表现出非理性是困难的，但是要求一个政府，甚至是负责任的政府，在任何情况下都保持克制同样是困难的。

这一切都表明，威慑性威胁是一个决心、冲动和一意孤行的问题，或者如无政府主义者所展示的，是纯粹的个性问题。 改变我们的个性并不容易，变得狂热或者冲动是为了试图使我们的威胁看起来可信所需要付出的代价。 我们没有狂热的个性，不能按照希特勒的方式来使别国心生恐惧。 我们不得不用头脑和技术来代替固执和疯狂。（即使在那时，我们仍然处于不利的境地：希特勒同时具有技巧和狂热的个性。)

如果我们能够真正地使苏联集团相信我们会因为任何微小的违反行为而发动一场惩罚性的总体战争，如果克里姆林宫的领导人也知道他们的利益所在，不会出于十足的固执而摧毁自己的国家，那么我们就可以通过威胁来获得任何我们想要的东西。 我们可以制定规则，宣布如果他们破坏其中的一条，我们就将施以上帝愤怒(Wrath of God)般的核打击。 洪水也将吞没我们，这会影响到苏联人是否相信我们的威胁；但是如果能够成功地使他们相信，那么我们也将因此承受同样的痛苦这一事实，就可能不会带给他们多少慰藉。[5] 如果我们的部署使对方相信，不论我们是否愿意，都将不得不执行威胁，那么我们甚至不需要疯狂到作出这样的筹划的程度——如果我们能够确保苏联人理解，破坏规则将承担不可避免的后果，并且他能够很好地控制自己的话。 通过这种部署，我们可能将不得不摧毁整个世界，然而我们也并非必须要这样做。

然而，让对手相信我们的威胁是困难的。 很难避免会出现这样的情况，即苏联人期待我们会作出新的考虑并找到一种妥协的方法，这就像我的孩子所说的"再给一次机会"。 摩萨台或者那些无政府主义者或许可以仅依靠言辞就能收到威胁的效果，美国政府则无法做到这一点。我们必须使自己处于一个说到便定然会做到的地位——我们无法避免事情发生，或者我们将受到高昂代价的驱使，即如果我们不按照所宣称的方式作出反应，将使自己遭受巨大的损失。

能力与目标的结合：放弃主动权

我们常常必须设法表明我们已经没有更多的选择了。 在古代，烧毁桥梁的做法便是如此。 假如面对的敌人认为，如果他继续推进，你将转身逃跑，并已经有现成的桥梁以供撤退，那么他很可能会继续推进，直到你不再后退冲突自动发生为止。 因为在对你的长期利益作出考虑后，你可能会选择调头通过桥梁撤退。 至少对方会这样认为。 但是如果你烧毁了桥梁和切断了退路，在完全绝望的情况下，除了奋起自卫别无他途，对方则会作出新的计算。 他无法再依赖于那种如果继续不可抗拒地向前推进，你更愿意作出何种选择的假设了，相反，他必须决定，如果你除了抵抗之外毫无其他选择，他应当怎么做。

蒋介石把大部分最精良的部队调到金门的做法正是如此。 在两军交战的情况下，撤退是极为困难的，所以一旦遭受攻击，他的部队将毫无选择唯有进行战斗，美国也很可能除了帮助他之外别无选择。 从蒋介石的角度来看，这无疑是一个精明的举动——将自己和金门联在一起，也将美国和他联在一起——事实上，如果我们希望向中国的共产党人表明我们必然会坚守金门，那么甚至从我们的角度来看，这也是精明的。

烧毁桥梁的想法——设法进入一种明显无法屈服的状态——在某种意义上，至少从字面上来看，与希望我们的外交政策具有"主动性"（the initiative）的观念是相冲突的。 如果主动性意味着富有想象、大胆进取及崭新的想法，那么它的确是很好的。 但是这一术语在某种程度上掩盖了一个事实，即慑止——尤其是慑止那些对美国并非致命的攻击——常常依赖于将自己置于一种将主动权交给敌人的位置，而由敌人来决定是否陷入一场冲突。

近年来，下面的做法在某种程度上已经成为国防部的一项原则，即在回应敌人的行动时国家应当有多种的"选择"。 这一原则是很好的，但是相反的原则也同样很好，因为某些选择其实只会带来困境。 美国政府通过巨大的努力来向盟国保证并使苏联人相信它已经完全放弃了一些选择，或者显示出无法承受这些选择所带来的后果，或者已经将它们置于无法获得的位置。 维持美国的海外威慑及保持联盟内部的信心所依赖的承诺过程，是一个放弃和消灭那些被认为在紧急状态下对美国具有重大吸引力的选择的过程。 我们放弃它们不仅是为了换取盟国对我们的保证，也是为了将我们的意图清楚地传递给潜在的敌人。 事实上，我们这样做不仅是为了显示我们的意图，而且是为了接受这些意图。 威慑之所以失败，通常是因为某人认为，他看到了美国政府的一个尚未处理的"选择"，即一个未曾封堵的漏洞。

在法律上，有一个"最后明显机会"原则（doctrine of "last clear chance"）。 该原则认为，在一项酿成事故的事件中存在一个时间点，在此之前，任何一方都能够避免冲突，而在此之后，双方都不能，或者仅有一方能够控制事态的发展，另一方则无法闪避或使事态停止。 那个拥有"最后明显机会"的一方被认为担负着避免冲突的责任。 在战略中，当双方都厌恶冲突时，优势常常属于那个现状有利于自己的一方，"最后明显机会"则留给了另一方，由它来决定是否停止或者避开。 色诺芬认识到了这一原则。 当他遭受到并不想遭受的攻击威胁时，他将希腊军队部署在一个背后是无法逾越的山谷的地方。"我想让敌人知道他们从任何一个方向撤退都是容易的。"当他进攻一个异邦人占领的山岗时，他"没有从所有的方向展开进攻，而是留给敌人一条可以逃跑的道路"。 当色诺芬不得不主动进攻时，他将撤退的"最后机会"留给敌人，而当他想阻止进攻时，他将主动权留给敌人，由对方来决定是进攻还是撤退。[6]

可以通过比较国务卿杜勒斯在 20 世纪 50 年代的两篇文章来分析威慑常常依赖于将主动权让给对方的原则。 1954 年，他在《外交事务》上发表的文章（源于他的一次介绍"大规模报复"的演讲）中提出，我们不应当让敌人预先知道我们将在何时、何地以及将以何种方式反抗侵略，我们应当对是否行动以及行动的时间、地点和范围保留决定权。1957 年，国务卿在同一刊物上又发表了一篇主要针对欧洲形势的文章，他正确地提出将全面战争的最后决定权留给苏联。 他讨论了通过建设更加强大的北约力量，尤其是"战术"核力量，来抵抗苏联在低于全面战争的层次上发动的非核攻击。 他说：

未来,使威慑较少依赖于大规模报复力量,可能是合适的……因此,与 20 世纪 50 年代相比,到 60 年代,环绕在中苏周围的国家可能会具备防御全面的传统攻击的有效能力,它们可以对抗任何侵略者,并因此迫使这些侵略者在攻击失败与发动核战争之间作出选择。到那时,局面或许会完全转变,不再是那些不具备侵略能力的国家不得不依赖于全面的核报复力量来保护自己,而是那些可能的侵略者将无法依靠传统的侵略手段取得成功,而必须自行衡量挑起核战争的后果。[7]

大致在同一时间,前国务卿迪安·艾奇逊(Dean Acheson)在《权力与外交》(*Power and Diplomacy*)一书中用非常相似的语言提出了同样的原则(但他分析的是传统力量而不是战术核武器):

设想,由包括美国军队在内的大量精锐部队保卫的西欧遭受到一场大规模的攻击……实际上,此时,他(我们潜在的敌人)将替我们作出决定。各种令人信服的证据表明,他已经决定不顾一切,并迫使事态发展到最后摊牌的阶段,包括对我们进行核打击(如果还没有发生)……欧洲在此种强度的防御力量的保护下,将会决意经受从防御到进攻的所有风险。[8]

东方阵营对于这一原则的奉行,常常体现在赫鲁晓夫的言论中。各方普遍同意,尤其是在峰会会议上,没有人希望进行战争。 赫鲁晓夫的自负言论,建立在柏林在地理位置上处于苏联阵营一边的基础上。他提出,西方国家不值得为了柏林而进行一场战争。 随着事态的发展,有人提醒他,对于他而言,同样不值得为了柏林发动一场战争。"不值得,"他回答道,"你们才是那个不得不跨越边界的人。"我认为其含义是指,我们双方都不想仅仅为了柏林而跨过那道门槛,如果柏林的地理位置使我们成为不得不跨越边界的人,那么我们就将是那个挑起使我们双方同样害怕的战争的人。

我们如何设法使对方不得不作出决定呢？言辞很少能够做到这一点。 在20世纪40年代末，我们已经告诉苏联人，如果他们对欧洲发动攻击，我们将被迫进行防御，然而这可能并不足以完全可信。 当行政当局要求国会授权和平时期在欧洲驻扎部队时，其明示的理由是，这些部队不是为了抵御具有优势的苏联部队，而是使苏联不再怀疑美国将自动地卷入任何一场针对欧洲的攻击。 其中所隐含的观点不是说，因为我们显然会防卫欧洲，所以我们应当把军队派遣到那里以展示这一事实。 其逻辑很可能是这样的，即如果我们有更多的超出我们承受能力的部队正在遭受苏联的攻击，不论我们是否愿意，我们都无法避免卷入欧洲的战争。"拉发线"（trip wire）或者"平板玻璃窗"（plate glass window)这样的概念虽然过于简化，但却试图描述美国驻欧部队所扮演的角色。 用于描述军队，"拉发线"是一个不够尊重的词语，但是"拉发线"的地位并不低贱。 就军事素质而言，守卫柏林的部队与任何其他的士兵团队相比并不低下，但是它的规模确实太小了。 7 000人的美国部队或者12 000人的盟军部队能够做什么呢？坦率地说，他们可以战死。 他们能够英勇地引人注目地牺牲，这将保证军事行动不会就此终结。 他们代表了美国政府及其武装力量的尊严、荣誉和名声；他们显然可以牵制整个红军。 明显不存在任何得体的办法可以使我们的部队让出领土，同时由于西柏林太小了，以致无法忽视任何的入侵，所以西柏林和驻守在那里的军事部队构成了现代史上最坚不可摧的哨站之一。 苏联人迄今都不敢跨越这道防线。

柏林阐释了承诺的两个共同特征。 第一个是，如果承诺的界定是错误的和模糊的——如果我们为自己留下了一个可供离开的缺口——对手将预期我们会在强烈的诱惑下作出体面的（甚至某种程度上不够体面的）撤退，并且他可能是正确的。 柏林的西区是一块由西方军队占领的被严格界定的土地，我们的承诺之所以可信是因为军队无法撤离。（施泰因斯图克[Steinstücken]是一块在地理上与西柏林相分离的飞地，被西柏林之外的民主德国领土包围。 对方曾经试探我们继续留在那里的承诺的可信性，以及我们的承诺是否适用于连接飞地与城市之间的通道。）然而，我们所作出的保持柏林整个城市完整的承诺，明显是虚弱的或者模糊的。 当柏林墙被筑起时，西方认定自己没有义务对此进行强有力的反击。 苏联人很可能预见到，西方国家在解释它们的义务时，如果在强有力地反对与温和地反对之间作出选择，那么温和地反对的诱惑更大。 如果我们使自己处于被迫使用军事力量推倒柏林墙的位置，那么它可能本不会建造起来；反之，我们就被期望将选择不太危险的路线。

柏林所显示的承诺的第二个特征是，不论我们所承诺的议题被界定得多么清楚，我们的承诺是什么却经常是不确定的。 承诺本身是开放式的。 在西柏林遭受攻击时，我们将作出何种军事反应确实是不明确的。 我们显然承诺将尽力维持这座城市的西区，如果我们被迫收缩，我们可能承诺将驱逐入侵者，恢复原有的边界，如果我们失去这座城市，我们可能承诺将重新夺回它。 但是如果事态的某个环节失去了控制，问题就不再是恢复柏林的现状那样简单了。 军事上的不稳定可能会使得早期的现状变得毫无意义。 代价高昂的恢复现状的行动可能要求采取某种形式的报复行动，这反过来又将引发某种对抗性的行动。将会发生什么，是一个推测或猜想问题。 看起来，我们所作的承诺是，对挑衅采取某种相称的行动。 军事对抗倾向于发展出一种自发的动力，它是动态的和不确定的。 在柏林问题上，我们所作出的威胁是，开始一个可能很快就将失去控制的进程。

1958年，美国在黎巴嫩的策略——在一场不断发展的危机中派遣军队进入该国，尽管不是当代最简洁的政治—军事行动，却也代表了相似的战略。 不论派遣到黎巴嫩的1万或1.2万人的部队的军事潜力有多大——这将取决于交战的对象、交战的地点以及争端的性质——他们在苏联的冒险行动开始之前率先登陆便具有了优势。 这次行动可能被描述为"先发制人的策略"（preemptive maneuver），因为从此以后，苏联对黎巴嫩、约旦，甚至伊拉克事务的任何有意义的干涉，都可能实际地引发美国与苏联，或者美国与苏联支持的军事力量之间的直接交战。

事实上，轮到赫鲁晓夫来决定是否跨越边界了。对我们任何一方而言，伊拉克或约旦都可能不值得一场战争，但是我们通过将军队驻扎在这里——或者如我们过去常说的，将美国的旗帜插在这片土地上——很可能已经向克里姆林宫清楚地表明，我们无法在胁迫下体面地撤退。与登陆之前相比，现在撤退更加困难，登陆有助于将下一步行动推给苏联人。

能力与目标的结合：“承诺”的程序

除了将自己置于无法撤退的境地之外，还有一个更为普遍的威胁方式，那就是政治介入（political involvement），以国家的荣誉、责任和外交声誉作出承诺。1955 年国会通过的台湾决议案以及美国与中国台湾签署的军事援助协定（military assistance agreement），很可能应以这种方式来进行解释。它主要不是为了向蒋介石保证我们将“保护”台湾，也主要不是为了补偿蒋介石对我们所做的某件事情，它的重要性主要在于影响第三方。国会此项行动的主要听众在苏联集团内。该决议和协定是一种象征，它让中国人和苏联人清楚地知道，我们不可能在不受威望、名誉和领导权损失的情况下放弃“保护”台湾的立场。我们不仅向他们传递了一种已有的意图或义务，而且实际地加强了这种义务。国会表达的信息，不是“因为我们有保卫台湾的义务，所以我们同样可以将它展示出来”，而是“如果我们之前没有足够地打动你，那么我们现在以这种方式做到了。公开的和仪式性的展示使我们真正地投入这一事业之中”。[9]

这种类型的承诺并不是廉价的。如果国会将这样的决议应用于世界的每个角落，那么这将类似于希望苏联待在原地不动，威慑也将因此贬值。 一个国家的资源是有限的，所以只能用于那些它特别关心的事情上。 政治的介入不像一次随便的投票或者签署一份文件那样简单。

有时，政治介入的发生需要一个很长的，甚至可能是事先未曾预料的过程。 据我所知，我们对于印度在受到中国或者苏联的攻击时将给予其援助的承诺，即使有，也是极为虚弱的，这仅仅是因为多年来印度并没有要求我们承担正式的承诺。 1962 年 11 月的教训之一可能是，面对像印度这样规模的国家遭受占领的风险，我们的立场实际上应当像存在一份相互援助条约一样坚定。

我们对金门的承诺在 1955 年尤其是 1957 年引起了我们的关切，这是事先没有想到的。 当时，这一承诺的确是令人难堪的。 它在之前之所以没有影响到美国的政策，是因为当蒋介石从中国大陆撤退时，国民党军队成功地守住了金门，它掌握在国民党人的手中。 在作出对台湾的承诺时，美国关于金门岛的意图是模糊的。 国务卿杜勒斯在 1958 年所作的官方立场是：我们不能在胁迫下让出金门。 其含义似乎是：我们没有真正的意愿为金门冒险，并可能更愿意金门在 1949 年就落入到共产党人的手中；但是一旦金门成为争论的问题，我们同共产党中国的关系就将处于危险之中。 所以我们作出了一个我们可能宁愿没有的承诺。 为了防止这一承诺被认为是不够牢固的，蒋介石调遣大批精良部队驻守金门，以便这些部队在受到攻击时难以撤退。 他这样做的目的是向外界清楚地表明，他不得不要么防守金门，要么遭受军事灾难，由美国来决定是否挽救他。

我们的一些最强有力的承诺是相当含蓄的，尽管它们能够通过仪式和外交的形式得到加强或者弱化。 承诺甚至在我们否认它们的时候仍然可以存在。 人们对于《北大西洋公约组织条约》在 20 年有效期期满后会出现什么情况有很多的猜测。 最近人们对于发展中的西欧共同体是否与北约存在矛盾也有一些猜测。 有人提出，苏联愿意欧洲实现自立，美国可以从它目前对北约国家的承诺中解脱出来。 我认为我们对于欧洲的承诺在《北大西洋公约组织条约》失效后可能确实会面临一定程度的削弱，但是程度不会太大，大部分的承诺将依然存在。 我们负担不起让苏联推翻联邦德国或者希腊的代价，不论我们对德国或者西欧其他国家的法律上的承诺是否依然存在。

我推测我们可能甚至会承认对陷入危机的南斯拉夫（可能还有芬兰）负有某种隐含的支持义务。 我们对匈牙利的任何承诺明显是虚弱的。但是南斯拉夫和芬兰、匈牙利有很大的不同。（可以想象，我们或许会首先跨越边境，让苏联人来决定是否冒与我们交战的风险。）我怀疑是否克里姆林宫也这样认为。 如果苏联对铁托(Tito)真的失去了耐心，或者在铁托死后南斯拉夫出现了某种危机，它可以派遣红军直接侵入南斯拉夫或者向这个国家发出最后通牒，而无须担心南斯拉夫会收到我们的对立的最后通牒，或者发生像在黎巴嫩那样的先发制人的登陆。 我只是出于好奇，这些都是关于我们的承诺实际上证明是什么以及苏联如何认识这些承诺的问题。

事实上，我们的承诺与其说是一项政策，不如说是一种预测。 我们不可能对每个意外事件都制定明确的政策；有太多的意外事件发生，而我们则没有足够的时间提前把它们全部解决。 如果有人问，美国在1962年10月对中国共产党人试图击败印度军队的行动持何种政策，答案只能是，美国政府很可能还没有预先商议过对一次意外事件作何决定。 政策通常不是预先设计的；然而，关于政府决策的动机和所受到的限制的分析，使得政府的决定在某种程度上是可以被预测的。

在关于印度的例子中，我们存在着一个潜在的或者说含蓄的政策。据我所知，尼赫鲁(Nehru)在10年前就已经预料到这一政策了。 可以想象——尽管我对此持怀疑态度——尼赫鲁如此轻视泰国人和巴基斯坦人同我们签订的条约的原因之一，可能是他感到在一场真正的危机面前，不论是否存在一项条约，他同西方的关系都将同样紧密。 我们希望全面限制共产党中国，希望给予亚洲的其他国家信心，希望欧洲对我们在整个世界所扮演的威慑角色保持信心。 对印度的军事支持采取的是一种含蓄地作出保证的方式，但是这种保证是一般性的，并非只针对印度。 当一个维持纪律的人——例如警察——阻止或惩罚某人的非法入侵或者袭击时，受害者因此所得到的任何好处都只是附带性的。 这名受害者可能更希望维护纪律的人与入侵者不发生争斗，但是如果这涉及对原则的维持，他可能没有多少发言权。

这种关于一国政府的决定的预测，在是否发动朝鲜战争的问题上可能是至关重要的。 关于我们是否曾经"承诺"过保卫韩国已经有很多的讨论。 我所看到的美国军事介入的决定是：首先决定派遣军事援助部队，随后决定轰炸，再后决定增援力量，最后决定发动大规模战争。人们在1950年5月并不能明确地猜测到美国将会做什么，而只能根据来自朝鲜战场的信息、向总统提供政策建议的人士，以及世界上正在发生的其他事情，来估计总统可能会采取何种决定。

你可能会回想起那场关于国务卿艾奇逊的演说的讨论。 在那个特别的演说中，艾奇逊向苏联人暗示，韩国不在我们的防御范围之内。（据我所知，不存在任何关键的证据表明，苏联人、中国人或者朝鲜人的行动明确地受到了这份声明的驱动。）他所表达的立场的实质是：我们的防御边界不包括韩国，我们还有各种其他的义务，尤其是对联合国的义务，而这将涵盖像韩国这样的国家。 苏联人（或者中国人，或者其他作出决定的人）明显地误判了形势。 他们可能认为，美国表面上是在肯定对韩国的承诺，实质上却是在弱化这种承诺。 结果，他们陷入了一场昂贵的、冒险的并可能比实际情况更加危险的战争。 发生误判，可能是因为威慑语言还没有得到充分的发展，也可能是因为双方对核战争时代的承诺程序的理解还不够准确。 苏联人现在或许可以更好地理解这种承诺了，尽管他们在古巴的导弹冒险活动表明，他们在十年后仍然错误地理解了美国的信息（或许美国仍然没有清楚地传递信息）。

我们在向鸭绿江推进的时候，似乎错误地理解了中国人的警告。根据艾伦·惠廷（Allen Whiting）的记载，中国共产党人曾严肃地警告美国人，他们宁愿与我们交战，也不愿让我们占领整个朝鲜。[10] 显然我们没有真正地理解这一警告。 如果我们正确地理解了，我们就不会将我们的力量扩展到我们实际所做的那种脆弱的程度。 尽管中国共产党人可能已经尽全力向我们传递信息并使之可信，但是我们或者没有收到他们的信息，或者认为它是不可信的。 当沟通失败时，很难判断是因为发射台对接收器来说太差，还是接收器对发射台来说太差，是因为发送者没有正确地使用接收者的语言，还是接收者误解了发送者的意思。 在美国与共产党中国之间，看起来每一方都至少遭遇了一次沟通失败。[11]

承诺之间的相互依存

我们之所以在很多地方作出承诺，主要是因为我们的威胁是相互依赖的。 我们告诉苏联人，我们不得不对这一事件作出反应，因为如果我们不这样做，当我们表示将在其他事件上作出反应时，你们就不会相信我们。

迄今为止，我们对德国的承诺已经如此深入和广泛，我们大多数人常常不再需要考虑我们的承诺是向谁作出的。 我们致力于保护柏林是因为，如果我们由于苏联人的恐吓而退出柏林，我们将在苏联人面前颜面尽失。 对于我们而言，最重要的声誉就是在苏联（以及共产党中国）领导人面前的名声。 让欧洲人、拉丁美洲人或者亚洲人认为我们不道德或者胆小已经够糟糕的了，而如果在苏联人面前丧失声誉则会更糟。我们在受到压力的情况下撤离台湾或者柏林将会损失面子，其中最重要的损失是，苏联人不再确信我们在未来的某个时候或在其他的某个地方会采取行动。 我们的威慑依赖于苏联的预期。

我认为，这是我们不得不防御加利福尼亚州的根本原因。 我们不可能在将加利福尼亚让给苏联人后，却让他们相信俄勒冈州、华盛顿州、佛罗里达州、缅因州以及切维蔡斯（Chevy Chase）和坎布里奇（Cambridge）是不可出让的。 如果没有在加利福尼亚阻止苏联人，我们就不可能劝说他们相信，我们会在密西西比河做到这一点（尽管密西西比河在某种程度上要比它与大陆之间的任何分界线更为可信）。 一旦侵略进入到一个新的等级，便会牵连到我们一直声称予以保护的区域或资产；如果我们不能作出强有力的反应，我们甚至需要隐瞒这一事实。设想我们允许苏联人取得加利福尼亚，而当他们试图夺取得克萨斯州时，我们却做出了全力的还击，他们可能会因此指责我们破坏了诺言。当我们允许他们进入加利福尼亚时，我们实际上已经告诉他们，他们可以拿下得克萨斯；这是我们的错误，由于糟糕的沟通，或者由于没有认识到我们正在作出何种让步。

以加利福尼亚为题的讨论只是一种想象；但是它有助于提醒我们，威慑的有效性常常依赖于给予特定的区域某种加利福尼亚般的地位。这一原则适用于整个世界，它并不完全受我们控制。 不论未来十年我们与巴基斯坦签署多少条约，我都怀疑，我们是否可以如同我们与英国的关系那样，将自己与巴基斯坦视为一体。

"认同"是一个复杂的过程。 它意味着，让苏联人或者中国共产党人认同，如果我们不支持巴基斯坦，我们将丧失他们对我们的尊重，因此，我们将不得不支持巴基斯坦。 正是苏联人通过对我们的预期及我们对他们的认知确认了这种认同。 不论是他们还是我们都无法对这种预期实施完全的控制。

苏联的国土与美国的国土存在一个有趣的地理差异。 难以想象一场局部战争会由于紧迫、封锁性轰炸、非故意性的边境侵犯、局部的报复性轰炸，甚至故意但有限的地面侵犯，扩散到美国的领土上。 海洋或许无法使我们免受大规模战争的破坏，但却能使我们不受小型战争的侵害。 局部战争不会经由边缘地区或者地理上的延伸区域蔓延到加利福尼亚州，朝鲜战争则可以溢出到中国东北地区和西伯利亚地区，苏联的领土也会受到发生在伊朗、南斯拉夫或中欧地区的战争的影响。 人们可能会争论，假如中欧爆发一场有限的战争，封锁性轰炸距离莫斯科多远是安全的。 我们无法根据地理特征——也很少可以根据经济特征——对苏联的边界作出断然的区分。 类似的问题却几乎不会引发美国卷入同样的战争；当然，美国在边界上也存在断裂处（discontinuity），它可能会引发在公海的潜艇战，此外，还可能影响到运送货物到巴尔的摩（Baltimore）码头的内陆火车。 然而，执行骚扰任务的车辆和舰艇在特征上与参与"战区战争"（theater war）的车辆和舰艇也是有很大不同的。

在逻辑上，从地理的角度而言，加利福尼亚州或者马萨诸塞州卷入到一场有限的、小型的和局部的交战之中，是不可能的。 美国的国土相比于苏联的国土，具有了一种独特的性质——一种更加明确的"国土"概念。 人们能够想象得到的同"局部卷入"（local involvement）最接近的事情可能是在与古巴发生空战时的佛罗里达基地；那可能是上述规则的一个例外。 然而对于苏联而言，大部分他们不得不为此制定作战计划的假想战争，都以某种形式涉及国土的边缘地区（包括侵入性的侦察和其他空中骚扰，即使未触及其领土）。

加利福尼亚原则事实上不仅可以应用于领土，而且可以应用于武器。 某种观点反对将我们所有的战略武器部署在海洋、外太空，甚至是国外，认为敌人或许会因为无须担心会引发我们在本土遭到攻击时才会作出的反应而袭击这些武器。 如果所有的导弹都放置在船只上，这样的观点的确是有道理的，对于船只的攻击不同于对于加利福尼亚州或者马萨诸塞州的攻击，敌人可能会在不考虑攻击位于美国本土的武器的情况下，打击放置武器的船只。（这种主张的一种极端形式是——并没有被非常严肃地提出——将武器部署在人口稠密地区，这样，敌人在攻击它们时，将必然承担因攻击城市而引发大规模反应的风险。）

对于这种主张还有一些补充。 如果在亚洲发生的一场战争中，我们从航空母舰或者位于盟国的基地发射导弹，敌人将攻击我们的船只或者海外基地。 几乎可以肯定，我们不会认为这等同于我们从夏威夷或者加利福尼亚的基地发射导弹而受到敌人攻击。 如果苏联人将核武器部署在太空轨道上，我们用火箭对其实施攻击，后果将是严重的，但是不会像攻击部署在苏联本土上的导弹那样严重。 部署在古巴的导弹，尽管归苏联拥有并受其操控，但是作为打击目标，它们与部署在苏联的导弹相比，"国属化"（nationalized）程度不那么高。（反对在欧洲多国部队中配备装有远程导弹的水面舰艇的一种观点认为，在一场多国部队不介入的有限战争中，和在敌人不使用核武器的情况下，这些舰艇可能会被敌人以一种不挑起报复性反应的方式选为攻击目标，因此与以本土为基地的导弹相比，这些舰载导弹是脆弱的。）

这两种观点都有道理。既可以有意地将武器部署在边境之外，当它们被用于进攻时，就不会招致对我们本土的攻击；也可以将它们留在境内，这样，对它们的攻击看起来将更加冒险。这里只是提出了两者之间存在的差异。金门无法通过移动变为加利福尼亚的一部分，武器则可以。

实际上，国土具有的非全有即全无的特征并不完美。麦克纳马拉曾经提出：即使一场总体战争也可能在某种程度上被限制于军事力量，只有当敌国攻击我们的城市时，对对方人口中心的攻击才是合理的反应。这意味着我们确实根据战争的级别来区分国土的不同部分。我听到有人主张说，如果苏联人在面对美国可能发动的"军事"战争时，担心本国的报复力量的安全，实际上他们可以选择将导弹部署在城市附近，这将使得一场不对城市进行大规模攻击的"干净的"战略战争缺少可能性——显示他们在这些武器遭到攻击后没有什么可再失去的了，因而也就没有理由将反应仅限制在军事目标上。如果战争发生的可能性很大，这项政策将是危险的，但是其逻辑是有价值的。

损害对手承诺的信用

如同我们一样，苏联在边境之外面临同样的威慑难题。各种类型的人，不论是负责任的，还是不负责任的，智慧的，还是无知的，欧洲人，还是美国人，都会提出同样的问题：美国是否真的会使用它的全部军事力量来保护西欧，或者因为失去西欧而采取报复行动。我很少听到有人质疑——至少在 1963 年以前——如果我们对共产党中国的本土发动一场战争，苏联人会采取同样的军事行动。

苏联人看起来——在我们的帮助下——已经完成了一项我们发现困难的任务，即劝说世界各国认同它们联盟内的整个区域都是完整集团的一部分。在西方，我们已经对下述情境谈论了十年，即中苏集团的那种仿佛每个卫星国都是苏联体系的一部分，仿佛苏联将这些地区置于自己的控制之下的决心如此强烈以至于不能接受失去其中的任何一个——直到中苏分裂变得不可否认为止。美国的行动常常是按照仿佛苏联的影响范围内的每个国家都是"加利福尼亚"一样作出的。在西方，我们看起来在关于中国的问题上向苏联人作出了一种他们并不愿在欧洲问题上向我们作出的让步。

如果我们总是将中国视为苏联的"加利福尼亚"，那么我们将有助于使它真的成为那样。如果我们向苏联暗示，我们将共产党中国或者捷克斯洛伐克视为与西伯利亚同等的地位，那么在这一地区或者针对这一地区的任何军事行动中，我们已经告诉苏联人，我们意识到他们将按照仿佛我们已经在符拉迪沃斯托克（Vladivostok）或者阿尔汉格斯克（Archangel）登陆或者跨越苏波边境那样作出反应。我们迫使他们在中国、北越或者任何可能的地方作出反应，实际上是给了他们一种对他们来说相当有价值的慑止西方承诺的手段。如果我们表明相信他们将被迫对匈牙利遭受的入侵作出如同我们侵入到莫斯科一般的反应，那么他们就将会这样做。

古巴仍然是一个分析边界界线的有趣例子。苏联人会发现，使外界普遍接受一个与它不接壤的国家真正地成为苏联集团的一部分，在政治上和心理上都是困难的。苏联面临的难题是如何将古巴变成苏联的"加利福尼亚"。我们是否能够将菲律宾、希腊或者中国台湾纳入到美国的联邦体系中，并以此来解决它们的归属及我们对它们的防御问题呢，这种推测是非常有趣的。我们在夏威夷和到目前为止的波多黎各可以做到这一点，但是假如我们的目标延伸到"归属"美国以外的区域，我们便很可能无法赋予它们一种真正的被普遍承认和认为是理所当然的"州的地位"（statehood）。

古巴不应被完全"纳入"苏联集团——它在地理上是分离的，不具有苏联集团内的国家在传统上所享有的那种领土整体性。印度之所以能够获得果阿（Goa），基本上是因为美学的原因：传统观点认为，地图应当具有特定的几何学特征；从地理学的角度来说，飞地是不正常的，大西洋的岛屿可以归属任何人，但是被一个大国的领土包围的岛屿却无论如何应当归属于这个国家。（基于同样的原因，如果阿尔及利亚和法国没有被地中海分隔，它本来会更难以从法国分离；将沿海城市留在法国，同时将内陆地区分离出去，同样有点违背制图心理学。）当然，造成古巴不同于匈牙利的原因还有很多，包括美国可以在无须侵犯苏联领土的情况下包围它、侵扰它，或者封锁它。但是即使没有这样的情况，对于苏联而言，实现与遥远的古巴岛屿可信的联合也是困难的。

额外的"像古巴一样的国家"（Cubas）将对苏联造成消耗。这并不意味着我们应当希望看到这种情况，然而我们应当认识到，这对他们的威慑会产生何种影响。苏联的威慑将会出现更多我们已经遇到的问题。它在过去形成了一个几乎完整的集团、一个独立的地理单位，铁幕将这一集团与世界的其他部分分隔开来。人们几乎能够在地球仪上画出一条闭合的曲线，线的里边全部属于苏联集团，线的外边则全部不属于。南斯拉夫是仅有的模糊地区。之后，阿尔巴尼亚也成为一个异类，它在 20 世纪 60 年代初同苏联的政治分离确认了这一点。古巴则是相同问题的放大版。"集团性"（blocness）不再意味着原先的含义。在一个地理上紧密结合的集团内，在不破坏"集团"定义的情况下，卫星国与苏联之间存在不同程度的从属关系。然而遥远的卫星国不仅可以因为苏联难以通过暴力手段施加意愿而更加独立，而且它们进一步妨碍了集团在地理上的简洁性。"集团性"不再是一个全有或全无的问题，而是变成了一个程度问题。

这种过程可以影响到与苏联接壤的地区，并且如果苏联缓和它的威慑性威胁（deterrent threat），在那些遥远的或者没有完全整合的国家的问题上采取回避立场，将导致其威胁的可信度在世界各地经受考验。某些尊严、愤怒之类的事情并不必然是程度问题。只有当一个人确切地知道他所说的"祖国"是什么时，他才可以说他的祖国没有受到侵犯，这一概念不应受到是否具有完全合格的政府，是否是被保护国，以及领土及公民的等级状况如何等因素的影响而变得凌乱，从而使得一些地方比另一些地方更加具有"祖国"的特征。如同处女的定义一般，祖国需要有一个绝对的定义。苏联集团已经失去了这一特征，如果它形成一个与过去的英帝国一样的等级结构，它将失去更多。

我们用有效的威慑取信于苏联，在这样做的时候，这些威慑确实获得了某种信用。我们最终将中苏分裂作为实际情况来加以处理；但是如果在开始的时候就未对它们的联合予以承认，将会更加明智。在我们努力渲染和放大苏联的威胁时，我们有时向苏联提供了一种威慑的资产，而我们却发现很难为自己创造同样的资产。我们应当尽可能地解除苏联对于美国与中国交战所担负的如同美国与苏联自身交战般的义务。如果我们能够解除苏联的此种义务，我们就可以在一定程度上消除他们的承诺。我们应当尝试使北越看起来距离苏联比波多黎各距离美国更加遥远，不再将中国与美国的阿拉斯加州归属同种类型，同时不向苏联集团内具有免疫心理的国家作出让步。有一些事件可能会迫使我们——某些上述类型的国家可能会迫使我们——在未来发动某种类型的战争；[12]我们应当智慧地尽可能预先将这些区域从苏联的军事力量中分离出来。[13]

逃脱承诺

有些时候，一个国家希望摆脱某个承诺——使自己与该承诺脱钩。

这并非易事。美国在 1958 年可能后悔对金门所作的承诺，但是在当时却找不到摆脱承诺的体面的方式。柏林墙是真正地令人难堪的。我们显然对于被迫对柏林墙使用武力的承诺是感到厌恶的。有一些承诺我们是无法否定的；人们对于我们可能采取何种行动已经形成了某种预期，并且对于我们应当这样做也形成了某种信念。如果从来都没有人期望我们对柏林墙采取某种措施——如果我们从来没有对阻止建造这堵墙负有义务，以及如果我们从来没有向东柏林提出过任何看起来与这堵墙不相符合的要求——那么这堵墙本来不会令我们非常难堪。我们阵营中的一些人对于我们允许这堵墙修筑起来感到失望。美国政府无疑不希望引起这种失望的情绪。我们发表关于我们在东柏林的权利和义务的外交声明的目的，是为了废除我们之前可能作出的任何承诺。这些声明并不具有充分的说服力。假如美国政府之前就意识到类似柏林墙修筑的事情会发生，并且始终不准备反对这样的事情，那么事先的外交准备可能会使这堵墙不那么令人尴尬。在这个例子中，似乎有一些承诺我们没有兑现，我们不得不反过来辩解说，我们的基本权利并没有遭到冒犯，也没有失去任何正当地属于我们的东西。

苏联在古巴面临同样的难题。在肯尼迪总统 1962 年 10 月 22 日发表导弹危机演说不到六个星期以前，苏联政府对古巴发表的一份正式声明称："我们已经说过，并再次重申，如果侵略者对一个或另一个国家发动攻击，而这个国家请求援助，苏联保有从自己的领土上对任何爱好和平的国家给予援助的可能性，这将不仅限于古巴。请任何人都不要怀疑苏联提供此种援助的决心。"声明还说："苏联政府提请注意这一事实，现在没有人能够对古巴发动攻击而又期望侵略行为免受惩罚。一旦侵略者发动攻击，便会成为战争爆发的起点。"这是一篇冗长且好辩的声明，然而它也承认，"只有疯子才认为他发动的战争只是被攻击人民的灾难"。最具威胁性的内容并没有被单独地进行阐释，而是散落在全文之中，所以至少存在一定的模糊性。

肯尼迪总统 10 月 22 日的电视讲话直接指向苏联。它是如此直接，以致人们推断，只有有意识的决定才可以使之不再是加勒比地区的事务而是变为东西事务。 总统在讲话中涉及苏联的导弹、欺骗和挑衅；他甚至特别地表达了对古巴人民的关切，希望他们不被伤害，并对"外部势力的支配"导致他们陷入困境感到遗憾。 总统没有说我们与古巴之间面临问题，希望苏联置身事外，而是说我们同苏联有所争执，希望古巴人民不要受到伤害。

苏联在第二天提交联合国安理会的声明明显是希望对事态作出略有不同的解释。 声明谴责美国在公海的海盗行为和"试图对古巴发号施令"。 它说，美国政府"自认为有权要求其他国家向它解释其构建国防的方式，通知它其在公海的船只载有何种物品。 苏联政府坚决反对这样的要求"。 它还说："今天，政治家必须前所未有地展现冷静和谨慎，绝对不应支持武器嘎嘎作响（rattling of weapons）。"事实上，苏联的声明并不存在武器的"嘎嘎作响"，他们说得最多的是："苏联拥有包括核武器在内的强大力量，这被世界上所有的人认为是慑止帝国主义侵略力量发动一场毁灭性的世界大战的决定性因素。 苏联将继续坚定地和一贯地履行这一使命。"但是，"如果侵略者发动战争，苏联将进行最强有力的回击"。 这暗指，美国海军迄今为止正在做的，甚至可能做的，是海盗行为，而不是战争，对此"爱好和平的国家不得不提出抗议"[14]。

苏联的声明针对的是美国对古巴的冒犯，而不是苏联和美国的对抗。 美国的关键要求，即在封锁解除之前"立即拆除和撤离所有位于古巴的进攻性武器"——那是肯尼迪总统的行动与苏联的导弹之间的直接联系——并没有得到苏联直接的回应。 苏联人没有选择通过将美国的行动解释为迫使自己作出坚决的反应来强化他们对古巴的承诺；他们将之解释为一个加勒比地区的事务。 他们的措辞看起来是要解除而不是支撑一个不完整的承诺。

但是正如无法仅仅通过语言手段作出承诺一样，人们也无法通过廉价的话语来摆脱承诺。 国务卿杜勒斯在 1958 年不可能作出这样的表态："金门？ 谁关心金门？ 不值得为它而战，没有金门，我们的防卫圈将更加简洁。"美国从来没有明确地表示摆脱柏林墙的问题。 即使我们担负的义务在文字上从来没有被违反过，但一定会有人认为从我们的义务的精神出发，应该做得更多。 我们在1956年对干预匈牙利事件不担负多少义务，并且苏伊士运河危机的爆发扰乱和掩盖了这次事件。 然而，西方对此实施某种干预行动是具有可能性的，但最终它们却没有这样做。 这可能是澄清东西方之间的一个模糊协议的合适机会。 当然这也并非不需要付出代价。

如果承诺能够通过宣告来解除，那么它们一开始就是毫无价值的。对于口头性的或者仪式性的承诺而言，使其具有政治性和外交性承诺的特征，并在此之上附加尊严和声誉，全部的目的都在于使承诺明显地难以被摆脱。 即使那些不是刻意承担的承诺，那些在不可预见的情况下令人难堪的承诺，也是无法廉价地解除的。 如果这样做，代价将是损害了那些仍然希望被信任的承诺的可信性。[15]

如果一个国家确实希望摆脱一个经过深思熟虑后承担的或者意外形成的承诺，对手的合作可以发挥重要影响。 1958年以来，中国共产党人看起来并不试图使美国轻易地与金门脱钩。 他们坚持并间或加强对这个岛屿的军事压力，这使得任何退却看起来都是遭遇强迫时的退缩，从而难以体面地撤退。 我们很难不认为，中国共产党人是在享受美国在金门的不安，他们也乐于看到自己能够随意地激起事端，并把危机掌控在自己手中，同时也获得了激化美国与蒋介石之间矛盾的机会。

规避对手的承诺

我们可以肯定，"意大利香肠策略"（salami tactics）是孩子们发明的；不论是谁首先对成年人的版本作出了阐释，他肯定在年幼的时候就理解了这一原则。 告诉一个孩子不要到水里去，他会坐在岸上让水浸没自己光着的脚；他并没有"在水里"。 如果我们对此表示默许，他会站到水里；与之前相比，他并没有更多地进入到水中。 如果我们迟疑，他会开始蹚水而行，但并不往深处去。 在我们思考这与之前有何不同时，他会向深处走一点，说自己通过来回走动已经达到了平衡。很快，我们就开始要求他不要游出我们的视线，并开始怀疑我们的原则到底出了什么问题。

大多数承诺在细节上都是模棱两可的。 有些是故意如此，例如艾森豪威尔总统和杜勒斯国务卿宣布，在金门遭受攻击时，美国将依据攻击行为被解读为对台湾攻击的一部分还是对台湾攻击的前奏，来决定是否根据国会的台湾决议案和共同防御条约作出反应。 更多的则是因为无法规定确切的细节。 即使经过最仔细起草的法令和合同，也有令人疑惑的地方；即使最注重保护自己的权利和特权的人也可能由于诉讼费用高昂，而选择庭外和解以原谅一个无心的过错或者微小的违法行为。不论我们对某个边界的承诺多么地不容违背，我们都不可能在对方的几个喝醉酒的士兵摇摇晃晃地跨过界线"侵入"我们的领土的第一时间发动一场战争。 一些民主德国的官员在高速公路上可能确实没有理解指令，或者他的车辆确实在我们的车道上抛锚，这样的可能性总是存在的。 存在某种承诺门槛，低于它，承诺并不会运转，然而即使门槛本身也常常是模糊的。

在这种情况下，会出现低级的事故或者试探性的活动，并将产生侵蚀承诺的策略。 一方可能以一种含糊的方式来检验对方的承诺的严肃性，并在遇到抵抗时，假装并非故意或者未经授权，这样做既是为了防止对方作出反应，也是为了避免造成自己退缩的局面。 一方还可能采取拦截护卫队或者飞越边界的方式，在遇到抵抗时，同样假装这是意外或者未经授权；但是如果没有出现挑战，则继续进行或者扩大行动，以创设先例，取得通行或者擅自占地的权利，来削弱对方的承诺或者提高作出反应的门槛。 苏维埃国家派遣"志愿者"到麻烦地区进行干预活动，他们通常会选择在围墙下面偷偷地行动，而不是公然地翻越它，这虽不会明显地引起对方依据承诺作出反应，但却使得承诺看起来是可渗透的和不坚定的。 此外，如果在细小的违规和公然冒犯之间没有明确的、性质上的区别，而只有一系列级别连续的行动，人们就可以首先在小到不足以引起反应的级别上开始侵扰，然后以察觉不到的程度逐步增加，始终不作出突然的、引人注目的和引起坚定反应的挑战。 例如对于一项停战协定的细微破坏，破坏将越来越大，而当骆驼被最后一根稻草压垮时，停战也便无法继续了。

苏联人在古巴玩这种游戏已经很长时间了，他们显然没有意识到骆驼的后背只能够承载有限的重量（或者他们希望骆驼在习惯了这一重量后变得越来越强壮）。 朝鲜战争可能原本是作为一个低级事故开始的，希望低于美国作出反应的门槛，且美国最初的反应（在派出地面部队之前）有可能被错误地理解了。"意大利香肠策略"并不总是可以奏效。承诺中的不确定性常常引发低级别的或者含糊的挑战，但是不确定性具有双重的作用。 如果作出承诺的国家被认为在一些不可预测的时候，会在并不需要的地方作出反应，且并不总是设法通过与对方的合作来使难堪最小化，那么承诺的漏洞可能就不具有很强的吸引力。 如果一个人不被认为总是严谨地尊重承诺，那么他可能会得到一个偶尔不理性的名声。 如果一个人无法获得清楚辨认的和完全可靠的炸弹引线，那么一次偶然的、随意放置的饵雷（booby trap）可能同样将长期获得某种偶尔不理性的名声。

房东很少使用暴力的方式来驱逐房客。 他们知道持续的逐渐增加的压力能够起到同样的效果，尽管更加缓慢，却有助于避免引起暴力反应。 停水、停电使房客承受无法冲洗厕所和被迫在夜间使用蜡烛的累积压力，从而自愿离开，这要比粗暴地对待他的家人和家庭物品好得多。 封锁缓慢地发挥效力，它将决定权推到对方手中。 入侵柏林或者古巴是一个突然的、可识别的行动，其强度足以迫使对方予以回击；但是切断供应在第一天的作用则很小，在第二天也不会很大；没有人会在封锁的开始阶段死亡或者受伤。 封锁是相对消极的；最终的破坏结果既取决于被封锁领土的顽强坚持，也取决于封锁力量的持续运作。 封锁力量因为担心会引发被封锁国最终的崩溃而选择的退缩时间也是不明确的。

杜鲁门总统在 1945 年 6 月就对这种策略的价值颇为赏识。 戴高乐领导的法国军队占领了意大利北部的一个省，这与盟军的计划及美国的政策是相违背的。 法国人宣布，盟国对他们的任何驱逐行动都将被视为敌对行动。 他们计划吞并这一地区以作为一个"小的边境调整"。显然，通过武力驱逐法国人，对于盟国的团结将是极其严重的破坏；双方争执不下，所以杜鲁门总统通知戴高乐，盟国将不向法国军队提供给养，直到它撤出奥斯塔山谷（Aosta Valley）。 由于法国人绝对地依赖于美国的供给，所以这条信息收到了效果。 这是一种"非敌对性"（nonhostile）压力，并不足以挑起军事反应，因此，它的使用是安全的（并且是有效的）。 长时间地施加一定大小的强制性压力，并使其动力不断地积累，是一种常见的和有效的规避他人承诺的技术。

威慑与"胁迫"之间的区别

封锁阐述了旨在使对手做某事的威胁与旨在阻止其做某事的威胁之间的区别。 这种区别在于两者在时序（timing）和主动性（initiative）方面的差异，即谁将不得不做出第一步行动和谁的主动行动受到检验。 为了阻止敌人前进，烧毁我们身后供撤退使用的桥梁，或者掌握当他们前进便会自动地将双方同时炸毁的炸弹的引线，已经足够了。 然而，为了通过某种交战威胁来迫使敌人撤退，我们将不得不坚定地前进。（这要求我们在面对敌人时，点燃我们身后的草地，同时风吹向敌人的方向。）我可以通过在道路上设置地雷来阻止你的汽车行进；我的这种威慑性威胁是被动的，碰撞的决定权在你。 但是如果你发现我挡住了你的道路，并威胁除非我移开否则将会发生相撞，你就不再拥有这种优势了，尽管碰撞的决定权仍然在你，我也仍然拥有威慑力。 这时你不得不考虑，除非我移开，否则将必然相撞，这种情况就更加复杂了。 你将不得不把速度提得很高以至于无法及时停下来，这样，只有我能够避免碰撞的发生；制造这种局面可能并不容易。 如果发动车辆比停止车辆需要更长的时间，你可能就无法使我获得"最后明显机会"来通过让出道路避免碰撞的发生。

用于胁迫的威胁，常常要求持续地施加惩罚，直到对方作出回应，这与用于威慑的威胁是不同的。 这是因为坚持某一行动的唯一方法，常常是开始这一行动。 然而，这也意味着，这一行动对于发起者而言必须是可以忍受的，且能够持续足够长的时间以迫使对方作出回应。 对于威慑而言，可以用拉发线来威胁炸毁所有受到保护的事物，如果威胁获得成功，这些事物永远不会被破坏。 但是，借助于一枚威力巨大的炸弹，威胁除非某人做出某种行动否则将引爆它，则不一定能收到很好的效果；除非炸弹被真实地引爆，否则威胁是不可信的，而那时破坏已经造成了。[16]

威慑与我们姑且称为的胁迫（compellence）是存在区别的。"慑止"（deter）一词在词典中的定义是：使害怕而转变方向或不做某事。 这个定义符合当代的用法。 它的含义也就是指：通过使害怕出现某种结果来阻止行为的发生。 对于我们这样一个不奉行侵略的国家而言——我们宣称的目标通常是遏制而不是击退——问题在于，我们没有任何一个传统术语可描述更加积极的威胁。 我们用"防卫"（defense）一词作为"军事"（military）的委婉说法，因此出现了国防部（Defense Department）、国防预算（a defense budget）、国防计划（a defense program）和国防设施（a defense establishment）。 在英语中，我们可以轻易地找到一个与"防卫"相对的词语，那就是"进攻"（offense）。 然而我们却找不到一个明显对应"威慑"的词语。"强制"（coercion）包含了这方面的意思，但是非常不幸的是，它含有"威慑的"（deterrent）和"胁迫的"（compellent）两方面意图。"恐吓"（intimidation）一词不足以聚焦所希望的特定行为。"强迫"（compulsion）一词是可以的，但是它的形容词是"令人着迷的"

(compulsive)，意思就有很大的不同了。"胁迫"（compellence）是我能找到的最恰当的词语。[17]

威慑和胁迫存在几个方面的区别，这些区别大部分都可以对应于静态和动态间的差异。威慑涉及设置场景——通过宣告、装配拉发线、承担义务——然后等待。公开的行动留给对方来做出。场景设置常常是非侵入性的、非敌对性的和非挑衅性的。侵入性的、敌对性的和挑衅性的行动通常是威慑的对象；如果上述行动发生，威慑性威胁只能影响到最终的结果。胁迫则相反，它通常要求开始一项行动（或者是一项针对某一行动的不可改变的承诺），而这项行动只有当对手作出回应时才会停止或变得没有危害。公开的和第一步的行动是由发出胁迫性威胁（compellent threat）的一方做出的。为了达到威慑的目的，一方埋设或者放置地雷，然后等待对方的反应——希望对方不要前进。为了达到胁迫的目的，一方聚集足够强大的向前推进的动力（象征性的但有时也是实在的），以使对方做出行动以避免发生碰撞。

威慑在时间上一般是含糊的。"如果你越过这条线，我们将出于自卫开始射击或者引爆地雷。"什么时候？在你越过这条线的任何时候——更希望永远都不会发生，但是时间是由你决定的。你越过的那一时刻就是威胁实现的时刻，或者自动地实现——如果我们作出了这样的设定，或者经由立即生效的义务来实现。但是我们可以等待——最好永远如此；我们的目的正在于此。

胁迫在时间上则必须是明确的，即我们推进，而你必须让出道路，否则将会发生碰撞。最后时刻是何时呢？必须设置一个最后期限，否则这将会遥遥无期。如果没有时限，那么威胁就只是一种姿态，或者仅是一个不产生任何结果的仪式而已。假如胁迫行动的进展像齐诺（Zeno）的乌龟那样需要一段不确定的长时间才能到达边界，那么那段剩余的、长度不确定的距离将把它和碰撞分隔开来，这将无法向对手提供让出边界的诱因。为了保证胁迫的有效性，不能永远地等待下去。当然，也必须等待一段时间；碰撞不能是即刻发生的。胁迫性威胁需要一定的时间来显示其可信性，然后迫使对方作出让步。 时间太短，对手的服从将变得不可能，时间太长，又变得没有必要。 胁迫具有威慑一般不具有的时间限制。

除了"何时"的问题，胁迫通常还涉及何地、什么以及多少的问题。"什么都不做"是明确的，"做一些"则是模棱两可的。"停在你所在的地方"是明确的，"退回去"则牵涉到"多远"的问题。"不要打扰我"是明确的，"合作"则是不严密的和开放的。 威慑的状态——领土或者其他更具象征性的条件的现状——常常是可以核实和注意到的；胁迫必须对目标作出展示，而目标在意图、动力和制动力方面可以是不清楚的。 在威慑性威胁中，为了使威胁可信，在传递目标时，常常需要经过非常充分的准备；拉发线常常会划定禁止进入的区域。 威胁什么（what is threatened）和威胁得到什么（what it is threatened）之间通常存在内在的联系。 胁迫性威胁一般只传递服从的总体方向，不大可能会自我设限，也不大可能向对手传递威胁本身的目标或者程度。 西柏林的守卫部队几乎不可能误解何种行动是必须抵抗的；然而如果这支守卫部队侵入到东柏林，劝说苏联或者民主德国的武装力量作出让步，在哪里让步以及作多少让步就没有如此明显的规定了，除非冒险活动能够被赋予某种明白无误的目标或者限制——实现这一点并不容易。

关于金门的冒险行为再一次成为一个很好的分析案例：蒋介石的部队，一旦到达这个岛屿，尤其是在遭受攻击无法撤离的时候，便处于一种静止的和清晰的状态，同时伴随着一个对现状的不确定的承诺。 由于所作的承诺仅仅是，将根据共产党人对金门的攻击是否被排除在对台湾的攻击之外来决定是否派遣部队保卫它（或者给予空军和海军的支援），因此这样的承诺缺少使人信服的特性。 它提醒我们，尽管威慑性威胁一般具有上文提到的优点，然而这些优点并不总是存在。（金门的模棱两可的地位实际上展示了胁迫的模糊性，将视角颠倒过来就可以看到这一点：共产党人对金门的"胁迫"行动将是可以容忍的，只要攻击确定地不触及台湾；如果共产党人认识到这一点，他们就可以设计一个明显地纳入这种限制的行动。）美国或者北约 1956 年在布达佩斯的行动——不发生大规模的交战，但希望苏联作出让步而非还击——与其在柏林的行动形成了对比，拥有"胁迫"的动态特征：停止点（stopping point）是一个变量，而不是恒量。 甚至需要对"布达佩斯"作出界定，否则如果苏联一开始就作出让步，可能会演变为整个匈牙利，而在匈牙利之后又是什么呢？这一行动可能被有意地嵌入了特定的意图，但是之前它用很多的语言保证来支撑这个阴谋。

事实上，任何的强制威胁（coercive threat）都要求作出相应的保证；威胁的目的是给予他人一个选择。 对某人说，"再走一步，我就开枪"，只有在伴随着隐含的保证，即"如果你停下来，我就不会开枪"的时候，才是一个威慑性威胁。 告知对方我们将无条件地开枪，会让对方没有选择的余地（除非按照我们所希望的那样行动，否则无法使自己处于射程之外，在这个例子中，有效的威胁是，"再靠近，我的火力将杀死你，后退，它将不会"）。 上面所说的在意图上更少含糊不清的威慑性威胁可以重新表述为：对应的保证——这种保证与受到威胁的行为一起界定对手的选择——比那些通常可以融入胁迫行动的保证要更加清楚。（如果威胁是胁迫性的，那些普通的而不仅仅是作出核威胁的勒索者会发现"保证"是一个相当棘手的问题。）[18]

而且，它们需要通过时间来确认和展示；只要对方后退，而我们不开枪，我们就完成和确认了保证。 胁迫行动中的保证——向后退一英里，我不会开枪（否则我会），并且到那个时候，我不会要求再退一英里——难以提前展示，除非凭借长期遵守自己的口头保证的记录。

因为在西方我们主要按照威慑而不是胁迫来行动，以及威慑性威胁一般含糊地传递保证，所以我们常常忘记选择所具有的两个方面，也就是威胁处以罚金和提供罪责免除或奖励，都需要是可信的。 在讨论突然攻击和"预防性战争"时，保证——不仅是口头的而且是完全可信的——需要清楚地成为"威慑"的一部分。 如果敌人相信无论如何我们都将实施攻击，不是在他发动攻击之后，而是可能在他发动攻击之前，那么这将会促使他采取我们希望慑止的行动，并会更快地进行。当我们确实执行胁迫政策时，例如对古巴危机的处理，或为使北越政府做出积极行动而对其发动的惩罚性攻击，保证是界定胁迫性威胁的一个关键部分。

一方可能有意识地选择模糊，目的是使敌人忙于猜测，或者疏于防御，或者加深焦虑。但是如果一方不想让对方疑惑自己想要和不想要的是什么，那么它就不得不找到可信的沟通方式。现在人们更多地强调一方如何应对另一方的错误行为，而很少强调如何将使一方得到满意。当我们执行威慑时，这是合乎常理的，因为所禁止的错误行为常常近似地以威胁作出的反应来界定；但是当我们必须开始某件在那时被禁止的事情时，例如以胁迫行动的方式，那么知晓我们的目标并且传递它将更加困难，也更加重要。之所以尤其困难，是因为最初发动的用于胁迫的有力的强制运动，会干扰形势的发展，导致意外，以及提供重新审视我们的目标并在中途改变的机会和诱惑。威慑在完全成功的情况下，通常能够使双方集中在最初的事件上——如果错误地行动，随后将发生什么。胁迫，为了成功，涉及必须成功地终止的行动。收益最后才会到来，如同方案失败带来灾难的发生一般。

胁迫行动本身有一个时间表，但是这一时间表必须经过仔细的拟定，否则将可能与对应的要求不一致。我们的下列威胁是无用的：我们将在下个星期四轰炸古巴，除非苏联人在下个月之前撤离；我们对北越进行的六个星期的轰炸将在越共沉默六个月后停止。在代价不是太大或者风险不是太高，以及不使自己或对手精疲力竭以至于再无可失的情况下，胁迫行动能够持续多久是有限制的。如果它不能诱导遵从行为在指定的时间内实现——这取决于在那个时间范围内遵从行为在物质上或管理上是否可行——它就不能达成任何事情（除非目标本来就只是为某种征服或惩罚行为寻找借口）。胁迫行动必须是，当敌人服从时，能够停止或者推翻，否则就失去了诱因。

如果对手的遵从行为确实需要时间——如果这一行为是持续不变地

做出良好表现、不再恢复一项中止的行动、不再重新进入某一撤离的地区、长期支付贡品，或者某个需要时间来完成的建设性行为——胁迫性威胁就需要某种承诺、誓约、担保、抵押品，或者其他本身容易受到恢复或重复某种行为影响的事物。 尤其是在一场危机中，如古巴危机或者越南危机，尽快地获得遵从以限制风险或破坏就显得非常急迫。 找到一份满足危机要求的时间表并不容易。 最终的要求，也就是胁迫性威胁真正地旨在实现的目标，可能不得不以间接的方式来实现，例如，获得某种誓言或者抵押品，以便在压力解除之后可凭此来强迫对手遵守。[19]当然，如果投降声明或者服从的承诺书之类的象征性屈服本身就达到了目标，语言上的屈服可能就足够了。 在一场急剧的危机中，使危机尽快地结束的条件必须是能够很快地得到满足的条件；"急剧的危机"指的就是将风险、痛苦和损失压缩到很短的时间里，或者涉及某些不能无限期地维持下去的行动。 如果我们将胁迫性威胁中施加的压力从缓慢改为急剧，我们就不得不改变所提出的要求，使其适合这场危机的紧急的时间安排。

慑止对手的某个已经开始的行为——对某个岛屿或领土的骚扰、飞越、封锁、占领、电子干扰、颠覆、扣留囚犯，或者其他任何能够做的事情——具有胁迫性威胁的某些特征。 这在时间以及谁首先开始行动的问题上尤其如此。 在一个静态的事例中，我们希望对方继续不要做某件事；而在一个动态的事例中，我们希望对方改变其行为。 关于"何时"迫使对方停下来的问题，胁迫行动或许不得不是主动的，不像威慑性威胁那样需要等待。 关于"多少"的问题或许不会产生，如果这种行动是分离的和界限清晰的话。"完全"可能显然是这一问题的答案。 对于在12海里内禁止U-2战斗机飞行或者捕鱼，情况可能确实如此；对于颠覆或者支持叛乱的行动，"完全"则可能本身是模糊的，因为这类行动是复杂的、不明确的和难以遵守或确定的。

封锁、骚扰和"意大利香肠策略"可以被解释为回避威慑的危险和困难的方式。 封锁在冷战时期建立了一个战术性的"现状"，长期来看，它是破坏性的；但是短期内，它对双方都是安全的，除非受害者试图冲破封锁。 肯尼迪总统在 1962 年 10 月派遣舰队对古巴实施的公开的"隔离"行动，具有某种威慑中的"场景设置"性质；苏联政府当时有 48 小时左右的时间来决定是否命令它的汽船制造冲突。 正如前面所讨论的，低层次的干扰可以是一种让对手调转方向作出些微让步的方式，或可以是一种缓慢地开始胁迫行动的方式，没有强大的动力，但也没有很大的风险。 对方不是失去控制地冲向我们阻挡其道路的汽车，冒我们没有能力看到他和不能及时启动发动机以让出道路的风险，而是缓慢行进，轻轻地推动防护板，撞坏车灯，擦掉一些车漆。 如果我们投降，他将继续下去，如果不投降，他则可以减少一些损失。 并且如果他使之看起来是偶然的，或者可以归咎于冲动的司机，那么他甚至不会由于尝试失败而损失颜面。

防御和威慑，进攻和胁迫

不应当过于强调威慑性威胁常常是被动的而胁迫性威胁常常不得不是主动的这一特征。 有的时候，威慑性威胁无法预先做到可信，当禁止的行动正在实施时不得不真实地作出威胁。 这是防御和威慑可能相结合的地方，采取武力防御的主要目的可能在于，通过抵抗展示征服将是代价高昂的，即使成功也是不值得的。"渐变的威慑"（graduated deterrence）的想法和大多数关于欧洲传统战争能力的观点是建立在这样的观念上的，即如果消极的威慑失败，那么更加积极的威慑仍然可能会成功。 如果试图阻止的敌方行动是一次发生即终了（once for all）这一类型的行动——无法撤退，也不会随着时间前进——那么威慑的任何失败都是彻底的和最终的；没有第二次机会。 但是如果进攻行动需要一定的时间，对手不相信他将遭遇抵抗或者没有意识到这将是多么地代价高昂，那么在他开始之后，我们仍然可能希望展示威胁是强有力的。

如果对手预计不会出现抵抗，那么遭遇抵抗可能会使他改变主意。

武力防御和旨在威慑的防御之间仍然存在区别。如果目标和唯一的希望在于通过成功的抵抗，使敌人的进攻无法成功，那么我们称之为单纯的防御（pure defense）。如果目标是通过使他的侵犯变得痛苦和代价高昂而诱导敌人不要继续前进，我们称之为“强制的”或者“威慑的”防御（“coercive”or“deterrent”defense）。此种表述是不够灵活的，但是区别却是确凿的。那些无法阻止进攻的抵抗看起来是无效的，然而它却能够威胁使进攻的损失过于高昂，因此是有价值的。这是“积极的”或者“动态的”威慑，威胁在渐进实施中得到传递。处于另一极端的是武力防御，对于阻止对手具有很好的前景，但是较少包含伤害的预示；这可能就是单纯的防御。

在并不抱有击退或者慑止敌人的行动的希望时，甚至也可能执行防御行动，目的是为了使“成功的”征服代价足够高昂，以此来慑止同一对手或者其他人重复行动。这当然是事实发生之后的报复行动的基本原理；他们无法撤销这一行动，但是可以使账目显示为净损失，从而降低下次行动的动机。防御有时能够传递同样的信息，正如瑞士人在15世纪展示的，尽管有时他们输掉了战争，然而凭借这种方式他们有时也可以获胜。“［瑞士］邦联认为他们的顽强和不可征服的勇气的名声是他们获得政治重要性的主要原因之一……与这样一个敌人交战非同小可，他面对人数占优的对手不知退缩，总是准备战斗，既不会给予也不求取宽恕。”[20]芬兰人证明了这一原则在500年后仍然有效。局部抵抗的价值不是仅仅通过局部胜利来衡量的。我们称为“惩罚性抵抗”（punitive resistance）的思想是美国在越南作出武力承诺的基本理由之一。[21]

“胁迫”更像是“进攻”。强行进攻（forcible offense）是通过某种敌人无法阻挡的直接行动夺取某个东西、占领某个地方，或者解除一个敌人或一片领土的武装。“胁迫”则是通过一项威胁造成伤害的行动诱导对方撤退、顺从或合作，常常无法强行地实现目标，但是能够以造成足够的伤害来诱导敌人屈服。 在一项行动中，强行的（forcible）手段或许可以实现抵制敌人反抗的目标，并值得为此付出代价。 但是如果代价过于高昂，人们则希望借助强制的（coercive）手段并通过明确地显示前进的意图来诱导遵从，或慑止抵抗。 强行的行动，正如在第一章提到的，限于在缺少敌人合作的情况下能够实现什么；胁迫性威胁则试图诱导更加正面的行动，包括敌人运用其权威所能产生的结果。

战争本身可以含有慑止或胁迫的意图，正如它有防御和进攻的目的一样。 一场双方都可以伤害彼此但是任何一方都无法强行实现其目标的战争，可以对一方是胁迫的而对另一方是威慑的。 然而一旦交战开始，威慑和胁迫之间的区别就像防御和进攻的区别一样可能会消失。对现状的恢复具有法律、道德以及历史方面的理由；但是对于一块争端领土，一旦局面变得易于变化，原先拥有这块领土的一方所采取的夺取、维持或者收复的战略与觊觎它的一方采取的战略相比不会有很大的区别。（从局部战术的意义上讲，美国部队在朝鲜常常处于"守势"，而在韩国则处于"攻势"。）战争的强制方面对于双方可能都是同等的，唯一的区别可能在于防御者的要求，原先拥有该争端事物的一方的要求可能清晰地限于原有的分界线，而侵略一方的要求则没有如此明显的界定。

古巴危机很好地说明了被动威慑一旦失败就将可能造成的不确定局面。 美国对设在古巴的军事设施发出了口头威胁，但是显然威胁的一部分内容是含糊的、缺乏可信性的和遭到违背的。 这些威胁缺乏使之完全可信的自动反应设计，并因此不能使双方明确地对作出反应的门槛形成认知。 在苏联跨越边线后，也不易通过采取适度的抵制或者渐进地增加强度来显示美国的意图。 到肯尼迪总统决定进行抵制的时候，他已经不再处于一个威慑的地位，而是不得不着手开始更加复杂的胁迫行动。 苏联的导弹可以静观其变，古巴的防御力量同样如此；下一个公开的行动将由肯尼迪总统来决定。 问题是，在向苏联人证明一项潜在危险的行动即将到来时，口头威胁是不具有充分的说服力的，同时也没有任何的意愿去起动某种不可逆转的令所有人都感到伤心的程序，而这种程序仅仅是为了证明美国对所说的话是认真的。

那么如何找到某种可以传递威胁的行动，使苏联人认识到如果他们拒绝服从将必然遭受破坏，而如果他们足够迅速地作出服从回应则只遭受最低程度的破坏？包含足够动力或承诺的行动将把下一步行动的决定权推给苏联。对任何一个防御严密的岛屿实施的公开行动都将是突然的和显著的。显然各种选择都经过了筛选，最终确定的对整个岛屿实施封锁的方案具有静态威慑的诸多优点。封锁本身并不足以迫使导弹撤离，但是它的确威胁展开一场伴随巨大外交利害的军事对抗——美国海军舰艇同开往古巴的苏联商船之间的遭遇战。一旦进入合适的位置，美军就处于一种等待的地位，而由苏联人来决定是否继续。假如当时苏联不具有召回这些船只的能力，封锁将意味着不可避免的交战；利用现代通信手段，那些船只可以被成功地召回，于是苏联人被给予调转方向避免交战的最后决定权。在操作层面上，海军是可以避免冲突的；在外交层面上，宣布隔离和派遣海军意味着美国回避冲突几乎是毫无可能的。对于苏联人来说，调转商船方向甚至允许接受检查所造成的外交损失，并非高不可攀。

因此在最初的威慑性威胁失败后，便要求采取胁迫性威胁的行动；如果运气足够好，这些行动将具有威慑性威胁的某些静态特性。[22]

胁迫性威胁在需要进行肯定行动时具有另外一个特征，这常常将它们和威慑性威胁区别开来。这一特征是，相比于在威慑性威胁下停止某一行动，服从行为——做所要求做的事情——更加明显，更容易被认定为是在胁迫下的屈服。服从行为很可能具有更强的必然性，更难以被合理化为某件不论对方怎么说都会做的事情。中国人无须承认是由于美国的威胁才放弃攻打金门或台湾，苏联人也无须同意是因为受到北约的威慑才放弃征服欧洲，没有人能够知道确切的答案。事实上，如果在谋划违禁行为之前，威慑性威胁就已经作出，那么遵守约束可能仅仅是因为没有从事违禁行为的诱因。中国人可以说他们将在有利时机收回金门，苏联人也可以继续说他们对西欧从来都没有侵略意图。

然而苏联人无论如何不会宣称他们即将从古巴撤离导弹，而在这一点上，肯尼迪总统的电视讲话、海军的封锁，以及威胁采取更加暴力的行动都是没有效果的。[23] 如果北越引人注目地向越共发布一条命令要求停止行动，让出南越，这明显是一项投降行为。 如果当卡斯特罗（Castro）关掉水闸时，美国人退出关塔那摩（Guantanamo），这明显也是投降行为。 如果地震或气候变化造成了关塔那摩供水中断，或者美国人发现通过油轮向这个基地提供给养完全不经济，那么放弃这一地区看起来就不是向卡斯特罗的聪明才智投降，或者不是因为担心古巴人采取的报复手段。 同样，轰炸北越的行动改变了北越人可能采取的任何服从美国意愿的步骤。 如果在战术上是成功的，这一行动将能够增加北越民众服从的意愿，减少他们对越共的支持，但同时它也增加了他们这样做的代价。 国务卿杜勒斯过去常说，尽管我们在金门没有至关重要的利益，然而我们负担不起在胁迫下放弃该地的代价；中国不断强化的压力将必然导致抵抗决心的加强。[24]

如果行动的目标实际上是羞辱对手及迫使其摊牌和承认失败，那么通常包含在一个积极的胁迫性威胁中的"挑战"就需要被加以利用。如果仅仅是为了使苏联人明白，考验美国政府对这种冒险行为的容忍程度是有风险的，肯尼迪总统无疑希望苏联在古巴导弹危机期间展示某种明显的服从。 在越南，问题看起来恰恰相反。 美国最急切希望的是减少北越对越共的支持，而对于轰炸的胁迫性压力可能产生的相应的抵抗倾向则关注不多。 但是这种抵抗倾向并不总是可以避免的，如果不能避免，那么胁迫性威胁便会击败自己。

设计一个不具有自我击败特性的胁迫行动需要技巧。 有人主张，如果所提要求能够以更加私密和含糊的方式传递，那么在一些时候就不应过于明确和公开地表达要求。 在 1965 年初轰炸行动开始后不久，约翰逊总统受到媒体的广泛批评，原因是他没有完全清楚地表明自己的目标。 如果北越民众不能准确地知道什么是想要的，他们怎么可能遵从呢？不论美国行政当局在某种程度上没有明确地表明目标的原因是什么——或者它有意选择含糊，或者不知道如何明确地表达，或者事实上是明确的但仅限于秘密场合——一个重要的可能性是，含糊的要求，尽管难以理解，却可以在遵从时减少难堪。如果约翰逊总统的要求不得不如此明确，以至于每一个欧洲记者都知道他的要求是什么，或者所提要求如此具体，以至于对这种要求的遵从在发生时就可以识别，那么北越政权对美国要求的任何遵从都将必然是完全公开化的，或许也是非常难堪的公开化。这样一种遵从无法加以隐藏，其动机也无法很好地加以掩饰，就像美国的要求是以更加私密的方式传递或由北越人自己经过推导而主动意识到的那样。

这个事例揭示了另外一种严肃的可能性：胁迫行动的发起者本身可能并不完全清楚希望对方采取何种行动，或者如何产生希望的结果。在古巴导弹的个案中，美国政府的要求是非常明确的，苏联人明显有能力遵从这个要求，也相当清楚它能以多快的速度来完成，遵从行为的监督和核实也具有合理的明确性，尽管人们对于苏联人是否遗留下了一些本来期望撤出的武器仍有争论。而在越南的个案中，我们可以认为，美国政府并不详细地知道北越政权对越共有多大的控制或影响力；我们甚至可以认为，北越政权可能也不完全肯定它在命令撤退或者破坏这场得到了它的道义和物质支持的运动上具有多大的影响力。美国政府可能并不完全清楚北越对越共的何种类型的帮助是最有效的和最不可或缺的，或者最可能在短时间内取消并收到决定性效果，这些帮助可能是提供后勤支援、训练设施、伤员收容所、情报与规划活动的场所、通信设施、技术援助、战场顾问和指挥官、政治和思想指导、宣传帮助、精神支持，或者其他任何事情——或许北越民众也不知道。美国政府可能要求的是结果而不是特定的行动，而由北越民众决定是采取公开的行动还是仅仅减少支持和热情使越共的力量削弱或丧失。公开的信息不足以让我们判断越南的情况，但是它揭示了一个重要的可能性，即胁迫性威胁可能不得不关注结果而不是行为，这就像父亲要求儿子提高学习成绩，或者勒索者要求"给我钱。我不关心你怎么获得，拿来就好了"。当然，困难在于结果与一般的行为相比，更多地是如何解释的问题。例如，受援国被告知必须消除国内的腐败，改善收支平衡，或者提高行政部门的质量，结果往往是不确定的、拖延的和难以找到原因的。这个国家可能试图遵从，但最终失败了；也可能由于运气好，没有努力却成功了；也可能取得了无关紧要和难以判断的成功；在任何一种情况下，遵从通常都是存在争论的，并常常只有在事后回顾时才是可见的。

胁迫甚至比威慑更要求我们承认个体和政府之间的区别。强迫一个人，劝说他改变主意可能就足够了；强制一个政府，迫使个人改变主意可能是不必要的，但也可能是不充分的。强制一个政府可能需要政府自身状况的某种改变，或者特定个人、派系及政党的权威、声望或讨价还价的交易力量的某种改变，以及行政或立法机构的领导权的某种变更。日本在1945年投降的显著特征既包括政府的权威和影响力结构的变化，也包括个人观念的变化。强制行动的受害者或对强制威胁最为敏感的个人可能并不直接拥有权力地位，或者他们可能会无望地采取不服从的政策。他们可能不得不将官僚技巧或政治压力加诸某些行使权力的个人，或者借助将权力或过失转移给其他人的程序。在极端的例子中，统治集团可能完全不受强制的影响——就像某些政党或者个人，如果对强制威胁屈服，将会失去一切而很少能够挽救什么——采取实际的反抗就是至关重要的。希特勒是不可强制的；他的一些将军则非如此，但是他们缺乏组织和技巧，所以密谋失败了。以个人的情况来分析对政府所作威胁的动机结构（incentive structure）及沟通要件和机制，是有帮助的；但是如果我们忘记政府并不是按照政府中的某个人的决定方式作出决定的，就会起到相反的作用。集体的决定依赖于内部的政治、政府的官僚作风、命令链条和传达渠道、政党结构和压力集团，以及个人的价值和经历。同时这也影响了决定的速度。

胁迫性威胁的"关联性"

正如前文提到的，在威慑性威胁中，禁止的行为与威胁作出的反应之间常常具有某种关联。 这种联系有时是有形的，例如，派遣部队到柏林执行防御任务。 胁迫行为（compellent action）常常没有明确的关联，于是它们两者是否应当被联系起来就成了问题。 如果目的是为了骚扰、封锁和恐吓对方，或者施加痛苦和破坏，直到对方服从，那为什么不表明这种联系呢？ 如果苏联人希望泛美航空不再通过柏林空中走廊，为什么他们不通过骚扰其在太平洋上空的班机，宣布将持续进行这种骚扰直到飞机不再飞往柏林？ 为什么肯尼迪总统不封锁符拉迪沃斯托克港，阻止苏联船只驶出 12 海里的范围，或者拒绝它们通过苏伊士运河或巴拿马运河？ 以及如果苏联人想对抗肯尼迪总统对古巴的隔离，为什么他们不对挪威实施封锁？[25]

一个粗略的答案可能是，尽管关联意味着公正，或者为了增强对抗的力量需要谋求公正，然而人们并没有这样做，也没有使之"合理化"。 当然这只是答案的一部分。 尽管在法律上、外交上，甚至理论上，存在一种使事情相关联、保持威胁和要求同步、做看起来是合理的事情的癖好，但是如果结果不是我们想要的，又怎么会是合理的呢？ 习惯、传统或者某种心理冲动可以解释这种关联，但是我们不得不思考这样做是否明智。

毫无疑问，设计一个同要求的服从相联系的胁迫行动具有诸多很好的理由。 其中之一是它可以帮助传递威胁本身。 它使对手更加明确地知道我们的要求是什么，我们将维持某种压力直至他们满足我们的要求，而当他们服从时，则会缓解这种压力。 行动在很多场合不仅比语言更加有力，而且和语言一样能够清楚地或者混乱地作出表达。 行动，如果使信息得到加强而不是更加模糊，则是有所帮助的。

其次，如果我们的目的是诱导对手服从，同时不造成报复和对抗的循环，那么展示我们的要求的界限就是有所帮助的。行动往往是区别我们当下的要求与其他我们曾经寻求但现在并不考虑的目标的最好方式。骚扰柏林空中走廊所传递的信息是，极地飞行是不存在问题的；骚扰极地飞行的同时称这是对柏林空中走廊的惩罚，并不能有说服力地传递这样的信息，即当飞机不再通过柏林空中走廊，骚扰将会停止，也无法证明苏联在停止这些骚扰活动之前，不会考虑向其他的航线施压。如果在胁迫行动（或其威胁）与正在谈判的议题之间没有联系，那么在对威胁及其要求的限定，对不提出额外要求的保证，以及一旦对方服从就停止行动的承诺等方面的大多数难题都可能被激化。

威慑性威胁面临同样的问题；它们有时缺乏关联性。在中国大陆与印度发生冲突时对之加以威胁，也具有最低程度的关联性。然而，如果威胁作出的反应足够强，它可能会包含这一局部地区，而不仅仅是离开这一地区。但是这通常缺乏可信性，自动参与可以使反应与挑衅形成必然的联系，从而获得可信性。应变行动——并非为诱导对手服从，而是为应对潜在的挑衅所威胁实施的行动——常常需要关联所带来的可信性。

关联事实上提供了某种对胁迫性威胁和行动进行分类的方法。理想的胁迫行动应当是：一旦发起，如果对手屈服，只造成最低程度的伤害，如果不屈服，则将造成严重的伤害；它与切实屈服的时间表相一致，并在发起后即不能撤销，也无法被发起的一方停止，但是可以随着对手的服从自动地停止，同时对手对此也完全理解。对手唯有服从才能够避免这种结局，而且，服从行为可以自动地避免这种结局。因此，他的决定是避免伤害或灾难的"最后明显机会"。只要对手知道这一点，甚至哪一方更害怕灾难性的后果都是无关紧要的。（当然，不论向对手提出何种要求，与威胁所造成的结果相比，在对手看来，不能更不具有吸引力，另外，提出的屈服方式必须不使其承担超出威胁本身所致的对威望、声誉或自尊的损害。）

74

很难找到具有这种完美特性的、有影响的国际事件。　高速公路上的汽车或者官僚博弈与国内政治的一些情况，恰好符合这种理想的胁迫性威胁，但是它们通常涉及束缚发起者手脚的有形限制或者法律安排，而这在国际关系中一般是不可能的。　同样，如果我们包括那些发起者可以收回命令但无法避免不可忍受的代价的情况（在这种情况下，显然他不会后退，即使他清楚地知道能够做到这一点），我们可以找到一些例子。　一支行驶在柏林高速公路上的武装车队有时接近这一特性。

在这种情况下，令人不够满意的是，胁迫行动的结果可以由于发起者及时地改变主意或者对手屈服而得以避免。　因为可以在结果出现前中止行动，所以这种类型的胁迫行动对于发起者而言可能是风险较低的；由于存在逃避的方法，每一方都希望对方后退，尽管这或许会演变为一场关于胆量或忍耐力的考验，然而双方可能因此花费太长的时间。如果发起者在行动的过程中发现胁迫企图终究是一个错误——错误地判断了对手，或者拟定了不可能实现的要求，或者没有向对手传递正在以及以后将要采取的行动——那么逃避是有价值的。　然而，如果这被对手知晓，将是令人难堪的；对手可以假定或者希望发起者在风险或者痛苦上升之前调转方向。

另外一种情况是，这项行动超出了发起者所能撤销的范围，不会在受害者屈服时自动地停止。　屈服是停止破坏的必要条件，但不是充分条件。　如果破坏主要落在对手的身上，他将不得不考虑一旦遵从了最初的要求还会有何种其他的要求将附加到这项胁迫行动上。　发起者可能不得不以令人信服的方式承诺，他将在对方屈服的时候停下来，尽管这不是自动完成的。　一旦导弹从古巴撤离，我们可能还会考虑防空炮的问题，要求在我们取消隔离或停止飞行之前也将它们拆除。

最后，有一些行动，只有发起者可以终止，并可在任何时间终止，不论是否存在屈服。　这是一种相当"无关联"的行动。

在所有这些例子中，一方或者双方都可能误解事实真相，于是便产生了每一方都可能认为对方实际上可以避免灾难性结局的出现，或者一方可能错误地认为对方拥有避免冲突的最后明显机会，只是没有这样做而已。 这些不同的胁迫机制在实际情况中当然更加模糊和复杂，通常依赖于威胁和要求之间存在何种联系——这些联系可以是有形的、领土的、法律的、象征的、电子的、政治的或者心理的。

胁迫与边缘政策

另一个重要的区别存在于向对手施加稳定的压力使其（可能包括施压者自己）承受累积的痛苦或破坏的胁迫行动，与施加风险而不是破坏的行动之间。 切断关塔那摩的供水，会随着时间产生有限的匮乏。 骚扰柏林空中走廊的飞机并不会造成伤害，除非发生飞机相撞；它们很可能不会相撞，但是存在这种可能性；如果发生，结果将是突然的和剧烈的，并将不可避免地和足够严重地使甚至一个很小的可能性演变为一场非常严重的事故。

风险（通常是双方共同的风险）的制造是一种胁迫技术，它最恰当的名称应该是"边缘政策"（brinkmanship）。 它是一场风险承担的竞争，涉及着手执行一项可能失去控制的行动，启动一项具有造成某种非故意灾难风险的程序。 在这种情况下，风险是有意造成的，但不意味着必然带来灾难。 我们不能将造成某种特定的灾难作为向对方施加胁迫性压力的恰当方式，但是如果对方能够在足够短的时间里做出切实的屈服行为，使累积的风险保持在可以容忍的范围之内，我们则可以制造一个适度的共同灾难的风险。"晃动船只"是一个很好的例子。 如果我说，"快划，否则我就把船弄翻，让我们两个都淹死"，你不会相信我真的会这么做。 我不能为了迫使你划船真的弄翻船。 但是如果我开始晃动船以至于它可能翻倒——不是因为我想这样，而是因为一旦我开始摇晃就无法完全控制——你会更容易被打动。 我不得不愿意承担这样的风险；我还不得不赢得心理战，使你相信只有你才可以通过划向我想去的地方而稳住这条船。 这种做法确实是一种胁迫行为，因为一方能够在无法采取有意的步骤甚至可信地作出的威胁的情况下，制造一种预示严重后果的胁迫风险。 这一现象是下一章讨论的主题。

注　释：

［1］Joseph Conrad，*The Secret Agent*（New York，Doubleday，Page and Company，1923），pp.65—68.

［2］Averell Harriman，"My Alarming Interview with Khrushchev," *Life*，July 13，1959，p.33.

［3］*Revue de défense Nationale*，October 1962.

［4］艾伯特·沃尔斯泰特（Albert Wohlstetter）和罗伯塔·沃尔斯泰特（Roberta Wohlstetter）在《对古巴风险的控制》（Controlling the Risks in Cuba）（Adelphi Papers，17，London，Institute for Strategic Studies，1965）一文中分析了肯尼迪的这一声明。 他们同意，"这听起来不像是一个受控的反应"，"其含义似乎是美国将视对其邻国的导弹攻击为对自身的攻击"。 他们表示，这一政策为美国作出受控的或者非"全面的"反应留有了余地。 然而即使我们忽略掉"全面"一词，所作出的威胁仍然是一场核战争，除非我们认定"任何核弹"指的是苏联有意的攻击。 这一声明与赫鲁晓夫的火箭言论属于同一类型，虽然两者存在风格和环境的差异。 这并不是说威胁必然是错误的或是虚张声势的，只是说它确实暗示将更准备依随冲动而不是深思熟虑来作出反应，一个"不相称的"（disproportionate）行动并不必然服务于国家利益，但却可能是一个令人印象深刻的威胁，如果该政府被认为具有这种冲动的话。

［5］这就是为什么甘地（Gandhi）能够通过鼓励他的追随者卧倒在铁轨上来阻止行进的火车，也是为什么主张消除种族隔离的游行者能够在建筑施工地用同样的策略停止卡车和推土机，如果推土机比抗议的人群更快地停下来让出道路，威胁将变得完全可信，在这一点上，只有推土机能够避免流血发生。 同样的原则可以解释为什么法国的核力量对苏联的非致命性攻击（less-than-mortal attack）尽管反过来使法国暴露在致命性攻击之下，却对苏联具有威慑的作用；可信性是一个难题，一些法国评论家就提出在法律层面将法国的军事力量置于文官的控制之外。 美国的坦克在对抗骚乱时是缺乏可信性的，因为它们构成太大的威胁，就像推土机一样，甚至使用机关枪也是如此；所以更可信的——相对温和但完全自动——工具是一根柔弱的电棒。

［6］*The Persian Expedition*，pp.136—137，236.公元前 500 年左右，中国的孙武在《孙子兵法》一书中对这一原则进行了阐述："围师遗阙，穷寇勿迫。"公元前 4 世纪，服务于亚历山大（Alexander）的托勒密（Ptolemy）在围困一个山冈时，"在他的防线上留下了一个供敌人通过的缺口"。 公元 4 世纪，维基提乌斯（Vegetius）在其著作的一个部分的开头写道："敌人的溃退不应当阻止而应当推动。"他还对大西庇阿（Scipio）"应当为溃退的敌人修建一座金桥"的格言加以评论。 这当然是控制暴乱的一项基本原则，在外交和其他谈判中都能找到对应的原则。

［7］"Challenge and Response in U.S.Foreign Policy," *Foreign Affairs*，36（1957），pp.25—43.有趣的是，杜勒斯用"核战争"来指某种尚未挑起的局面，而当时"战术"核力量已经用于欧洲的防御了。

［8］Cambridge，Harvard University Press，1958，pp.87—88.

［9］有时也可以获得一种承诺的内部技术（internal technique of commitment）。 用罗杰·费希尔（Roger Fisher）的话来说，它是指"将国际义务纳入到国家的国内法律之中，这样，大体而言，政府能够强制自己执行这样的义务"。 费希尔在论述裁军承诺时讨论了这一问题，但是它可能也适用于使用武力及放弃使用武力。 一项挪威的指令（1949 年 6 月王室条约第 10 条［Kgl res 10 Juni 1949］）规定，在遭受武装攻击的情况下，无论政府是否颁布命令，军事长官都将战争动员；以政府的名义颁布的停战命令是错误的；不论敌人是否威胁采取报复性的轰炸，都将继续抵抗。 同样，1940 年 4 月，瑞士颁布的一条收入

《服务手册》(*livret de service*)传达给每一个士兵的命令要求,在受到攻击的情况下,瑞士将进行战斗,任何相反的命令或指示,不论来源是哪里,都应当被视为是敌人的宣传。 虽然其目的看起来是用于内部的原则和纪律,但是这种内部安排对于提高抵抗的可信性的贡献是值得思考的。 很多政府都通过宪法或者非正式的规定增加武装力量在紧急时刻的权威,这样做可能会导致政府的权威向那些抵抗意志无需怀疑的个人和组织的方向转移。 正如前文注释中提到的,法国的核力量间或被建议适用于法律上的自动原则。 内部公众的观点同样可以被塑造为不欢迎和解。 所以这些技术,如果被敌人理解为威慑,就与承诺的过程相关联。 当然这也可能是相当危险的。 费希尔在"国际规则的内部强化"(Internal Enforcement of International Rules)一章中对这一点进行了讨论。 *Disarmament*:*Its Politics and Economics*,Seymour Melman,ed.(Boston,American Academy of Arts and Sciences,1962).

[10] *China Crosses the Yalu*(New York,Macmillan,1960).

[11] 解释为什么中国人如此秘密和突然地进入朝鲜并不容易。 假如他们想让联合国军停在比如说平壤一线,以保卫自己的边界和领土,那么公开地进入朝鲜后,他们可能就会发现联合国指挥部对它已取得的成就是满意的,并无意愿为了朝鲜的残余力量与中国军队交战。 但是相反,他们选择发动突然袭击。 这种做法具有出其不意的战术优势,但却无法实现威慑。 这可能是一个艰难的抉择,最终作出了悲观的决定;如果是这样,这种做法很可能是一个错误。 它可能是建立在认为朝鲜共产党政权的领土完整是最高利益的观念的基础上的,如果是这样,和解无论如何是不可能的。 或者它可能只是一种对战术突袭的军事执著,宁可以牺牲所有的威慑和外交为代价。

[12] 目前的事件明显地应验了这句话!

[13] 可能禁止核试验的最大后果是——我看不到有任何证据显示西方国家预料到了这一点,或者它激发了最终的谈判——加剧了中苏在安全政策上的分歧,并使得其军事方面的影响公开化。 如果当初能够按照这个方向来考虑禁止核试验的谈判,这将是多么好的外交妙计啊!

[14] David L.Larson,ed.,*The "Cuban Crisis" of 1962*,*Selected Documents and Chronology*(Boston,Houghton Mifflin,1963),pp.7—17,41—46,50—54.

[15] 我碰到的最有说服力的例子是,西班牙的沃舍安尼人(Volciani)对罗马人的断然拒绝。 罗马人试图联合其他西班牙城市对抗迦太基(Carthage)。 然而罗马拒绝保卫与它结盟对抗迦太基的萨贡托城(town of Saguntum)的求助,导致萨贡托被残忍地消灭。"罗马的先生们,"最年长的沃舍安尼人说,"考虑到那些轻率地这么做的人的先例,让我们接受你们而不是迦太基的友谊几乎是不合适的。 你们对你们的萨贡托朋友的背叛难道不比他们被敌人迦太基毁灭更残忍吗? 我建议你去那些从未听到过萨贡托发生的事情的地方寻找盟友吧。 那座城的陷落是一个显著的和可悲的警告,告诫西班牙的人民永远不要指望罗马人的友谊,也永远不要相信罗马人的言词。"*The War With Hannibal*,Aubrey de Selincourt,transl.(Baltimore,Penguin Books,1965),p.43.

[16] 电影版的《牙买加飓风》(*A High Wind*)对此作了很好的阐述。 那位海盗船长查韦斯(Chavez)希望他的俘虏说出钱藏在哪里,于是用刀子指着那个男人的喉咙让他说话。 过了一会,在这期间,那个受害者始终闭着嘴,同伴大笑起来:"如果你切断他的喉咙,他就不能再告诉你了。 他知道这一点,并且他知道你也清楚这一点。"查韦斯放下了刀子,开始尝试其他的方法。

[17] J.戴维·辛格(J.David Singer)使用了一对很好的名词——"劝说"(persuasion)和"劝阻"(dissuasion)——来描述同样的区别。 但是这两个词的形容词带来了麻烦,"令人信服的"(persuasive)肯定是表示威胁的充足或可信,而不是其目标的达成情况。 而且"威慑的"(deterrent)一词需要予以保留,至少在英语中如此。 辛格的分类不限于这两个词,他还区分了主体是希望行动(act)还是希望避开(abstain),目前是行动还是避开,(在没有威胁和出价[offer]的情况下)很可能继续行动还是会选择避开。(如果他表现良好,并且很可能——然而是无法确定的——继续表现良好,那么有理由"加强"他的动机。辛格还对"奖励"(rewards)和"处罚"(penalties),"威胁"和"出价"作了区分;尽管"奖励"和"处罚"可能是威胁的结果,然而它们也可以是无来由的,是为了帮助有说服力地传递某种新的和持续的威胁或者报价。 参见 J.David Singer,"Inter-Nation Influence:A Formal," *American Political Science Review*,17(1963),pp.420—430。

[18] "保证"在完成威胁的建立,以及使受到威胁的结果令人信服地以对方的行为为条

件,从而使其获得一个选择的过程中,所扮演的关键角色,在提供特赦、安全通道或者宽恕时得到显露。这些行动必须常常做到可信,以促使反叛分子投降,或者罢工人员和抗议者放弃。甚至图书馆和国内税收机构,当它们在着手强制归还所借图书或者支付未缴税额时,也依赖于提供类似的宽恕。在个人生活中,我有时如同李尔王一样,依靠模糊地威胁如果看不到良好的表现我的愤怒就要爆发(对那些知道可怕后果的人),这给一个孩子留下试探性的印象,然而当另一个孩子说"爸爸已经恼火了",这种威胁就完全无效了。

[19] 洛德·波特尔(Lord Portal)在解释(在警告并允许撤出的情况下)对顽强抵抗的阿拉伯部落村庄的强制性轰炸时就谈到了那些要求的条款。其中包括人质和罚金;否则,所提的要求在本质上是中止那些导致轰炸的袭击或其他不端行为。人质明显部分地准许随后的强制不发生重复的轰炸,它与罚金一起,部分地象征了部落愿意服从的意图。参见 Lord Portal, "Air Force Cooperation in Policing the Empire," pp.343—358。

[20] C.W.C.Oman, *The Art of War in the Middle Age* (Ithaca, Cornell University Press, 1953), p.96.

[21] 对于这些区别的其他分析,与本书的观点一致,可参见 Glenn H. Snyder, *Deterrence and Defense* (Princeton, Princeton University Press, 1961), pp.5—7, 9—16, 24—40。

[22] 阿诺德·霍尔利克(Arnold Horelick)同意这种描述。他表示:"作为最初的反应,隔离明显不如直接的暴力运用,但是又明显强于仅仅作出抗议或口头威胁。美国海军将自己置于古巴和驶向古巴港口的苏联船只之间。在技术上,如果赫鲁晓夫选择公然藐视隔离政策,则美国尽管可能已经正在实施阻止苏联渗透的其他手段,但首先开火可能仍然是必要的。但是一旦隔离措施有效地建立起来——用极快的速度完成——就不得不由赫鲁晓夫作出决定是否冒拉响战争拉发线的风险。""The Cuban Missile Crisis," *World Politics*, 16 (1964), p.385。这篇文章与前文注释提到的沃尔斯泰特夫妇的文章是我发现的关于古巴事务的最好的战略评估。

[23] 人们普遍怀疑美国在紧随古巴危机之后从土耳其撤出导弹是美苏交易的一部分,如果不是明确的,也是心照不宣的。这种怀疑如此广泛以至于无法有效地消除,从而削弱了那种关于苏联的正面行动是一种服从的表现的认识。

[24] 20世纪50年代末,如果发生一次地震或者火山喷发导致金门缓慢地沉入海平面以下,几乎所有美国人——包括总统和国务卿——都会感到一种解脱。那时,撤离不再是退缩的表现,那个未经寻求而得到的并已经证明面对共产党中国的巧妙操纵非常脆弱的承诺将得到解决。这就是某些不得不防卫的领土固有的价值!

[25] 人们常说,美国的战术优势及在加勒比地区的自由通行能力(配合战略武器方面的优势)是成功地促使苏联导弹撤离的原因。这些当然是关键的,但同样具有意义的是双方普遍的倾向——一种心理现象,一种苏联人和美国人共同的传统或惯例——将冲突界定为加勒比地区的事务,而不是一场关于封锁对方的岛国同盟等方面的较量。这与他们在柏林的立场及对国家国土之外的战略武器进行的骚扰战是不同的。如果这是一场棋盘游戏而不是发生在现实世界的特定时间和特定地点的事件,那么苏联拥有的反措施和反压力可能在"苏联"一方看来是非常不同的。苏联人试图(正如一些无益的美国人所做的)在苏联在古巴的导弹与美国在土耳其的导弹之间建立一种关联,但是这种关联明显无法完全说服苏联并使其确信:如果争端演变为军事行动或者向土耳其施加压力,这一界定仍然可以继续发挥作用,事态也不会更加恶化。界定为加勒比地区事务相比于界定为古巴—土耳其事件,或者按照对等封锁界定为古巴—英国事件,更为一致和完整。因此,进一步转移的风险必然抑制了任何使这场危机突破原有的加勒比地区事务界定的动机。

第三章　风险管控

　　如果所有的威胁都是完全可信的(除了那些根本不可信的之外)，我们可能生活在一个奇怪的世界里——或许是一个安全的世界，很多领域处于可实施的法律的管束之下。 国家将加速建立威胁；如果伴随违法行为而来的暴力被肯定地预期，并且其可怕后果足以超过冒犯所得，世界可能因此被封冻为一系列由喻称为神之愤怒(wrath of God)所执行的法律。 假如我们可以为了柏林空中走廊受到的任何侵犯，威胁使整个世界泛滥成灾，而每个人都相信这一点，并能够准确地理解何种犯罪行为将造成洪水暴发，那么整件事是由人的力量还是超自然的力量所安排或许就不重要了。 如果什么会或什么不会激起暴力行为不存在不确定性，而每个人都能够避免意外地踏过边界，并且我们和苏联人(以及其他任何人)可以避免同时发出不相容的威胁，那么每个国家都将不得不生活在对手建立起来的规则之下。 假如所有的威胁都依赖于对领土的主张、拉发线、部队屏障、自动警报系统及其他类似安排作出的某种有形设置，一切又都绝对无误和完全可信，那么这种局面可能类似于过去的西部拓荒潮一般，最终——只要没有人触及邻居的电网而启动整件事情——世界将严格地定格在现有的状态。 世界将遍布实际的和象征的边界和门槛，任何神智正常的人都不会跨越它们。

　　但是不确定性始终是存在的。 并不是每个人都总是保持神智正常，也并不是所有的边界和门槛都是精确界定和完全可靠的，以致不存在最低程度的检验这些边界和门槛的真实性和寻找其漏洞的诱惑，也不存在怀着它们此刻或许并未关联的侥幸心理而作出冒险尝试。　暴力，尤其是战争，是一种混乱的和不确定的行为，存在着高度的不可预测性，它依赖于由难免犯错的人组成的不完美政府作出的决定，依赖于难免有错的通信和警报系统，以及未受检验的人员和设备。　而且，它还是一种容易冲动的行为，承诺和声誉在其中能够积聚自身的动力。

　　最后一点尤其正确，因为一个人今天在危机中的表现将影响到他人对其明天所作所为的预期。　一个政府在其对某一行动的承诺受到挑战之前永远不知道它对这一行动的坚定程度。　同个人一样，国家持续地展示决心、考验勇气及探究彼此的理解和误解。

　　一方在外交对抗的过程中永远不会确切地知道舆论如何聚焦在自身虚弱的迹象上。　它也永远不会确切地知道何种退缩会被自己、旁观者或对手视为胆怯的表现。　有可能陷入这样一种局面，即任何一方都感到现在让步将造成一种不对称的形势，这种无端的投降行为将无法使他人相信自己在明天或者后天不会再次屈服。

　　这就是为什么会存在一种真正的风险：大战不是来自军事机器的事故，而是来自本身不可预测的承诺的外交过程。　战争的不可预测性不应完全归咎于驱逐舰的指挥官深夜在海上遭遇苏联（或美国）货船时可能作出的反应，还应考虑他在面对对手时的心理过程，在这种情况下，某些特定的事情变得与勇气或者姑息，以及如何将这些事情纳入或者排除出一个外交计划相关。　苏联在从古巴撤出导弹的同时留下了 15 000 名士兵。　这是苏联的"失败"，还是美国的"失败"？与那些士兵的军事意义相比，这更多地取决于它如何被解释。　然而这种建立在结果基础上的解释并不容易预测。

　　由此产生的国际关系常常具有风险竞争的特征，更多的是对勇气而不是武力的考验。　尤其是主要对手之间的关系——东西方之间的关系——不是由哪一方有能力在某一地区或者某一特定议题上投入更大的力量来决定，而是由哪一方最终愿意投入更大的力量，或者使之看起来即将投入更大的力量来决定。

很少可以在战争与和平之间作出明确的选择——第二次世界大战以来，这种选择即使存在也是少量的。 实际的参战决定——不论是确实发生的朝鲜战争，还是在柏林、金门或者黎巴嫩等地的事前消弭的战争——是在战争规模、使用武器，甚至可能产生的议题和可能产生的结果都不确定的状态下作出的。 这些决定试图着手开始一场冒险的交战，而这些交火行动有可能会不断积聚能量以至于最后失去控制。 是否接受"赤化"比死亡更好？这一问题几乎是不值得争论的——这不是我们当前面临的问题，或者不是在核时代已经看起来即将出现的问题。切实的问题在于风险的程度——何种风险是值得承担的，如何评估一项行动所包含的风险。 国家面临的危险不像自杀那样直接，而更像存在不确定性的俄式轮盘赌局（Russian Roulette）。 不确定性——危险事件的完全不可预测性——不仅使事情变得模糊，而且改变了它们的特性。这给军事关系增加了另一个方面内容，即风险管控（the manipulation of risk）。

不存在一条可预见的且按其发展美国和苏联将卷入一场大规模的核战争的路线。 这并不意味着不会发生大规模的核战争，而只是表示如果战争发生，它将来自不完全可预见的过程、不完全可推测的反应以及不完全可控制的事件。 战争总是包含着不确定性，尤其是它的结果；事实上，由于今日的技术、地理学和政治学等因素的影响，如果不是因为存在不确定性，一场大规模战争将很难实际地发生。 在对立的过程中，必然存在着一方或者双方某种类型的错误或疏忽，对敌人反应的某种错误计算或对敌人意图的某种错误解读，在不知晓对方行动的情况下采取某种措施、发生某种随意事件或者错误警报，以及为防范不可预知的结果而采取的某种决定性行动。[1]

这并非意味着不存在美国进行一场大战而捍卫的目标，而只是意味着苏联不会试图通过大战来夺取这些目标。 毫无疑问，将美国与苏联位置互换，上述论断仍然是成立的。 双方可能会陷入一种无法妥协的状态，唯一可能的结果是，一方或另一方承担的损失如此巨大以至于选择大规模核战争。 这样的结局是任何一方都不希望出现的，目前东西方之间的任何议题也都不会使双方有意识地进入这种状态。

古巴危机说明了这一点。 几乎所有人看起来都认为不存在爆发全面核战争的危险。 然而无论战争的危险如何，几乎没有人会认为它是微不足道的。 据我所知，没有人认为美国或苏联有任何的意愿进行一场大的战争，或者认为依其价值而论，存在无法通过全面战争以外的方式来解决的议题。 如果存在过，那么危险就在于每一方似乎都已经采取了一系列的步骤、行动、反应以及对抗措施来提升其威胁和承诺的层次，造成了一种最后摊牌的感觉，并展示出将有意地尽其所能地加以执行；最终，一方或另一方相信，战争已经开始或者不可避免，以致决定应当迅速地发动战争或者在如此危急的关头进行总体战争更为可取。

然而这种过程必然是不可预测和不可预见的。 假如存在一些清晰可辨的最后关键步骤使战争由不必要转变为不可避免，那么这些步骤是不会被采取的；双方可以寻求其他的替代方案。 任何从和平向战争的转变都将不得不穿越不确定的地带，包括错误的理解、错误的计算或错误的解读，以及具有不可预见性和难以控制其最终结果的行动。

美国海军舰艇对古巴的封锁并不会直接导致总体战争。 该事件中任何可预见的进程都包含了某些苏联人或美国人在意识到它们将直接导致总体战争的情况下所不会采取的步骤。 但是苏联人被预期将采取一些尽管不会直接导致战争但却会进一步加剧战争风险的行动；他们可能会选择制造某种战争风险，而不是彻底地作出让步。 古巴危机是一场风险竞赛，它包含了一些本不会采取的、毫无意义的步骤——那些将引发可预见的和不可避免的大战或者完全不具有危险性的措施。 任何一方都不需要相信对方会有意识地采取将可能性（possibility）提升至必然性（certainty）的行动。

阻止危机发生或使之不至于频繁发生的原因在于，这些危机的确非常危险。在一场危机中，不论有意的预谋战争的危险性发生了何种变化，意外战争的危险都似乎是上升了。这是它们之所以被称为"危机"的原因。危机的本质在于它的不可预测性。那些确定地不包含无法控制的危险的"危机"并不是危机；无论事件本身多么地富有爆炸性，只要它被确信是安全的，它就不是危机。而那些被认为将一定会带来灾难或巨大损失，或者此种巨大转变完全可被预见的"危机"也同样不是危机；这种"危机"一旦开始就宣告结束了，不存在任何的悬念。危机的本质在于，参与者无法完全地控制事态的发展；他们采取措施和作出决定以提高或降低危险，但这些是在存在风险和不确定性的前提下作出的。

必须从与不确定性之间的关系的角度来理解威慑。我们常常将"威慑性威胁"视为一种以一场冷静的和有意识的灾难性战争回应敌人的冒犯行为的可信威胁。例如，围绕美国是否愿意对苏联发动一场战争以回应其对美国的某个盟国的侵略这一问题，那些对此提出质疑的人们与那些主张维护美国的决心免受质疑的人们，都往往倾向于从一劳永逸的决定的角度来提出自己的观点。假设苏联对希腊、土耳其或联邦德国发动进攻，美国会对苏联发起一场报复性打击吗？一些人鄙视地说"不"，另一些人则骄傲地说"是"。然而，任何一方似乎都没有回答相关的问题。这不可能是一种在全有和全无之间的选择。问题实际应当是：美国是否可能去做出某件充满战争危险的事情，某件通过行动和反应、计算和误判、警报和错误警报、承诺和挑战的混合，可能导致大战的事情？

这就是威慑性威胁之所以常常如此可信的原因。在面对挑战时，它们不需要依赖于采取某种行动——例如自杀——的意愿。即使进行一场总体战争的最终决定是不可信或不合理的，然而，具有某种战争风险的反应却似乎是可信的，甚至是合理的。一个国家即使无法可信地作出此种威胁，它也能够威胁卷入一场战争。事实上，尽管一个国家可能无法绝对可信地威胁发动总体战争，它可能同样无法绝对可信地防止一场大战的爆发。 苏联人可能并不希望古巴危机引发它与美国之间的核大战；他们的导弹威胁是远非可信的，而美国对于这场苏联为了避免总体战争而理性地予以否定的危机也并无他图。 然而双方所隐含的威胁将按照一种可能——只是可能，尽管他们和我们都非常地小心谨慎——引向总体战争边缘并将突破战争边缘的方式行动，这种威胁具有某种实质效应。 如果我们在那个时候接近战争边缘，就将有可能发生一场任何一方都不希望但又是无法阻止的战争。

　　一些学者曾经提出，这种类型的威慑依赖于"可靠的第一次打击能力"，即一个国家除非具有明显的减弱对方攻击的能力，否则将无法通过可信地威胁发动一场总体战争来达成任何目标，相反这只会招致致命的打击。 这种观点看起来建立在一种泾渭分明的观念的基础上，即战争仅仅起因于——或预期起因于——一个深思熟虑的是与否的决定。但是如果战争倾向于起因于一个动态的过程，那么，一旦战争开始，双方将越来越专注、越来越期待、越来越关心自己不成为缓慢的一方，那么战争就并非一方所威胁的"可靠的第一次打击"，而仅仅是一般性的战争。 苏联确实能够以发动战争，甚至可以通过威胁与我们一道卷入战争，而以一场由我们最终发动的战争来威胁我们。 一些关于"强势"和"弱势"的争论似乎在暗示，处于弱势的一方必然绝对地害怕战争，并因此会作出让步，而处于强势的一方则能够自信地期待对方的投降。 无疑，有很多的例子证明，军事能力较弱的国家却是较少畏惧的，较强的一方则可能在危机中承受更大的威胁；当然，在其他条件相等的情况下，人们预计处于战略"强势"的一方会具有某种优势。 但是这远非双方只需对各自的能力作出比较，然后处于弱势的一方在对方的优势面前屈服并承认自己只是虚张声势那样简单。 使一方害怕的局势将同样使另一方感到恐惧，任何一方都不希望出现战争的危险，双方都将不得不仔细地选择路线以便顺利地度过危机，并且它们永远无法非常明确地知道，对方是否懂得如何避免在边缘地带跌倒。

边缘政策：风险管控

"边缘政策"（brinkmanship）意味着管理共同面临的战争风险，掌控因某人或许不经意间的越过边缘的行为而引起的他人与之相对抗的危险。 如果两个登山者被绳索系在一起，一个试图以看起来将要从山崖跌落来恐吓另一方，那么这必然需要存在某种不确定性或者预期的非理性，否则这种威胁很可能不会成功。 如果边缘是被清晰地标明的，有牢固的界桩，脚下没有松动的卵石，没有强风使人放松警惕，此外，每个登山者都能够完全控制自己，并从来不会出现眩晕，那么任何一方都不会接近边缘以给另一方造成危害。 当一方接近边缘时，便不会存在任何的危险；尽管任何一方都可以有意地跳下山崖，但却无法可信地假装将这样做。 任何希望恐吓或威慑另一方的企图都依赖于滑落或跌倒的征兆。 当出现松软的地面、强风或者易于眩晕的体质时，一名登山者接近边缘便产生了某种危险，他便能够以此可信地对发生意外跌落发出威胁。

如果不存在不确定性，则可以采用拉发线的形式作为战争的威慑性威胁。 为了实施威胁而设置的拉发线，只要清晰可见便不会遭到触动，如果其与战争机器相连，其地位则将得到进一步加强。 如果这一方法有效，就如同树立了一面有形的屏障。 只要拉发线没有设置在一个不可容忍的位置，那么它就不会被触动；而只要每一方的动机都不具有不确定性，争议中的任何议题对于双方而言又都不值得为此发动一场战争，那么拉发线就不会被设置在不可容忍的位置上。 在此种情况下，任何一方都可以伸长脖子，并确信对手不会将其砍下。 只要这一过程是一系列有意采取的不连续的步骤，其结果不存在任何的不确定性，那么这种军事行动实施和控制的过程就不会引发战争。 一方将会继续威胁即将发动战争——可能的战争，但这种威胁是无法奏效的。

除非一方受到过于强大的逼迫，否则上述的这一原则将会持续地运作；但是如果施压一方知道何种程度是临界值，则它将不会逼迫到那种程度。

由此形成的世界——不存在不确定性的世界——将更有利于被动行事，而不是主动行事。威慑将比胁迫更加容易。一群身患关节炎的人在一个鸡尾酒会上小心缓慢地移动，没有人会被他人从靠近吧台的位置或者自己喜欢的椅子上推开；身体接触对于进攻方而言同等的痛苦。一个人站在门口便可以阻止另一位病患客人进入，只要这位客人不愿意忍受这种推挤的痛苦。

事实上，如果不存在不确定性，所有的军事威胁和演习都将像具有严格规则的外交一样，可以用一个修正的棋盘游戏来描述。象棋游戏的结果包括赢、输和平局三种类型。让我们增加第四种结果，称为"灾难"。如果"灾难"发生，双方选手都将被处以巨额罚款，所以这一结果与输掉比赛相比更为糟糕。规则明确说明了造成"灾难"的原因：一方的马和另一方的皇后不能同时越过中线，如果这一情况发生，游戏将立即终止，双方选手均被判定为"灾难"。具体而言，如果白方的马已经处于棋盘上黑方一边，那么当黑方皇后到达白方阵地时，黑方皇后的这一步就终止了游戏；而如果黑方皇后已经越过中线到达白方一边，那么白方的马越过中线的一刻就同样以双方灾难性后果宣告游戏结束。这样的规则同样适用于白方的皇后和黑方的马。

这样的新规则对游戏会产生何种影响呢？如果游戏进展顺利，双方棋手都试图争取获得高分，我们可以观察到两点：第一，一场游戏永远不会以"灾难"结束。只有当一名棋手在知道将引起灾难性后果却故意这样做时，这种结局才会发生，然而，他是不会这样做的。第二，选手在策略上将利用灾难出现的可能性。白方可以通过率先令一个马越过中线来有效地迫使黑方皇后留在她自己的一边；或者他可以通过率先将本方的皇后置于黑方阵地来阻止黑方的马进入本方阵地。这种限制或慑止对手特定活动的能力将是游戏的重要组成部分；灾难威胁将是有效的，如此有效，以至于灾难永远不会发生。

事实上，游戏的结果与下列的规定是相同的，即如果对方的马已经率先越过中线，本方的皇后则不可以越过中线；或者如果对手的皇后已经越过中线，本方的马则不可以越过中线。强加于深思熟虑的行动之上的禁止性处罚（prohibitive penalties），等同于一般的规则。

这个象棋游戏与拉发线外交（trip-wire diplomacy）的共同特征及造成其独特安全状态的原因，在于不确定性的缺失。总是存在某些时刻或最后步骤，一方或另一方拥有"最后明显机会"来避免战争的爆发（或避免棋类游戏中"灾难"的发生）或者改变政治情势以避免另一方采取引发战争的最后步骤。富有技巧的棋手将保持本方的马始终越过中线，或足够接近中线以便于在对手的皇后试图越过中线之前率先行动，这样做可以弥补为应对对方皇后的侵入而不得不投入的资源的损失。富有技巧的外交家在不确定性缺失的时候，会作出安排以使对手获得"最后明显机会"，以此来迫使其为避免灾难的发生而调转方向或者放弃他原本想做的事情。

然而在棋盘之外，避免灾难发生的最后机会并不总是清楚的。一方并非总是知道自己的何种举动将导致灾难的发生，也并非总是能够察觉到另一方已经实施或正在着手采取的行动，或者知晓另一方对本方行动作出的解读；同时在某些情况下，一方也并非总是能够清楚地了解，另一方将不会接受何种条件而宁愿选择发动战争。当我们给这个人为设置的棋类游戏增加不确定性的时候，我们就无法非常确定灾难是否能够避免。更重要的是，当灾难风险变成一个可掌控的因素时，它便可以被用来作为恐吓的工具。

为了验证这一点，我们将规则修改为：当皇后和对手的马跨越中线后，灾难不会自动地发生，而是根据裁判投掷的骰子来决定。如果出现"一点"时，游戏宣告结束，双方选手都被判为"灾难"，而出现其他的点数时，游戏则继续进行。继续之后，如果皇后和马仍然处于越过中线的位置，则通过再次投掷骰子来决定结果，并依此类推。

这将变为一个非常不同的游戏。 区别不仅在于当皇后和马处于那种位置时结果变得无法确定（灾难可能发生也可能不发生），而且在于现在皇后和马可能会被有意地置于这样的位置。 一方可以有意地移动马越过中线以迫使对方的皇后后退，如果他认为对手更不愿意承担灾难风险，或者对手可以被劝说相信他本人将不会后退，以及如果认为短暂的灾难风险并非代价过于高昂的话。 事实上，将本方的马越过中线，并用自己其他的棋子切断它的退路以明显地造成自己无路可退，或许可以成功地劝说对手相信，只有他撤回自己的皇后才能在可以容忍的时间内降低风险。

如果黑方皇后无法后退——她的退路被封堵以致无法及时撤退——那么白方的马迫使她退回的策略就是无效的并且是在不必要地冒险。但是这种做法或许可以服务于另外的目的（另外一种冒险的目的），即迫使对方进行"谈判"。 一旦黑方皇后已经过了中线，而且无法很快地撤回，白方的马便可以威胁制造灾难；白方可以提议黑方投降，或者双方和局，或者除去一个象，或者牺牲一个兵。 他从中能够获得什么是广泛开放的；但是此刻，这个棋类游戏已经转变为一场博弈游戏了。 双方都面临类似的压力来解决游戏中的争端或者是至少使白方的马不再为害。 应当注意的是，结果并不必然是有利于白方的；他造成了压力，但是双方面临同样的风险。 白方的优势在于他可以更快地退出我们在这个例子中所设置的游戏；即使他无法撤退，在黑方进行下一步行动之前，双方仍然具有同样的动机来和解。（白方具有撤退的能力而黑方不具有，然而，白方实际具有的优势并不如看起来所具有的优势那样明显；他的撤退能力是平等地使双方免于灾难的能力。 如果没有达成交易，白方的马将不得不返回，因为他是唯一能够避免灾难的人。 如果黑方能够避免任何的谈判——离开屋子或者摘下助听器——白方能够作出的唯一选择将是在事情搞砸之前撤回马。）如果与输掉比赛相比，"灾难"仅是略微地更为糟糕，而不是巨大地更为糟糕，那么即将输掉的一方很可能会有更大的动机威胁制造灾难，或者对另一方的威胁有更强的免疫力，并因此可能最终在博弈中处于更加强势的位置。 尤其要注意的是，上述所有的分析都与在象棋游戏中是否马比皇后具有更大的或更小的威力无关；在这个部分的分析中，皇后和马是可以互换的。 假如一个班的部队与一个师级部队之间的对抗引发意外的战争，或者一个游行示威者与一个全副武装的警察之间的冲突导致一场不必要的暴乱，那么他们的威胁能力就是相等的。

由于存在不确定性，恐吓策略被引入了游戏。 一方可以将一场与对手共担的适度可能的灾难作为威慑或胁迫的手段，然而他却无法有说服力地威胁采取一个有意导致特定灾难爆发的最后清楚的步骤。[2]

大战实际发生的过程可能具有同样类型的不可预测性。 任何一方都可能采取措施——这是卷入一场有限战争的通常步骤——真正地提升战争爆发的可能性。 这些措施可能包括对第三方区域的侵扰、封锁和占领，边境事故，小型战争的扩大，或者任何含有挑战及引发冒险反应的事件。 很多用以施压和恐吓的行动或威胁实际上只是噪声，如果这一点被可靠地知晓，局势就不会失去控制。 它们既不会造成风险，也不会显示引发风险的意愿。 如果它们确定无疑地将引发大战，它们就不会被实施。（相反，如果一方渴望发动战争，他就会直接地采取这些行动。）它们之所以具有意义和价值，就在于它们能够造成真实的使整个事件由于不完全可控的因素而演变为战争的风险———一种可以被领会的危险。[3]

人们常常谈论，一场总体核战争并不能解放柏林，而局部军事行动则很可能会在柏林附近被苏联的军事力量击败。 这种说法是相当正确的，但是并没有把所有的事情都呈现出来。 局部军事力量能做的，甚至对于优势非常明显的对手而言，是开始一个不确定性逐步上升的过程。 一方并不需要必须能够赢得一场局部战争以使威胁有效。 如果能以一种危险的和挑衅的方式输掉局部战争，这也可以使对方承担的风险——结果并不确定，但具有可能性——在价值上超过其所得。 在制造共同的灾难风险方面，白方的马具有和黑方皇后同等的威力。[4]

作为风险制造者的有限战争

作为阻止继续侵略的威慑手段和用以恐吓的胁迫手段，有限战争常常看起来将增加更大规模战争的风险。 几乎可以肯定，危险将随着有限战争的爆发而增大；也几乎可以肯定，危险将随着已经发生的有限战争的范围扩大或者暴力程度增加而增大。 既然如此，威胁卷入一场有限战争便具有两方面的含义：一是威胁直接给对方造成损失，如人员伤亡、财政枯竭、领土丧失、颜面扫地等等；二是威胁使对方和自己一起面临大战的风险。

然而大战将如何发生——过错、第一步行动或者误解将出现在哪里——是不可预测的。 不论何种因素使得两个大国之间的有限战争成为一件冒险的事情，风险都是真实存在的，任何一方都无法排除这种风险，即使它想这样做。 发动一场有限战争就如同开始摇晃船只，启动了一个并不完全可控的过程。（用我们之前讲到的象棋游戏来说，便是在对方的马或皇后已经越过中线的情况下，仍然将本方的皇后或者马置于对方的一边，于是造成了一种由双方棋手之外的因素来决定最终结果的局面。）我们不得不承认这种风险，因为有限战争很可能确实增加了大战的风险，不论这是有意的还是无意的。 风险上升是有限战争的结果；由于它是一个结果，所以有可能本身就是一个目的。

如果我们对有限战争作出这样的解释，那么我们就可以对扩大或威胁扩大战争作出相应的解释。 根据这种观点，在一场有限战争中，威胁动用新的武器（可能是核武器），不应仅仅根据直接的军事或者政治收益来判断，还应根据有意地增加更大战争的风险来判断。 据此我们对拉发线就有了新的解释。 它的原理是，如果被拉响，将确定引发全面战争；如果没有，则完全不会。 因此欧洲的有限战争力量，对古巴的封锁，或者防卫金门的部队就不是拉发线，而更像是雷区。 炸弹随机地埋藏在某个地方；如果某人穿越这片地区，地雷可能爆炸也可能不爆炸。 应当强调的是，这种类比的关键在于地雷是否会爆炸至少在某种程度上超出了双方的控制。

这种观点不仅与在一场有限战争中是否越过界线相关，而且与如何越过相关。 如果一方可以温和地侵蚀界线，轻松地越过它而不会造成某种新的挑战或者引发敌人剧烈的报复性反应，以及如果一方发现目前的界线不可容忍，那么这可能是它试图通过放宽一个限定以获得战术收益的方式。 但是如果战术收益并不明显，那么它扩大有限战争的目的可能是希望以更大的风险同敌人对抗，以便当一些限制被突破时，找到新的限制。 那时，当一方突破特定的门槛后，它可能并不会试图最大化新的限制的稳定性，而是会渲染和突出交战的危险以促使对方渴望停下来。 有意地提升全面战争的风险因此成为一种策略，它适合有限战争，尤其是对于对战争过程最不满意的一方而言。 核武器的引入，无疑需要以这样的观点进行评估。

在讨论北约的兵力需求和武器配备时，人们主要关切不同部队力量及核学说（nuclear doctrine）的战场后果。 但是战场标准仅是评判标准之一，并且当核武器被引入时，它就成为次要的了。 那种认为欧洲的军备应当根据对苏联入侵的抵抗来设计的想法，仅仅考虑了军备在遏制进攻方面的能力，是建立在将有限战争作为战术行动的观念的基础上的。 但是事实并非如此。

这种观念忽视了有限战争的主要结果和潜在的主要目标是提升更大战争的风险。 有限战争具有这样的功能，不论是有意的还是无意的。

这一点对于全面进攻之外的任何威慑都是根本性的，而且它对于有限战争战略也是根本性的。 爆发突发性大战——无预谋的战争——的危险将是现实的危险，将令双方的战略指挥感到困扰。 这种风险在一场危机中得到了加强，尤其是包含军事行动的危机。 这部分是因为双方完全专注于战争本身；因为警报和事故将会更加频繁地发生，而那些解释警报的人可能更容易按照警报采取行动。

在很大程度上，这也是我们之所以准备在西欧进行一场局部战争的原因。苏联人对于发动大规模进攻的风险的预期，必须包含总体战争所造成的危险。如果他们低估了抵抗的规模和持续的时间，那么抵抗的目的便在于使他们日复一日地受到懊悔的困扰，即意识到生命处于危险之中，而追求原有的目标是不值得冒这样的风险的。

这与我们以威胁发动全面战争来慑止一场针对欧洲的进攻的观念相差很远——但也只是很远而已。其差别在于，战争的危险并不全然决定于美国是否将冷静地决定发起一场总体战争来应对针对欧洲的有限进攻。美国的大规模反应意愿常常受到怀疑，有时候人们认为，即使面对可能失去欧洲的危险，美国也不会以总体战争这种"自杀式"的行动回应苏联对欧洲攻击的既成事实。这种观点只是一个关于如何使总体战争威胁具有可信性的单纯的想法。对于苏联人——可能还包括在东亚对于中国人——而言，非常可信的是总体战争有可能会发生，不论我们是否计划这样做。

总体战争的发生，并不依赖于我们对物质和心理层面上的各种利弊仔细权衡后，冷静地决定对西欧遭受的侵略采取报复性的惩罚措施。它之所以发生，可能是因为我们或苏联人错误地相信它已经发生，以及错误地或正确地认为，如果我们不立即发动，对方将会这样做。它也并不依赖于不屈不挠的毅力，而是可能来自对战争结果的预期：如果因为拖延而由敌人首先发动，结果将会更加糟糕。

对于战争的恐惧慑止了苏联对欧洲发动攻击，这种恐惧包含了担心由他们自己发起一场总体战争。即使他们自信能够首先行动，仍然不得不考虑被一个在本质上脱离他们控制的力量强迫开始一场总体战争是否明智。

如果引入核武器，则所感觉到的总体战争的危险将会显著地上升。双方都将意识到这种上升的危险。这部分是一个纯粹的预期问题；一旦核武器被引入，每个人将明显地感到更加紧张。国家的领导人将认识到他们已经处于总体战争的边缘，这是因为核武器标志和渲染了这种危险——一种自我加剧的危险，即得到确认的危险越多，越可能导致作出发动战争的决定。 这种观点既不是支持也不是反对使用核武器，只是提醒我们认识到，核武器的这种影响在重要性上等同于——甚至可能远远超出——它在战场上的战术性成就。

值得注意的是，这种解释表明，有限战争的威胁可能是威力巨大的，即使当一方并不期待能够赢得这场战争的时候。

真正能够恐吓敌人(当然也包括我们自己)的是，我们无法完全预计行动的结果和使局势处于我们的控制之中，同时敌人也感到无能为力。如果我们可以完全控制结果，并且知道什么将引发以及什么将不引发战争——由我们发动的或者由敌人发动的战争——我们将不会作出不依赖于我们对于总体战争的最终选择意愿的威胁。

这种观点并不是认为"我方"总是能够赢得心理战。(同样的分析也适用于"他方"。)它只是提醒我们，在不成功的局部抵抗的各种替代选择与无效的、可怕的以及很可能不可接受和不可信的全面热核战争之间，存在一个关于冒险行为的战略，即有意地制造我们同敌人共同面临的风险。 这种风险是完全可信的，因为它的结果并不完全处于我们及苏联的掌控之中。

核武器与风险的上升

引入核武器后产生了两个问题：一个是总体战争的实际危险；另一个是这种危险在我们的战略中所扮演的角色。 关于危险本身，人们不得不猜测欧洲爆发一场大规模的核战争具有多大的可能性，以及在多长时间内战争不会演变为一场总体战争。 这种危险看起来足够大，以至于期望一场战术核战争(tactical nuclear war)"按常规发展"是不现实的。 一种可能的结果是，核武器完全改变了博弈的环境、对风险的认知以及即期的目标，导致出现某种战争终止、休战、稳定、撤退或者摇摆的状态。如果上述情况没有出现，局部战争则很可能会淹没在更大的战争之中。假如这是可能的替代结果，那么我们对于局部核战争计划（nuclear local war plan）就不应当过于认真，因为它所极力实现的可能是一种的痛苦结局。引入核武器后，结果很可能是，战争形势或者减缓或者进一步加剧，但不会按照计划中的战术核路线前进。

更为重要的是，我们如何对突然增加的总体战争的危险加以控制、利用并作出反应。恰当地管理风险非常重要，以至于核武器的战场价值可能是次要的。战争的实时战术过程或许甚至不值得高层战略领导人的关注。

有人可能会提出我们是否应当有意识地利用核武器来提升总体战争的风险。但是除非我们愿意这样做，否则我们不应当引入核武器来针对另一个同样拥有核武器的对手。在很大程度上，战争风险的上升是核武器使我们将注意力集中于战场的结果，可能因此忽视了真正值得我们主要关注的问题（以及最终将得到我们关注的问题）。一旦引入核武器，战争就不再是它原有的方式了。支配原先战争的战术目标和战术计划将不再能够发挥控制的作用。战争现在已经成为一场核博弈和核展示。

在双方相互进行核打击的过程中，即使战争在名义上仅涉及使用"战术"武器打击具有战术重要性的目标，然而在两个极具威胁并担心战争将失去控制的敌人之间，也仍然会出现一个自觉的沟通过程。局部战争的预期寿命（life expectancy）可能是非常短暂的，以致任何一方都不会主要关心一天或两天内发生了什么，双方都主要专注于如何利用自己的战略力量。隐藏在幕后的战略力量将制造风险和带来危机意识；它的部署将会令国家领导人全神贯注，其程度不亚于欧洲本身正在发生的任何事情。一方战略力量的每一时刻的行动都是另一方主要关注的情报。[5]

因此，有限的和局部的核战争不是"战术性"战争。不论核武器使用的数量多么地有限，打击的目标多么地富有选择性，它们的目的都不会是"战术性的",因为它们的结果都不是战术性的。 动用核武器的战争,已经超越了最高战略层面的风险和威胁,成为一场核博弈。

对于北约组织的规划,可以作出如下推论。 第一,核武器不应主要根据其在战场上的作用来评估。 核武器的动用决定、操作方式、打击目标、攻击范围、使用时机,以及伴随它们的使用与对手展开的沟通,都不应当由它们影响局部战争的战术过程来决定(或不应当主要由其决定)。 对核武器的评估更为重要的是,它们对总体战争的预期产生了何种影响,以及它们对局部战争中的核打击创设了何种预期的规则或模式。 一旦核门槛被突破,这就更多地成为一场关于胆量、挑战、心理、威胁以及边缘政策的战争。 这是因为,作为核爆炸的心理和军事后果,总体战争的危险以及对危险的认识在重要性上被提升了。

第二,作为一个必然结果,我们不应当认为北约的武装力量的价值或者可能的成功仅仅依赖于它们是否可以赢得一场局部战争。 尤其是当核武器被引入后,战争可能永远不会按照局部战争的路线向前发展。即使不引入核武器,抵抗力量的主要功能也在于创造和延长潜在的总体战争的真正危险感。 这种危险不是由我们创造出来使苏联单方面承受的,而是我们与他们共同承受的危险。 这种威吓和恐吓的功能至少应当得到与部队的战术性军事潜力同等的重视。

第三,按照通行的战术标准看起来相当"不充足的"军事力量,仍然可以服务于一个目标,尤其是如果它们能够威胁使局势在一段时期内陷入混乱。 其中重要的是,使苏联无法快速、干净地取得胜利和立即使局势冷却下来。

第四,北约核武装力量的部署和装备,包括由哪个国家拥有核武器及提供何种服务,均受到核武器及局部战争的目的、功能和特征的影响。 在决定跨越核门槛时,如果所需要的是核武器的灵活和易于控制的交易用途,而不在于战场上的实战价值,那么分散部署核武器以及将核武器使用的决定权授权给地区指挥官就是没有必要的。 这种战略要求对核武器实施严密的集中控制,而可能不要求其进行紧密的战场支援。 后一点则常常被用来证明将小型的核武器分散到各个部队，以及很可能可以掌握在某些特别的核国家手中的合理性。

第五，如果使用核武器的主要结果和目的在于造成并标志总体战争风险的上升，那么我们的计划就应当反映这种目的。 在诉诸核武器的情况下，我们的计划应当服务于一场心理的、展示的和讨价还价的战争，而不仅仅局限于以摧毁这一局部战术目的为目标。 摧毁一个目标与爆炸所传递给苏联领导人的信息相比可能是附带性的。 因此目标的选择应当着眼于苏联领导人对于战争的特征和我们的意图的判断，而不是着眼于战术上的价值。 例如，一个靠近苏联或者位于苏联内部的目标之所以重要，是因为它本身的位置，而不是因为它对欧洲战场的战术贡献。 一个目标城市之所以重要，是因为它会被摧毁，而不是因为它是当地补给或通信的中心。 一件、一打、一百件或一千件武器之间的差别不在于可摧毁目标的数量，而在于苏联（以及美国）对于风险、意图、先例以及发动或者中止战争的暗示性"建议"的感知。

使用额外的武器来摧毁额外的目标，不是局部军事的"奖励"。 它们是可能淹没信息的噪声，是必须作出回应的"建议"，是总体战争的催化剂。 这种观点主张在核武器的使用上应当采取选择性的和威胁使用的方式，而不是大规模的战术使用的方式。（除非大规模战术使用带来了我们希望的风险级别。）核武器的使用是否成功，不是以摧毁的目标来衡量，而是以我们对风险级别的控制效果来衡量。 必须使苏联相信，战争即将失去控制，但还没有到无可挽回的地步。

第六，我们不得不预期，苏联人将同样着手研究战争的风险。 我们不能期望苏联会对我们单方面的核展示保持沉默。 因此我们不得不准备对苏联的核"对抗性建议"作出解释和回应。 找到方法中止相互打击与选择以何种方式开始进攻同等重要。（我们不应当完全理所当然地认为主动权在我们手里。）

最后需要强调的是，核武器的使用将制造独特的危险。 这并非支持使用核武器，而是指应当认识到这种危险是其核心特征。

换句话说，核武器不仅用于摧毁目标，而且用于传递信息。 传递正确的信息是这种政策的重要组成部分。 例如，这可能暗示，应当在核武器的战术使用被视为合理之前，有意地和克制地使用这种武器。因为到那时，苏联人将不再对军事对抗是否会演变为核战争抱有幻想，唯一的问题将是如何进行核战争。 等到即将输掉战争的最后绝望时刻才引入核武器作为最后的诉求是一种不必要的谨慎。 如果等到他们绝望地需要避免崩溃的时候，这可能已经太晚了，以致无法为了所传递的信息和保持足够的控制而仔细地和有差别地使用这些武器。 无论何时，只要战术形势表明在不远的将来使用核武器具有很大的可能性，那么在仍然有机会进行仔细的和有选择的运用，以及可展开相关外交的情况下，有意地引入它们就是审慎的。 超出这一时间点，就可能只会增加战术使用的可能性，而这种使用可能是不加区别的，也必然是非集中控制的，并且是由战场的战术需求，而不是威慑的战略需求来决定的。

作为一种极端形式，克制的和用于预示、恐吓目的的核武器使用有时被称为"警示性射击"（shot across bow）。 当以一种过于有限的规模展示胆量时，结果可能最终显露出自身胆怯的一面，这种危险始终存在（丘吉尔及其他人对此曾提出警告）。 实际上并不存在一种使苏联人惊恐而又不使我们自己害怕的廉价和安全的核武器使用方式。 然而，任何形式的核武器使用都将改变预期的战争类型，使得不使用核武器的传统遭到破坏，并将改变所有人对未来使用核武器的预期。 当第一枚核弹被愤怒地发射后，即使那些曾主张将核武器仅仅视为一种更有效的大炮的人也一定会屏住呼吸。 一些目标将会被摧毁，即使不是敌人的目标，即使仅使用了极少量的核弹。 不论这几颗核弹是否证明了它们的功用，它们都将改变预期的环境，并将决定东西方有限军事交战的结果。

有时会有人相当正确地提出，通过以某种"安全"的方式引入核武器，将可以逐步侵蚀这种传统，降低"首先使用"的危险，世界将因此逐渐习惯这一武器，核爆炸的戏剧性效果也将随之消失。 这些方式可能包括深海的核攻击、空对空战斗中的小型爆炸或者对敌方土壤的核破坏；这些方式可能看起来并不会导致战争无限制的升级，其破坏能力并不比 TNT 炸药更为巨大，因此似乎是负责任的，并可以为核武器的实际使用创设新的传统，其中包括在不预示爆发全面战争的情况下可以使用核武器。　很明显，如果有人希望利用这种想法，就不应当等到在一场严重的危机中迫切需要核武器时再进行，而是应当在对时间和地点等因素作出充分的选择后，以一种可控的方式来实施。　这样的行动可能是不明智的，也可能是不具有操作性的，但是如果目的在于解除核武器使用的限制，那么这或许是可行的方式。

在若干的反对意见中，有一项意见可能被人们所忽视，甚至是被那些支持核武器"合法化"的人所忽视。　这就是，突破传统的代价——这将是自从珍珠港事件以来潜在的最大的军事代价。　记得约翰逊总统曾提到过不使用核武器的传统已经延续了 19 年；破坏这样久的传统（随着时间的推移还会变得更久），尤其是有计划地这样做，将很可能是一件最令人震惊的事件。　它将是军事史上的一个分水岭，将立即引起与战争计划和军事预期的冲突，引发猜疑和忧虑，甚至很可能会令那些作出决定的人感到吃惊。　在长崎之后，第一次在战斗中实施核攻击很可能是一个复杂和痛苦的决定，它将开启一段朝向不确定的新时代的旅程。即使那些建议立即使用核武器的人，也会由于他们在争论中遭遇的强烈抵制，而不得不认同这一点。

核武器的首次使用可以传递一个极为严重的讯号，或许还可以作为局势异常严峻时的一种独特的沟通手段。　预先降低核武器使用所传递信号的意义，贬低其价值，逐渐侵蚀不使用核武器的传统在未来被破坏时所产生的外交影响，使这种享有超群地位的武器普及化并使其成为一种更为有效的大炮，这些做法可能是在浪费核武器作为最后手段的巨大资产。　当某人每次面对挑衅时都会整理自己的手套准备应战，那么他很可能无法有效地发出挑战。　人们或许可以合理地选择通过一场运动来习惯于核武器，并使之通俗化，但是如果这样做仅仅因为它们在战术上是有利的，而不考虑它们是否应当被贬低，那么这将是极其短视的。

面子、心理和预期

伯特兰·罗素（Bertrand Russell）等人将冷战政治比作"懦夫游戏"（the game of "chicken"）。这个游戏描绘了两个年轻人在高速公路上驾车面向对方——通常发生在深夜，而他们的伙伴和女朋友则在一旁观看——比试哪一个会首先躲闪。而那个首先躲闪的人被称为"懦夫"。

更好的类比——没有"懦夫游戏"里的那种轻率的竞争——描绘的是，一些人在街道上和高速路上，争相获取道路使用上的应有份额或者更大份额，以及希望率先通过十字路口或者至少不要不确定地等待。

"懦夫游戏"不仅仅是不法少年开着经过改装的高速汽车在南加州所玩的一种游戏，它还是对手交战的一种普遍形式。这不仅发生在柏林空中走廊，而且发生在黑人想要将他们的孩子送入学校而白人则试图阻止他们进入的时候，会议上相互对立的人群提高嗓门希望对方让出楼层以避免冲突的时候，并每天随时可能发生在各个年龄的男女驾驶员身上。儿童在获准驾驶以前，以及人们在汽车发明以前，都时常玩这种游戏。我碰到的一个早期的例子是汽车发明以前马车之间的竞争：

> 在一条穿过峡谷的道路上，有一段路被冬天的洪水冲毁了，形成了一个洼地。墨奈劳斯（Menelaos）在道路的中间行驶，他希望没有人会太靠近他的车轮行驶，但是安蒂洛克斯（Antilochos）调转他的马车偏离了原先的车道，紧紧跟随着墨奈劳斯。这吓坏了墨奈劳斯，他朝着安蒂洛克斯大喊：
>
> "安蒂洛克斯，你驾车太鲁莽了！快拉住你的马。这个地方很窄，一会儿你就有更大的空间通过了。你会撞上我的马车的，那样我们两个就都毁掉了！"

但是安蒂洛克斯好像没有听到似的不停挥动着鞭子,跑得更快了。双方紧贴着奔跑……然后[墨奈劳斯]落到了后面——他让马放慢了速度,因为他害怕在如此狭窄的空间里他们两个会相撞导致翻车。

这种"懦夫游戏"发生在3 000年前的特洛伊城门外。 安蒂洛克斯取得了胜利,尽管荷马(Homer)有点吝啬地说他"靠诡计,而不是靠实力"[6]。

尽管程式化的青少年汽车游戏是值得研究的,然而最值得注意的是,如果缺少不确定性和不可预测性,这种游戏实际上是无法进行的。如果两辆车不是连续不断地行驶,而是轮流每次朝对方的方向前进50英尺,那么会到达一个临界点,这个点之后的下一步行动将必然导致两车相撞。 任何一个获得最后机会的人都不会,也不需要,有意地驶向对方。 这已经不再是心理游戏了。 一位女士推着婴儿车通过一个十字路口,一辆汽车在她的面前完全停了下来,只要这位女士知道司机看到了她,她就不会有任何的危险——即使那位司机本不愿意给她让路,她也已经取得了获胜的策略,不再会有心理上的担忧。 更具启发性的形式是,一群人在高速公路上驾车争相通过一个路口,或者加快速度以向行人示警不要穿越道路。 这些例子就像安蒂洛克斯驾驶的马车,事情可能会失去控制,没有人可以完全确信他人将获得"最后明显机会",并会及时地退回以避免发生悲剧。

这些不同种类的"懦夫游戏"——包含某种实际的不可预测性的真正游戏——具有一些值得注意的特征。 第一,与社交游戏不同,如果你被公开邀请参加"懦夫游戏",当你拒绝时,事实上你已经参加了。

第二,人们关注的往往不是"当下的问题",而是对于参与者未来行为的预期。 作出让步可能预示着该参与者在未来同样会屈服;频繁地作出让步表明这就是那个人所扮演的角色。 一个人一再地让步,当到达某个限度时说退让已经"够了",这或许可以确定,这种第一次展示将使双方都面临失败。 相反，如果你获得了一个鲁莽、苛求或不可信任的名声——明显经过改装的大马力车、出租车以及挂有"驾校"牌照的车有时会享有这种优势——你可能会发现他人会向你作出让步。（宽大的美国汽车在一条狭窄的欧洲街道上会显示出比静态计算更少的劣势，因为小型汽车往往会让出车道给它腾出空间。）在这两种极端情况之间，一个人可以获得一个名声：坚定地维护属于自己的正当的道路份额，但又不会侵犯性地挑战对方车道。 不幸的是，与高速公路的情况相比，在不太程式化的游戏中，常常难以得知哪里是位于中心的、公平的或者是预期的分割线，以及是否应当承认竞争对手的要求。[7]

另一个重要特征是，尽管两名参赛选手被视为对手，然而游戏在某种程度上却是合作性的。 即使在程式化的较量中，至少双方之间存在一种共同的默契，即当一名选手改变方向时，他应转向右边而不是左边。 在一场势均力敌的较量中，双方选手还有可能会向对方示意合作以实现平局；如果每一方都能够作出些微改变，并表明如果对方照做他将作出更大的改变，同时车速不是太快以允许双方有足够的时间展开讨价还价，那么或许他们会设法接近于同时调转方向，因此任何一方都不被证明是懦弱的。

他们也有可能合作而拒绝开始游戏，尽管这稍显困难。 当两名选手被他们的朋友挑唆参加战斗时，他们或许会设法巧妙地不予理会，但是这只有当任何一方看起来都不承担拒绝这个机会的责任时才可以成功。 一种可行的方式是，双方都宣称法规禁止这样做；如果警察在游戏开始之前中止游戏，那么就没有人被证明是懦夫，或许双方选手都会认为这是一个不错的夜晚，尤其是当他们敢于参加游戏的最终意愿被视为毫无疑问的时候。

事实上，国际法、惯例及受到承认的道德准则的一个巨大价值在于，禁止一个国家从事某项它不愿意但迫于声誉损失的压力不得不从事的危险对抗。 一个摘掉眼镜便无法看清东西的男孩想要与人打斗这可能是办不到的；但是如果他希望避免打斗，则不会明显地显示出是由于缺乏勇气。（如果他不希望打斗但又感到不得不这样做，那么最好选择一个同样戴眼镜的对手。因为两人都可以期望至少他们中的一个会被体面地阻止参加打斗。）禁止参与勇气游戏的法律、习俗或传统的一个价值即在于它们提供了一个得体地拒绝参与的理由。如果一方的离开明显不是因为缺乏勇气，那么拒绝竞争就不会产生持久的损失。）

既然这些勇气的检验包含着对立与合作，那么一个重要的问题是应当如何理解这两个要素的主次地位。我们应当将游戏的参与者描述为拥有适度共同利益的对手呢，还是具有欺骗邪念的伙伴？

此问题确实出现在现实的危机中，而不仅限于游戏。在柏林危机中（或者古巴危机、金门危机、匈牙利危机、东京湾危机），主要是双方竞争者被强烈地推动去战胜对方呢，还是面对共同的危险时——双方都被推到战争边缘——双方所展现的政治家般的宽容、合作性的后退、谨慎的沟通扮演了主导的角色呢？

这是一个主次之分的问题，而不是两者择其一的问题，但是在对合作的动机与对立的动机作配比时应当作出如下的区分，即在"懦夫游戏"中，一方是被对手有意地挑战以证明谁更有勇气，还是被某种事件或者旁观者迫使去同对手展开较量。如果对手的意图在于希望施加主导或者使对方被同盟厌恶地抛弃，那么面对这种类型的对手反复挑战，一方只能在遭受明显损失与作出相当具有攻击性的反应之间进行选择。相反，如果一方受到某一事件的一再推动而与对手展开勇气的较量，那么就有充分的理由发展出某种技术及与对手达成某种共识以降低共同的风险。

在国际关系的现实世界中，确定一场危机是何种类型并不容易。1962年10月的古巴危机达到了人们所能预期的直接挑战的程度，然而事后很多的外交声明和新闻报道都提到，赫鲁晓夫和肯尼迪发现他们共同处于战争的边缘，需要具有共同后退的政治才能。[8]1956年布达佩斯起义达到了人们所能预期的对立状态的顶点，然而东方和西方都没有有意地利用这种情形来检验对方的勇气，苏联的反应似乎并非是对西方的干预决心的直接考验。 然而苏联对美国及其同盟之后会采取的行动的预期，则受到我们拒绝认可这类事件的影响，我们事实上已经经历了检验。 这似乎是一个美国拥有很好的借口不卷入游戏，甚至将此作为官方立场的例子。

柏林墙事件是一个模棱两可的例子。 事件的发生可以被视为是由民主德国人的迁移推动的，而不是苏联有意地决定挑战盟国的力量。然而其建造的方式和过程中仍含有某种胆量竞争的成分。 柏林墙事件表明，当某人被强迫进入"懦夫游戏"时，尽管其最初的参与可能并非最佳的选择，然而如果事情进展顺利，也会有所得益。 1960 年 U-2 事件的有趣之处在于对其可以作出多种解释：美国对苏联决心的挑战，苏联对美国决心的挑战，或者令双方都感到窘迫的独立事件。

苏联和美国对 1962 年中印危机的反应，是一个可以很好地阐释双方合作避免卷入一场勇气较量的例子。 现成的借口甚至是帮助双方拒绝参与较量的恰当理由。 对于任何不希望被迫参与一场无缘无故的较量，并维持自己的名声及他人对自己未来行为的良好预期的人而言，一个好的借口是有很大帮助的。

伴随着当今可迅速摧毁目标的武器的出现，边缘政策却是如此普遍。 这似乎看起来是矛盾的。 相比在大战边缘的较量，孤立的小型战争或相对安全的骚扰应当更加具有吸引力。 但是为什么大多数竞争（军事的或者其他方面的）却往往是勇气的较量呢？ 原因仅仅在于边缘政策是不可避免的和威力巨大的。 难以设计出一场在任何尺度上涉及东西方军队的战争，因为在这样的战争中，失去控制的风险与其他方面的损失和危险相比都更为重要。 如前面谈到的，有限战争就如同在独木舟上搏斗一般，任何一次足以造成对方伤害的击打都有掀翻小舟的危险。一方可以站起来给对手重击，但是如果对方屈服，这并不是因为害怕被这记有力的击打伤害，而是因为担心小舟会因此翻船。

如果一方认为"懦夫游戏"过于危险、不够体面或无利可图，他如何从中脱身呢？ 如果美国和苏联双方都有此意愿，它们如何拒绝对每一次它们的名誉仿佛都处于危险的挑战作出回应呢？它们如何避免通过较量来检验谁将会在一场危险的对抗中首先后退呢？

第一，如前面所说的，它至少要求有两个人不参与这种游戏。（至少两个，因为可能会有两个以上的参与者，并且因为旁观者拥有如此大的影响力。）第二，不可能在短期内，通过翻开新的一页，使一方停止以对手在危险中的表现来衡量他，或者停止以自身应对危险的态度来向对手传递意图和价值。必须树立起信心。必须允许某种惯例或者传统得到发展。而信心和传统的确立需要时间。稳定的预期必须从成功的经历中，而不是从瞬间的意图中建立起来。

如果每一方都决定不再挑战对手而仅仅应对对手的挑战，这将是有帮助的。但是这并不能达到预期的目的。双方对于挑起争端的责任的认定是不同的。一系列行动中的哪一个行动是有意识的冒犯，这本身是一个判断问题。东西方之间的挑战是否由其中的一方有意制造以检验对方的决心或者获取利益，将永远不会是完全明确的。如果所有挑战的起源都是明确的，并且只有对手刻意地实施才会产生，那么有条件地中止这些起源和意图将可以一劳永逸地平息争端。然而并非所有的危机都如此清楚。在危机中，至关重要的是，有一方可以在足够长的时间里保持不采取行动和不作出反应，以劝说对手同样可以安全地放松。

然而危险不仅仅在于存在被同伴利用的风险，还在于其他人会实际地作出错误的解释。如果一方在一系列问题上作出让步，尽管这些问题本身并不是关键性的，然而当面对至关重要的问题时，则可能难以向其他人传递自己真正的决心。如果美国在古巴、波多黎各等地作出让步，它将可能难以劝说苏联相信美国将会为基韦斯特（Key West）开战。以一种破坏最终的坚定信念的方式行事不会带来任何的帮助。从长远来看，如果一方确实准备在被推到路边一侧之前停止让步的话，坚持道路的中心位置要比连续几个晚上相继让出6英寸更为安全。这可能会使双方免于相撞。

人们常说，"面子"（face）是一个无足轻重的资产，并且一个政府不能放下自尊是不成熟的标志。 这一点无疑是正确的，错误的自尊常常导致政府官员招致不理性的风险或者做出不庄重的事情，例如恐吓某个侮辱他们的小国。 但是还有一种更为严肃的"面子"，用现代的术语来说，是指一个国家的"形象"（image），包括其他国家的信任（指这些国家的领导人的信任）。 它与一个国家的"财富"、"地位"甚至"尊严"无关，而是关系到这个国家行为的声誉。 如果提出的问题是，是否这种类型的"面子"值得为之而战，答案是，这种类型的"面子"是少数几个值得的事物之一。 世界上很少有地区本身是值得为其冒惨烈战争的风险的，尤其是当它们逐步地受到威胁时；但是向它们提供防御或者甘冒风险保护它们，有可能使得一个国家可以在世界其他部分以及以后的其他时间里维持自己的承诺。"面子"同一个国家的承诺相互依赖，它是一个国家的行动的声誉，是其他国家对这个国家的行为的预期。我们在朝鲜死去了 3 万人，这是为了挽救美国和联合国的面子，而不是为了挽救韩国。 为了韩国这样做太不值得了。 苏联对于美国行为的预期是我们在世界事务上拥有的最有价值的资产。

然而，"面子"的价值不是绝对的。 维护面子——维护他人对自己行为的预期——是值得为此承受损失和风险的，但这并不意味着付诸每一事件。 尤其是，如果冲突不可避免，"面子"不应当附加在那些不值得的事业上。 如同任何威胁一样，对于面子的承诺在失败时也是代价高昂的。 同等重要的是将对手的威望和名声与一场争端相分离；如果我们负担不起后退的代价，我们必须希望对手可以，如果有必要，就帮助他。

那种相信没有国家会对一场蕴含某种战争风险的冲突感兴趣的观点是荒谬的。 一些国家的领导人参与"懦夫游戏"是因为他们不得不这样做，而有些则是因为这一游戏的功效。"不冒险，则无所得。"如果主要参与者希望游戏停下来，游戏可能会停止，但并不是所有的游戏都可以立刻停止；只有具备毅力和运气时，它才会停止，并应认识到这需要时间来完成。 当然谁也无法保证汽车不会发生相撞。

注 释：

[1]一起发生在我的家乡附近的事件是关于这种过程的极好例子。它包含了地方性事件、黑暗和晨雾造成的事故、过度热心的指挥官、恐慌的部队、对所造成的破坏和公众舆论的错误评估以及好战分子可能制造的小型"催化行动"，这些因素相结合使政府接近于进入一场并非不可避免的战争。关于这起事件的详细说明请参见 Arthur B.Tourtellot，*Lexington and Concord*(New York，W.W.Norton and Company，1963)。阿瑟·图特洛特(Arthur B.Tourtellot)精辟地指出："全世界都听得见的枪声"可能是由于将烟柱误以为是康考德(Concord)陷入了战争而引起的。

[2]为了澄清理论要点，有必要指出的是，不确定性和不可预测性并非完全来源于像投掷骰子一样的随意机制。这种区别在于不可预测性和"几率"(chance)之间的差异；不确定性同样可以产生于棋手的笨拙、对游戏规则或者得分体系的理解偏差、视觉的模糊或秘密进行的作弊行动、某些需要事先悄悄采取的行动、第三方的干预或者裁判员的错误等。骰子仅仅是这个人为的例子中说明不可预测性的一个便利的方式。

[3]在国际事务中，我能想到的最纯粹的现实生活式的例子，是在柏林空中走廊或其他地方对一架飞机的"干扰"。唯一的危险是发生意外的碰撞。执行干扰任务的飞行员明显不希望发生碰撞。(如果他希望的话，他本可以直接这样做。)然而危险在于他可能无法避免这样的事故发生，例如，由于错误地操作飞机，或者错误地判断距离，或者没有预期到对方的行动。他在飞行中不得不足够地靠近对方的飞机或者表现出足够的鲁莽以造成可以察觉的风险，他有可能——很可能不会但是具有这种可能性——会导致实际的碰撞，这会令包括他自己在内的所有人感到失望。

[4]值得指出的是，尽管所有的以暴力威胁慑止或胁迫对手的企图都可能包含某种风险，然而威慑性威胁的必要特征并非是：当它们是或者试图是前一章所讨论的完全承诺(full-commitment)或者拉发线类型时便是冒险的。如果它们具有风险，是因为它们可能无法按照所希望的那样进行甚至可能会失败。理想状态下，它们将不具有风险。本章所讨论的威胁的逻辑结构的一部分是：它们承担着风险——正在实现的风险——尽管它们按照计划进行(或者准备进行)。一种类型的冒险如同开车始终具有风险：总是会发生真正的事故，不论汽车的设计多么完善，或者多么认真地驾驶；风险是生活的一部分。另一种类型的冒险如同特定的鲁莽驾驶具有风险：为了恐吓的目的招致、制造或者加强真正的风险，即使恐吓成功地实现，风险可能也无法完全避免，因为它可能不得不在因服从而解除行动之前运行一段有限的时间。风险是恐吓的代价之一。

[5]这就是为什么主张将核职权(nuclear authority)授权给战区司令的理由之一——在1964年美国总统选举期间有人曾提出这种观点——是没有什么意义的。这种观点声称，在急需动用核武器的时候，战区与美国指挥系统之间的联系有可能会中断。但是如果这种武器是如此的急需，尤其是在欧洲战区，那么肯定存在明显的总体战争的危险，在没有通信的条件下前进将必定意味着战略空军司令部(Strategic Air Command)、国防部情报局(Defense Intelligence Agency)、北美防空联合司令部(North American Air Defense Command)以及各地的军事力量和民防部门，当然还包括我们的外交机构之间的关键通信中断。此时将可能不再需要考虑发动何种类型的核战争；这或许会令美国人猝不及防，唯一能做的可能是向苏联人发出警告。

[6]*The Iliad*，W.H.D.Rouse，transl.(Mentor Books，1950)，p.273.

[7]通过分析可以得知，"懦夫"竞赛似乎至少存在三种不同的动机类型。第一种是纯粹的"测试型"，即除了声誉、预期和先例之外，没有其他利害攸关的事物。在这种类型中，通过或顽固、勇敢或胆怯仅能证明谁是易于通融的，谁是顽固或大胆的，谁是倾向于屈服的，以及可形成何种先例。第二种类型在现实中并不容易辨别，只有当某事物被有意识地置于危险(如赌博游戏或者经由神明的裁决)中时才可显现。例如领导权、敬意、威望、某种实际的奖励或者争端中特定事务的结果等。(本书第四章注释[10]提到的大卫和哥利亚之间的决斗便是这种类型的例子。)第三种类型可以称之为"现实的"(real)模式，以便与"传统的"(conventional)模式相区别，它是指一方在某项争端议题上作出让步或者收回让步，例如鲁莽驾驶或者军事试探；其收益和损失是竞争的直接结果的一部分，既不产生惯例，也不完全出自为未来事件建立起来的预期。将某事物置于危险之中的过程如果涉及第三方，可能就不完全受参与者的控制；在第二种和第三种类型中，当前的行动与对未来的预期无法分离(除非短暂的鲁莽驾驶的参与者并不为人所知)。所以大

多数实际的例子可能都是两者的结合。（同样的区别可以用来检验忍耐力，而不是风险：据报道，富裕的旧金山人通过依次将金币投入大海来"决斗"；不论是原始的还是当代的"散财宴"都是关于地位和名誉的竞争。）第四种和第五种类型可能也值得注意：第四种是纯粹为了刺激而进行的较量，这种情况很可能不限于青少年之间；第五种是"共同煎熬"（joint ordeal），在竞争中，尽管名义上两个（或者更多）竞争者之间不存在敌对关系，然而每一方都接受单边的检验，或者保卫与他人无关的个人荣誉。

[8]"边缘政策"的支持者不多，而"懦夫"的支持者则更少，我可以理解为什么大多数人对本书前面曾提到的"听天由命的威胁"感到不安。我们至少可以认为有意地丧失一定程度的控制或者试图导致"危机"发生的威胁具有如下的优点：这种类型的威胁更加不受个人感情的影响，更加"外在于"参与者；威胁变为环境的一个部分，而不再是两个对手意愿的较量。对手可能发现，相比于面对一个完全依靠我们的决心来支撑的威胁，他更容易——在威望和自尊方面面临较少损失——从一种危机形势中后退，即使这种形势是由我们造成的。他甚至可以在后退时谴责我们不负责任，或者因为使双方免于承受灾难性后果而受到好评。赫鲁晓夫在古巴危机之后可以声称他是从战争边缘而不是从肯尼迪总统那里后退。从危险局势——尤其是给所有人带来危险的局势——中撤退是明智的，而在对手的威胁下脱身则可能被视作是虚弱的象征。如果战争只可能起源于肯尼迪总统有意的、建立在坚定的决心基础上的决定，那么赫鲁晓夫的后退将被视为屈服于一位坚定的美国总统；而因为风险看起来是内在于当时的局势的，所以个人化的因素在某种程度上就被冲淡了。同样，集会或抗议游行也会具有非故意暴乱威胁的性质；此时官员可能为了法律和秩序的利益作出让步，他们会发现屈服于这类事故或事件，要比屈服于有意的暴力威胁更为容易。

第四章　军事行动的规范

　　我们所知道的大多数战争都属于一种克制的战争（restrained war）——有条件地克制，一方的克制行为在某种程度上依赖于敌人的行为。"无条件投降"是盟国在第二次世界大战期间宣称的目标，它听起来似乎是一个无边际的目标，并似乎意味着盟国将为此相当不受限制地投入国家的能量。但是"投降"这一概念本身又将讨价还价与和解引入了战争。"无条件投降"与"无条件灭绝"之间是存在差异的。

　　我们的投降要求隐含着一种相互理解并具有充足理由的预期，即一旦意大利人、德国人或日本人放下武器，他们将不会被大规模地屠杀。这种战争被称为克制的战争，令我想到的并不是当美国人或英国人主导了战争并且敌人已经投降时，向德国人、日本人所展示的单方面的克制。我还想到一种有条件的克制——一种交易，即向敌人提出建议，如果他们停止战斗，我们也将这样做。意大利人和日本人，甚至德国人仍然需要在痛苦、财富及战后稳定方面付出代价，并且他们知道这一点；一旦形势发展变得不利于他们，他们便不可能取得胜利，但是他们仍然可以使我们的胜利付出更大的代价。因为战争对于双方都是代价高昂的，所以如果可以就停战条件进行谈判的话，我们就可以一起结束这场战争。

　　条件是可以谈判的，但是应当记住有一些条件是不能公开的。德国人知道投降意味着生存，而不是成为奴隶，或者被送进毒气室，或者遭受无休止的劫掠和占领部队的强暴。

有人可能会说，日本人实际上可以被消灭，只要美国愿意等待的话——美国本可以继续生产原子弹，然后将它们投向日本，这样日本在投降谈判时就没有任何要价的资本了。但是这在原则上和事实上都是错误的。美国不希望在日本进行大规模屠杀；日本的战争内阁不会是历史上第一个用它自己的人民作为盾牌，挑衅敌人以摧毁其人民作为摧毁其政权的代价的政府。日本政府也知道这将迫使美国政府违反其原则灭绝所有的敌人。日本在中国尚有一支军队，它们的有序撤离依赖于有组织的投降。

美国希望日本政府能够命令其在太平洋岛屿上的士兵投降，而不是致使其无限期地拒绝屈服，继续一场失败的战争或者成为当地的强盗。美国也希望有机会强加一个稳定的政权给日本，并进行与政治目标和民主原则一致的军事占领。同时美国还希望日本在投降时承认美国的决定性角色，并期望日本对苏联的信任及苏联对日占领的权利维持在最低的程度。这些都要求日本尽早地投降，并主要同美国展开谈判。美国希望遣散大批的军事机构并享受随战争结束而来的轻松；而维持一支为日本最后的崩溃作准备的入侵部队，及进行一场可以将日本炸为废墟的原子弹战役是昂贵的和不受欢迎的。（美国官方相信除非日本妥协，否则入侵最终将是必要的；不论这种想法是否曾得到展示，它在当时为出现有序的投降的强烈期望提供了强有力的理由。）换句话说，日本政府仍然拥有坚持或者屈服的重要力量——合作或者不合作的能力，因此，它还拥有重要的讨价还价的资本。尽管在没有达成协议的情况下，日本的损失将无限大于美国的损失，然而这并不能掩盖美国很少可以从摧毁上千万人的最终能力中获得安慰的事实。根据美国在双方交易中所追求的目标，日本政府的立场不应被轻视。

正如克奇克梅提（Kecskemeti）在对战争最后阶段的研究中指出的，"失败一方的权威结构（authority structure）的继续存在是其残余力量有序投降的必要条件"，对于胜利的民主国家而言，将面临一个困境，即对手的权威结构看起来是"敌人"的化身。[1]在一场具有明确的有限目标的战争中，维持对方的权威就更加容易理解。 当 1847 年美国军队即将攻破墨西哥城时，温菲尔德·斯科特（Winfield Scott）将军"被劝说留守原地，不要试图强行进入这座城市"。 尽管斯科特将军急切地希望保卫胜利果实，但他和他的国务院同事都"很容易被说服并相信，军队的进一步行动可能会导致城里的官员从首都全面疏散，届时将找不到与之谈判的对象"。 虽然他们停顿了太长时间致使敌人得以重新组织，然而这一事实并没有令上述原则失效，它只是提醒我们，正确地结束一场战争至少需要与开始一场对己有利的战争有同样多的技巧。[2]

当普法战争在 1871 年结束时，德国筋疲力尽，法国也是如此。 德国人占领了所有他们想从法国获得的领土，而法国人几乎没有任何希望能够驱逐他们；但是，双方在尚未取得完全胜利的情况下就停止了战争（战争经常需要有一方取得完全胜利才会停止）。 此时，法国人仍然可以使德国人付出代价，德国人也同样如此。 因此结束战争以终止损失或兑现所得符合它们共同的利益。 法国希望德国离开，而德国则需要可以安全地撤离。 保持沟通渠道的开放、尊重对方的特使和大使、倾听对方的要求、制定可靠的停战协定符合双方的利益。

并不是战争中的所有限制都仅限于最终的谈判。 白旗和特使，以及不设防的城市、救护车和医院、伤员、俘虏和亡者通常都是受到尊重的。 在战场上，士兵们显示了允许甚至鼓励敌方部队投降的本能的意愿以避免双方的暴力行为。 克制的这种特征，即其互惠性或条件性，甚至也出现在那些缺少这些特性的事例中；在那里没有人会给予宽恕，通常也没有人被预期会这样做。 甚至报复这一概念包含了某种潜在的限制——当然是破裂了的限制，由于受到某种冒犯或暴行而进行破坏——但是报复在本质上是一种受到抑制的行动，并且如果对方没有破坏双方的交易，则可以继续受到抑制。

两次世界大战的显著特征是，战争各方在武力的使用上是不遗余力的；克制——和解、讨价还价、有条件的协定和互惠——主要适用于终止战争。 暴力实施的主要界限是暂时性的；而战争在某一时间点被终止，尽管双方仍然有能力向对方施以痛苦和损失。 投降或休战使双方的共同利益成为了焦点，战败者受到了限制。 但是直到投降或者休战，武力的使用在本质上是无节制的。[3]

朝鲜战争与之形成了反差。 它是一场克制的战争，是一种有意识的克制，并且是双方的克制。 美国一方最显著的克制体现在对于领土和武器的选择。 美国的轰炸没有越过鸭绿江（或中国的其他地区），并且没有使用核武器。 对方也没有攻击美国在海上的船只（除了通过海岸炮台的攻击）、日本的基地或者韩国的任何目标，尤其是釜山的至关重要的地区。[4]根据"敌人"是谁，国家在选择是否参战时也体现了明显的克制。 在战争的第一个阶段，中国人没有参战；而苏联方面，除了可能未公开承认的飞行员和技术人员外，它始终没有派遣潜艇、飞机和部队参战。

朝鲜战争是一场由代表东西冲突双方的组织优良的军队所实施的规模巨大且特征明显的有限战争。 称之为"克制的"，当然是采用了一种非常宽泛的标准；这场战争在火力和人员的密集度上不亚于两次世界大战的战役。 双方以无法抑制的愤怒一决雌雄：士兵们彼此以命相搏；战场上的礼仪同第二次世界大战任何一个战区一样少；赌注高昂；体现出"最后摊牌"的强烈意识。 克制采取的是对战斗进行特定限制的形式；在这些范围里，战争是"全力以赴的"。

这是一个奇怪的场面，而使其似乎是合理的仅仅是它确实发生了。发生在朝鲜半岛的武力使用限制只可以通过担心隐匿的暴力威胁来解释。 人们知道东西双方都拥有核武器，不论对其规模和数量的估计是什么，它们都令人感到害怕；同时苏联还拥有规模巨大的兵力，人们相信苏联在攻击面前不是脆弱不堪的，即使原子弹攻击威胁也无法完全慑止其在欧洲发动战争。 最终，战争的愤怒被对保留备用的暴力的关注所超越。

朝鲜战争所创设的模式和先例已经影响了并将继续影响有限战争的实施和筹划。 这场战争不仅反映了激烈战争中的克制现象，而且无疑决定了人们对待克制的态度。

在缺少竞争选择的时候，朝鲜战争成为我们的典型案例。它同"全面战争"的区别不仅在于程度上而且在于类型上，至少在国防部长麦克纳马拉正式承认甚至主要对手之间的大战也可以受到限制之前，情况是如此。这样一种持久的、严格限定的、激烈的和纯粹军事性的行动至少在核时代也具有可能性，因为它实际地发生了。但或许这仅仅只是多样化的战争关系中的一种可能性、一种模式和一种类型，以及"有限战争"的种类之一而已，就如同清教徒见到的第一种动物并不能反映北美野生动物的全貌一样。

心照不宣的讨价还价和惯例的限制

朝鲜战争时未使用核武器，而第二次世界大战时未使用毒气。任何关于不使用毒气的"理解"都是自愿的和互惠的——只有当相互威胁使用时才可以实施。（1925年《日内瓦议定书》［Geneva Protocol］禁止在战争中使用化学战剂，所有的欧洲参战国都签署了这一议定书，然而该议定书本身并不能解释为什么不使用毒气；它只是提供了一个在相互痛苦的情形下如果双方愿意则可以遵守的协议。）有趣的是，可以推测一下是否可以在没有正式沟通（或者存在沟通）的情况下，达成毒气使用的其他替代性协定。"一些毒气"（some gas）的措辞产生了一系列复杂的问题：使用多少，在哪里使用，在何种情况下使用。"禁止使用毒气"（no gas）则是简单的和明确的。我们可以想出关于毒气使用的各种限制：只可针对军事人员；只可用于防御；只可经由炮弹施放；未经警告不得使用等等。其中一些规定或许是具有意义的，而很多则可能对战争的结果不会产生影响。但是"禁止使用毒气"则具有一种明确性，这使它几乎成为所有协定的焦点。相反，如果每一方都只能猜测对方将提出何种替代规则，那么第一次猜测失败就可能会破坏双方默认其他限制的机会。

同样，规定"禁止使用核武器"是简单清楚的，而规定可使用"一些核武器"则会使情况更加复杂。 如果上限数额为 10 枚，那么为什么不是 11 枚或 12 枚或 100 枚？如果核武器只可用于在战场上针对敌方军队，那么它可以用在距离村庄多远的地方？如果只可用于危急情况，那么危急至何种程度？如果只可用于敌方的飞机场，那么当冰面被打碎时为什么不同样可用于桥梁？为什么只能用于鸭绿江大桥呢？如果核武器在"原则上"可以用于一个重要目标，难道不是更容易找到第二个及第三个目标吗？ 每一个几乎都与前一个同样地令人信服。

全有或全无之间的区别具有一种简约性（simplicity），而程度上的差别则不具有这种特征。 首次去做一件空前的事情时，需要采取更多的主动行动，经历更多的自发反省，经受更多的争论，具有更多的愿意破坏传统及承担令人不安的预期的意愿；第二次则容易一些，并且如果敌人预期你会做第二次，为什么不这样做呢？

国家边界是独一无二的存在，河流也是如此。 由河流界定的国家边界——如同鸭绿江是中国与朝鲜之间的分界线一样——具有双重的明确性。 如果某人对河岸采取军事行动，例如实施轰炸，则是显而易见和富有意义的；即使他已抵达河岸，距离轰炸地点只有很短的距离，人们仍很可能将军事行动的范围视为河流标记或限制的区域。 如果有人看着由图钉显示炸弹投落地点的地图，并试图发现其中的规律，他会注意到这些图钉全部在河流的一侧；相反，如果画一条随意的不规则的线，将图钉全部置于该线的南岸，则敌人在自己的没有画线的地图上观察这些炸弹投落点时，只会感到困惑。 炸弹一旦越过鸭绿江，敌人会预期第二天将有更多的炸弹越过，连续数月仅轰炸鸭绿江的这一侧，敌人会相信尽管你可能会在任何时候改变主意，但是在第二天便轰炸鸭绿江以北的几率不大。

即使是地球纬度的平行线——地图上以一年的天数为基础的任意线条，反映了古代的计数系统，可应用于球面几何学并已成为西方制图的传统——也已变为外交谈判中的边界线和战争中明显的停战线。 它们仅仅是地图上的线条，但是它们存在于每个人的地图上，假如需要一条任意的线，纬线将是可以利用的。

海岸线也非常地明确：水是湿的而地面是干的。 船只有各种尺寸和形状，地面上的建筑和车辆同样如此，但是每个人都能够将船只与其他依赖坚硬地面的物体区分开来，因为前者是漂浮的并被限制在离岸水域。 地面上的火炮或许是明确的目标，而漂浮的舰艇上的炮塔则"不同"。 很难在20海里外的舰艇间，或者不同吨位的船只间，甚至海军舰艇和运兵船之间划出清晰的界线；但是如果为某人在海岸上划出一条界线，则可以清楚地知道他是否越界。"没有船"所代表的含义是明确的，而"有一些船"则不够明确。 同样，"没有中国人"的含义是明确的，"有一些中国人"则不够明确。 当中国人参加朝鲜战争时，他们派出了大批的部队。 在战争的早期阶段，中国人有可能将他们的参战部队限制在两个师。 但是谁能够期待他们会停留在两个师的规模，而第三个师将有所不同呢？如果两个师的部队已经被确定了，谁能够确信第三个师不是在某地潜藏呢？既然中国人已经决定投入两个师的部队参战，谁又能预计他们增派第三个师是一项重大决定呢？谁会在发现中国的两个师参战后，仍然拒绝使用核武器并继续停留在鸭绿江南岸，而又将中国投入第三个师作为轰炸中国东北和诉诸核武器的诱因呢？

核武器与其他武器相比有何不同呢？是爆炸的范围吗？每一方都期望对方遵守炸弹携带 TNT 炸药的当量限制，并对是 1 吨、10 吨还是 50 吨（如果有飞机可以装载）作出区分吗？为什么一个千吨的核弹与在同一地区投下相等当量的烈性炸药会有如此大的不同呢？

它确实不同。 每个人都知道其中的差异。 这种差异不在于战术方面，而在于"惯例"、传统和象征方面——一个人们将什么视为不同和在哪里作出区分的问题。 物理的或军事的原因并不能将核爆炸与烈性炸药的爆炸区别开来，但是两者之间存在一个象征性的差异，没有人可以否定这一点，正如"三八线"以北一英里和以南一英里是不同的。

在逻辑上，鸭绿江以北的飞机场与以南的飞机场仅有细微的差别；并且因为从那里起落的飞机以及攻击那里的飞机并不需要跨越大桥或依靠渡船，所以鸭绿江在任何的战术分析中可以被忽略。然而在象征意义上，它们之间存在差别，这是一种类型上的而不是程度上的差别。它们属于不同类型的领土，没有人可以忽视这一点。约翰逊总统曾经表示："不要犯错误。不存在常规核武器这回事。"[5]他是绝对正确的；根据惯例——根据谅解、传统、共识以及将之视为不同的共同意愿——它们是不同的。

美国对朝鲜战争的参与程度是分步骤递增的：首先是提供顾问，其次是空中轰炸，再次是派出地面部队。一定数量的地面部队可能与特定的空中打击在军事意义上是等同的；但是派出地面部队看起来并不只是更多类似的攻击。地面部队是一种不同级别的介入，标志着会有更多的部队参战，而空中介入则没有使我们必须承担派出地面部队来介入战争的义务或者使之不可避免。

鸭绿江就像卢比孔河（Rubincon），跨越它具有某种象征意义。它是一个可供停止的自然选择，跨越它将意味着新的开始。在不同类型的军事行动之间、核武器与烈性炸药之间、空中轰炸与地面介入之间、海上船只与海岸设施之间、穿着朝鲜军服的人与穿着中国军服的人之间存在性质上的区别。这是一条截然的和反映了不同性质的界线，属于自然的分隔线，与战术或逻辑并不必然相关，更多地与心理或者习惯相关。

这是一个"门槛"问题，涉及战争扩大或者参与者变化的限制性措施。它们是习惯上的终止点或分割线，具有法律性质，并依赖于先例或类似的情况。它们具有某种易于识别的特征，而在某种程度上又具有随意性。通常它们只是存在于"那里"；我们并没有制造或者发明它们，而仅仅是承认它们。这些"门槛"并不仅出现于战争或外交关系领域。它们在商业竞争、种族谈判、帮派殴斗、儿童管教等所有的协商性竞争（negotiated competition）中都曾出现过。很明显，任何类型的克制性冲突（restrained conflict）都需要独特的得到对方承认的限制规定、明显的终止点、区分界线内外的惯例和先例，以及辨别新的倡议行动与原有行动的方式。[6]对于为什么会如此，我们可以找到一系列很好的理由。

第一，这种类型的冲突，不论是战争还是仅仅是谋取某种地位，都是一个讨价还价的交易过程——威胁和要求、建议和反建议、给予再保证和作出交换或让步、显示意图和传递容忍限度、获得声誉和给予教训等。在有限战争中，敌对双方就战争的结果和战争的方式展开交易。正如商业公司之间可能会"协商"同意利用广告宣传而不是竞相降价展开竞争；竞选人之间可能含蓄地同意攻击彼此的政见，但不会允许攻击他们的私生活；或如同街道帮派可能"同意"彼此使用拳头和石块进行殴斗，但不允许使用匕首或枪支，也不允许寻求外部的援助；军事将领可能同意接受战俘，国家也可能同意接受对于武力或者准备摧毁目标的限制。

就像罢工、价格战，或者敲诈勒索者放置在饭店的臭弹，这些都是讨价还价的一部分，是威胁和施加压力的手段，而不是出于自身缘故进行的孤立行动，朝鲜战争也是如此，它是关于这个国家的政治地位的一种"谈判"。像大多数交易的过程一样，它也有隐含的关于行动规则的交易，即根据对方如何作为，一方将决定做什么或停止做什么。[7]

大多数的讨价还价都是心照不宣的。双方通过行为而不是语言进行沟通，所达成的协议，除非依靠的是威胁将采取对等行动、实施报复或者破坏所有的限制因素，否则也不具有强制性。正因为讨价还价的这种特征，所以它较少有规定细则的空间。只要有充足的时间和法律依据，横跨朝鲜半岛的分割线几乎可以位于任何地点，采取任何形态，与这个国家的地形或政治区域或任何明显的地标既可以相关也可以不相关。但是既然讨价还价大体上是心照不宣的，没有一长串明确的建议和反建议，那么每一方就都必须以自己的行动而不是详细的声明来显示"建议"。这类建议必须简单明了，必须可以识别，必须依赖明显的地标，必须利用已知的差别。 国家的边界、河流、海岸线、战线，甚至纬线及天空和地面、核裂变与化学燃烧、战斗支援和经济援助、战斗人员和非战斗人员、不同国籍等因素之间的区别，一般都拥有这种简约性、可识别性和显著性的"明显"特征。[8]

甚至界线的随意性特征也有助于协议的达成。 上帝创造了陆地和海洋的区别；年代久远的地质演变过程形成了河流；几个世纪的惯例将地球划分为纬度和经度组成的坐标系；人类无法飞行的特征使得空中和地面活动具有显著的差异；在遵守这些界线时，人们接受了某种外部的、"自然的"仲裁，它们具有传统的或先例的强制性质，并且不是为了某一特定场合而制定。 当鸭绿江被"接受"为边界时，即意味着"提议"对其北岸和南岸作出区分。

此外，界线还需要具有一些其他的特性。 这些限制必须是双方能够有效管理的类型；相比于一条在地图上随意的线，飞行员可以更容易地确认一条河流或海岸线；相比于对某些特定目标的攻击限制，本国部队更容易遵守不使用某种特定的武器，像毒气或核武器，因为在激烈的战斗中这些限制可能会被忽视或误判。 如果某些限制在跨越它们时是明显的和容易察觉的，那么这些限制便是令人印象深刻和经久耐用的。这强化了那种得到遵守的限制将属于性质问题，而不是程度问题的观念，即界线应当是独特的、限定的、独立的、简约的、自然的和明显的。

传统和先例是尤为重要的。（事实上，传统和先例本身就具有这样的特性。）任何特别的限制都将更加可预期，更加可识别，更加自然和明显，并且在过去已经有更多的人习惯了它们。 在朝鲜战争中，核武器与烈性炸药之间的区别不仅是可以注意到的，而且通过这场战争得到了加强。 同样，将纬线作为明显的"分界线"的想法不但在朝鲜战争中得到应用，而且通过这一经验得到了加强。

尽管在第二次世界大战期间用于规范战俘、非战斗人员及医院等方面待遇的一系列日内瓦议定书，在名义上属于正式的谈判协定，但也必

118

须被理解为在本质上是心照不宣的默契。 这不是指制定细节的方式，而是指它在战争中被接受和承认的方式。 包括德国和英国在内的一些国家，正式签署了国际红十字委员会制定的行为准则。 这一准则对于如何对待战俘，如何宣布城市不设防，或者如何标记医院的屋顶等都作出了明确的规定。 这一准则的细节制定事先便已完成，一些国家最终采纳了这一准则。 敌对的交战国对这一准则的支持到了令人瞩目的程度，它们不同寻常地认为正在进行一场充满仇恨的战争，在一些国家，战争指挥权掌握在"战争罪犯"的手里，包括报复平民及其他暴力行动在内的战争行为违背了一场干净的战争的理念。 如果有人问为什么这些日内瓦议定书受到如此程度的支持，那种认为政府出于道德和政治的考虑不得不行为良好的观点，很难是一个充分的答案。 道德义务在第二次世界大战的很多参战国中明显是缺失的；对于所涉及的大多数国家而言，被指控破坏日内瓦议定书本是一个相当小的公共关系问题。 这些国家之所以缓和战争的某些方面，明显是出于维护自身的利益；它们对日内瓦议定书的遵守应当被视为自愿的行为。 这种行为是自愿的和有条件的；大多数国家是以互惠的利益为基础来遵守日内瓦议定书的。但是为什么双方没有通过不言明的行为修正或者明确地交换建议来重新谈判呢？

答案必然在于，当需要某个协议，而正式的外交关系又已事实中断时，或者当双方互不信任，也不希望协议具有强制性时，以及当既无时间也无地点就新的协议进行谈判时，现有的任何协议或许都具有被采纳或者被抛弃的特性。 双方可能会心照不宣地采纳它，或者单方面宣布如果对方遵守协议的话，它也将这么做。 如果存在多个相互竞争的关于战俘待遇的惯例，每一个在细节上都不相同，则可能难以作出选择。但是当只有一份文件，且一系列的程序细节已经制定，没有时间就这些细则重新谈判时，这个候选方案将自动地被各方认可，否则很可能不会有任何的协议。

这种解释得到了美国遵守日内瓦议定书这一事实的支持。 美国并没有签署那个议定书，对任何人来说不负有法律义务。但是很明显，如果美国希望同敌人达成某种"相互理解"，而又不可能容忍展开细节谈判，那么美国只能选择接受这个现成的协议或者不接受任何协议。这也是任何一场危机中仲裁人建议的主要权威来源：当争端方自己无法就一项协议进行满意的谈判时，他们会邀请或者接受仲裁人介入，而仲裁人提出的任何建议都具有强大的建议力量。仲裁人提供了以现有建议解决争端的最后机会；如果双方急切渴望达成协议，同时进一步谈判又毫无可能，那么仲裁人的建议可能会因缺少任何替代方案而被接受。

这种唯一性无疑是有帮助的。日内瓦议定书已经存在，如同"三八线"、朝鲜海岸线或鸭绿江一样，不需要另行提议，只需要接受即可。

值得注意的是，有时就非强制性协议展开的心照不宣的协商比就含有某种制裁措施的协议展开的明确的直接谈判更为有效。公开谈判的一个困难之处在于，有太多的可能性需要考虑，有太多的地方需要妥协，有太多的利益需要协调，有太多的措辞需要辨别，以及有太多的选择自由。在婚姻及现实地产的谈判中，它有助于帮助建立一个"标准形式的契约"，因为它限制了各方在谈判中的灵活性。心照不宣的讨价还价常常具有相似的限制；任何必须借助于语言的事情都无法达成相互理解，而只可以察觉出大致的轮廓。此时双方都需要分别但同时提出貌似合理的和意料之中的分界线或行为模式，双方很少有多种替代选择，并且双方都知道第一次尝试成功与否对达成任何的默契都至关重要。例如，经过谈判的停战线很少与没有进行过协商的停战线一样简单；河流、海岸线、纬线平行线、山脊线及古代疆界常常是清晰的，且有建议力量的支撑。如果无法就细节的变化进行协商，它们将不得不发挥作用。这就是为什么冲突前的状况是结束一场争论的重要的基准点；基准点对于形成双方的共同理解是至关重要的，而唯一具有帮助的是那些双方都能察觉到且每一方都知道对方也能够察觉到的基准点。在战争中，对手之间的对话常常局限于限制性的行动语言及共同的认知和先例。

报复行动的规范

1964 年 8 月 2 日，一艘美国驱逐舰在北越港口外距离海岸线 30 海里处遭到北越三艘鱼雷艇攻击。该驱逐舰进行了还击，并在击毁一艘鱼雷艇后仍然停留在这一水域。两天后，这艘驱逐舰连同一艘友舰再次受到更大规模的攻击，从附近海域航空母舰起飞的美国战机对驱逐舰给予了支援，再次击退了进攻。12 小时后，64 架从美国提康德罗加号（Ticonderoga）和星座号（Constellation）航空母舰起飞的战机攻击了五个北越港口的海军设施。据报道，这次攻击摧毁或严重破坏了停留在这些港口的 50 艘鱼雷艇中的半数，并导致一个汽油仓库起火。攻击正在进行时，约翰逊总统发表电视演讲宣布，北越首先发动了攻击，美国不得不作出积极的回应。"当我今晚向你们讲话时，这一回应正在进行，"他说，"我们目前的反应是有限的和适度的。"他又说，"我们不寻求扩大战争规模"，现已命令国务卿将这一立场完全清楚地传递给朋友和"对手"。

参议院外交关系委员会和军事关系委员会的 11 名共和党人和 22 名民主党人，除 1 人持不同意见外，都对总统的决定表示满意，认为这是"经过缜密思考的，实施是富有技巧的"，在当时的情况下，美国"不能做得更少，也不应当做得更多"。共和党、民主党、军方及民间，甚至一些欧洲国家，都少有地一致感到这一行动在规模上和性质上都恰到好处；或许除了北越民众之外的所有人都这样认为，甚至他们可能也持相同的观点。事实上，北越民众的判断最为重要，他们是最为关键的评论家。下一步如何行动已经取决于他们。美国在世界范围内的声誉，不论是文明的克制，还是富于决心和进取心，都处于危急关头；然而，最为重要的听众是敌人，这一行动之所以设计得如此恰当也正是为了敌人。

如果美国的军事行动被广泛认为是非常恰当的，那么这种评价几乎是一种美学的评判（aesthetic judgment）。 如果"机智应答"之类的词语可以应用于战争和外交领域的话，那么军事行动就是一种富于表现力的机智应答，它主要采取的方式是行动而不是语言，而且行动所表达的意图是清晰的。 约翰逊总统发言的文本可以说几乎不如攻击目标和攻击时间的选择那样精准和明确。 语言信息加强了飞机的攻击行动所传递的信息；每一字词的选择无疑都是针对共产党人以及美国听众的，但是那一夜的外交行动主要是由飞行员而不是演说稿的起草人来执行的。

战争总是一个讨价还价的过程，而在这一过程中，威胁与建议、反建议与反威胁、提供与确保、妥协与展示，所采取的方式是行动而不是语言，或者是伴随语言的行动。 在我们称为"有限战争"的军事行动中，讨价还价看起来最为生动，实施时也是最为有意识的。 在这种类型的战争中，针对敌人头脑的关键目标与针对战场的关键目标一样多；敌人的预期与其部队本身的状况同等重要；备用暴力的威胁比战场上的武力运用更为重要。

甚至结果也是一个如何解释的问题。 它既依赖于对手的表现，也依赖于战利品的分配；它涉及声誉、预期、对先例的破坏与重建，以及军事行动使得政治问题的解决更加容易还是更加困难。 战场上的结果是重要的，但是它的象征含义与内在价值同等重要。 如同任何讨价还价的过程一样，一场克制的战争涉及对手之间某种程度的合作。

没有人能够比军事人员自身更好地理解这一点了。 他们在很多战争中高度重视战俘的待遇问题。 除了出于道义的原因，还有一个维持战俘存活的很好的理由，即可以用他们来交换敌人手中的俘虏，或者可以将他们的健康和舒适作为对敌人善待俘虏的回报。[9] 允许收回死者的尸首是战争中一个更加引人注目的非冲突利益，敌人之间对这种共同利益的承认至少可以追溯到特洛伊战争。[10]

克制战争之所以成为一个如此具有合作性的事务就在于双方有太多的事情需要交流。 美国政府不仅想攻击北越的海军设施，而且还想让北越民众知道美国为什么这样做，以及美国没有做什么。 北越民众从这次行动中获得了何种认识——他们如何解读这一行动，从中吸取了什么教训，形成了何种预期，以及看到了何种模式或逻辑——比这次行动对北越弱小的海军力量造成了何种削弱更为重要。 这次行动无疑经过了极为认真的设计，但它的着眼点不在于摧毁价值2 000万美元的北越资产和造成一定的人员伤亡，或者任何其他的后果，而在于构建一种沟通使北越民能够非常准确地接收到这种信息。 同时，北越民众准确地解读这一信息也是符合他们的利益的：整个事件的某些环节可能出现了问题，尤其是对它们所作出的反应，而这对双方都是可悲的。

　　为什么对鱼雷艇的攻击看起来如此"恰当"呢？ 抽象的军事评价并没有告诉我们很多，仅仅说明是以适度的人员代价（损失了两架飞机及其飞行员）对北越的军事力量造成了适度的破坏。 对北越的空军、陆军或军事供应线造成同等程度的破坏并不能产生与攻击鱼雷艇同样的含义，看起来也不会如此恰当。 这一行动之所以被广泛认为是合适的，不是因为它在军事威胁上取得了成功，而是因为它是一个报复行动——一个机智的应答、一个警告、一次展示。 对于其他军事资源的同等破坏可能具有同样的军事意义，但它的象征意义则不尽相同。

　　假如美国推迟一个星期发动进攻，其中的一些联系就消失了。 假如美国提出，北越的鱼雷艇已经证明是不成功的，它对美国的下一次攻击可能会来自飞机，并以此为由袭击北越的机场，那么，行动与报复之间的紧密联系就受到了削弱。 假如美国反过来日复一日地攻击北越的海军设施和仓库，那么整个行动可能就失去了整洁性，"公正"感将会被冲淡，整起"事故"就无法得到很好的限定，最终将难以分辨哪些是对于驱逐舰遭受攻击的报复行动，哪些是机会主义的军事行动。

　　"明确"一词是对美国反应的最好描述。 它是善于表达的，包含了一种行动模式。 如果有人问当美国的驱逐舰在东京湾（Gulf of Tonkin）遭到攻击时，美国做了什么，答案是不存在争议的。 人们可以陈述行动的时间、目标以及所使用的武器。 没有人会认为美国只是碰巧在那天对北越的那些港口发动了进攻，也没有人会对这次军事行动同驱逐舰遭到攻击直接相关存有任何的疑问。

一条狗在农场咬死了一只鸡，为了惩罚这条狗并警告它不要再犯同样的错误，主人会将这只死鸡系在狗的脖子上。 假如惩罚这条狗的不当行为要达到的唯一目的是使它遭受痛苦，人们本可以因为它弄脏地毯而将一只死鸡系在它的脖子上，或者每次它咬死鸡的时候就在起居室里鞭打它。 但是狗主人的这种做法还传递了更多的信息，同时这样做也符合主人的公正感，使惩罚措施适合于犯罪行为，不仅在范围和强度上，而且在象征意义和两者之间的联系上。

我们无法向一条狗作出解释；我们不能将一只死鸡系在狗的脖子上，然后告诉它这种惩罚是因为它咬了邮递员。 然而我们却可以告诉北越民众，我们摧毁他们的鱼雷艇是因为他们攻击了我们的舰只，并且还可以轻易地说，为了报复他们对驱逐舰的攻击，我们将袭击其通往老挝的补给线，炸毁其部分工厂，打击其空军基地，或者使在南越的战争更加激烈。 当我们能够用语言很好地表达这种联系并确保他们聆听时，为什么还必须如同对狗那样借助于行动呢？

这是一个非常有趣的问题。 看起来政府确实感到被迫通过行动和语言进行交流以塑造一种行动模式。 事实上，对于有限战争而言，很可能没有比以下特征更显著的了，即人们通过行动而不是语言，或者在语言之外另行通过行动进行交流，以使这些行动形成一种交流的模式，尽管事实上，每一方都有足够的学识可以理解另一方在说什么。 在沟通心理层面上——即人们对于相称、公正及适当的感觉，挑衅与反应之间的象征关系，一系列的一致行动所形成的模式——有一些因素超越了敌人之间抽象的军事关系，超越了损失和破坏经济学，超越了用以合理化一系列行动的语言。 我们在外交实践中总是可以看到这一点。 如果苏联人对我们的外交人员实行旅游限制，或者拒绝一项文化访问，我们首先想到的是反过来收紧对苏联人的限制或者取消一次访问，而不是在渔业或者商业领域采取报复行动。 在这种互动中存在一种规范，即倾向于使事情处于同等规格，以同样的语言进行回应，使惩罚适合于罪行的特征，以及给双边关系确定一个一致的模式。

　　理解这种做法的原因是重要的，承认事实就是如此也同等重要。不论是因为某种建议的力量、单纯的模仿、完全缺乏想象力、无关地寻求一致性和特定模式的本能，还是因为一些其他好的原因——甚至这些原因仅仅被含糊地理解和本能地回应——这一现象都是值得承认的。当赫鲁晓夫在 1960 年抱怨受到 U-2 侦察机侵犯时，他暗示苏联火箭可能会攻击提供 U-2 侦察机起飞的周边国家的基地，这些国家包括巴基斯坦和挪威。他这样做是因为 U-2 侦察机对他构成了威胁。他将通过打击这些基地来消除这一威胁吗？很可能不是。上文提到的关于死鸡的类比至少与摧毁特定机场以在某种物理意义上阻止 U-2 侦察机重现的想法同等地令人信服。赫鲁晓夫是在建立一种联系，以使他的威胁言词特别符合他正在抱怨的事项。他本可以说，他将拒绝向巴基斯坦人发放签证，将攻击海上的巴基斯坦舰只，将在巴基斯坦的一个城镇投下炸弹，将蓄意破坏巴基斯坦的铁路线，或者将向巴基斯坦的敌人提供军事援助等等。但是他没有。他声明，或者强烈暗示——不论是否他实际指的是如此——将摧毁 U-2 侦察机起飞的地方。

　　这是非常自然的，如同美国在它的驱逐舰遭到攻击时所作的反应一样，我们可能甚至都不会探究其中所包含的规律。这些反应是如此"明显"，以致人们都没有意识到"显而易见"（obviousness）已经成为外交互动，甚至军事行为的一项突出原则。尤其有趣的是，这发生在两个相互敌对的、无须适用法律条文的国家之间。

　　有种观点认为赫鲁晓夫在 U-2 侦察机起飞后会摧毁一个 U-2 飞机起飞基地，或者美国在驱逐舰遭到攻击后会打击老挝共产党的军事设施是无端的、不相称的和随意的。这种观点引起了这样一个问题，即那又如何呢？尤其是针对那个刚刚试图摧毁你的驱逐舰或者用侦察机侵犯你的领空的国家的行动，使其具有一致性和特定模式的动力是什么呢？规则在那些试图友好相处、相互尊重、支持共同的成规及努力确立管理双方行为的法律规范的国家之间是容易理解的；但是当某人派遣 U-2 侦察机飞越你的导弹发射场时，为什么不绑架他的一些芭蕾舞演员呢？

即使这种按特定模式行动的倾向——按照同样的风格作出反应，使惩罚适合于犯罪行为的特征和强度——得到了解释，我们仍然应当对之加以评估；这种倾向是自然产生的这一事实，并不意味着它必然体现了最高明的军事或外交智慧。 人们可以认为它来自惰性，这种观点可能在某种程度上是正确的：或许存在 100 种回应敌人行动的方法，然而不得不作出一种选择，而如果选择范围通过某种传统或者本能加以限制，就像同一球场上的比赛一样，那么选择就会更加容易。 礼仪规范就服务于这一目的，它们限制了选择的范围，使生活变得更为容易。 或许有充足的理由可以断言，官僚机构具有一种倾向于诡辩、墨守成规和思想统一的癖好，这使得领导人本能地按照某种一致的模式采取行动，仿佛一致性便等同于相关性，机敏的应答便是最高形式的战略一样。 不友好国家间持续的相互争论、相互指责及自我辩护，可能加剧了这种将所有的外交，包括军事行动，均视为墨守成规的对立性活动的倾向。[11]

然而毫无疑问它还有更多的原因。 将后续的反应与最初的行为相联系，给事件加诸一种模式，很可能有助于设置限制和边界。 这种做法显示了接受限制和边界的意愿，避免使对手因为我们行动的某种唐突或新奇而感到惊恐和过度困惑。 它维持了一种保持沟通和外交接触，渴望被理解而不是被误解的感觉。 它帮助对手理解我们的动机，并向他提供了一个可以预期其行为结果的基础。 它促使对手认识到不良的行为将受到惩罚，良好的行为则不会，如果这是我们希望向他传递的信息的话；没有内在联系的行动和随意选择的行动，可能看起来就缺乏这样的因果顺序。 假如对手认为我们正在回避这一问题，转向一边或者假装没有注意到，那么行为和反应之间的直接联系就有助于消除那种认为我们的行动完全是巧合的想法，使反应看起来是某一行为的结果。

人们可能仍会问为什么同样的联系不能通过语言来建立以提供更

大的行动自由。 部分原因可能在于语言是廉价的，不是内在可信的，并且有时与某种固定模式的表达过于接近。 行动则更加客观，无法以否定言词信息的方式加以"拒绝"，同时不包含言词接触的私人特征。行动也可以用于证明某一事件；有意义的行动通常招致某种风险代价，并带有证明自身可信的证据。 行动在其来源上是较少模糊的；言词信息则来自不同的政府部门，它们之间往往存在些微的差异，并可能伴有不同渠道的信息"泄露"，容易被之后的言词信息所否定，而行动一般不可改变，并且行动的发生这一事实即证明其背后有权威的支持。 约翰逊总统在美国对北越的空中打击期间（1965 年 4 月 7 日）就曾说："我希望有可能用语言来使其他人明确地理解那些我们现在发现不得不用枪炮和飞机来表达的信息。"[12]

可以找到恰当的理由这一事实，并不意味着这种一致的"外交"行动方式总是最好的。 在一些情况下，一个国家可能希望摆脱规则的限制，拒绝对它的未来行为作出任何保证，令对手震惊和措手不及，显示不确定性并激起对手以同样的方式作出回应，表达敌意和中断外交接触，或者甚至寻找借口以使一项相当无关的冒险活动似乎是对过去某个事件的理性反应。 这仍然是外交：无论是在商业外交、军事外交，还是其他类型的外交中，总是会出现粗鲁对待、破坏规则、出其不意、令人震惊和迷惑或措手不及的状况，以及显示进攻等方面的情况。 并且尽管在原则上，一方愿意遵守传统和避免不可预测性，然而还会出现以下这些状况：由于传统所提供的选择太过限制，以致它不得不放弃成规和传统，甘冒被误解的风险，以坚持新的游戏规则，甚至是进行自由交战。 即使那时，规则和传统也并非与行动不相关：恰恰是因为行动被视为违反规则，所以对规则的破坏才更加引人注目，沟通才更多地涉及一方的意图。

国家所显示出的将意图融入行动的倾向，并不意味着这种类型的交流将得到高度准确的接收和解释。 东京湾事件是一个行动清晰地表达了意图的极端例子，部分是因为这一事件在空间上和时间上非常孤立于其他的事件，且在内容上的差异非常巨大。 如果行动缺乏对所包含的信息进行仔细控制，将容易受到突发事件及错误解释的影响，那么所实施的外交过程将会显得非常地笨拙。 即使在事件发生时，东京湾事件所传递给北越的信息，也可能不如事件发生后传递给美国国防部和参议院外交关系委员会的信息那样清楚。

战术反应和外交反应

如果一方在一场危机或军事交战中挑起冲突，抛弃某种限制或者跨越某个门槛，对于另一方的反应，我们可以区分出两个非常不同的决定因素。 一个是战术形势的变化——一种迫使其通过扩大对战争的参与以避免失败或者夺回优势的压力。 另一个是一种刺激性因素，它要求一方在面对另一方的挑衅时作出公开反应、迎接挑战、实施报复、惩罚对方对规则的破坏或者"警告"其不要继续破坏，甚至迫使对方遵守原有规则、停止所发起的行动或撤回所提出的要求。 中国人介入朝鲜战争看起来主要是由第一个决定因素所驱使的，是出于避免美国武装力量征服整个朝鲜的战术需要。 当时没有明显的需要他们作出反应的"事故"，美国的军事行动并没有发生突然的使他们放弃某种回避"义务"的变化。 与之形成对比的是美国在东京湾的反应，这一反应不是建立在军事需要的基础上，而是建立在对形势要求的外交判断的基础上。同样，叙利亚的大炮常常骚扰以色列的军事前哨，并遭到以色列的地面炮火回击，当它们在 1964 年底攻击平民时，以色列打破了仅通过地面炮火予以回击的惯例，动用空中力量对对方炮台实施了打击。 有人告诉我，这一决定的一个重要考虑是，叙利亚对于惯例的严重背离令以色列冒着战争升级的风险，报复性地打破传统。[13]

因为任何的战争扩大都具有两种结果，即"战术"影响（"tactical" effect）和"外交"影响（"diplomatic" effect），所以也就存在两种不同的扩大方式。 一种是最小规模的扩大，另一种则是塑造一种进取、挑战、决裂或放任的形象。 如果目的是震撼对手，制造危机感，展现本方的进取精神和决心，甚至鲁莽，以此来吓阻对方，使其中止行动，那么可以强调"打破规则"的形象。 不论采取的行动是引入新的武器、新的参战国家或新的目标，还是从隐秘的干涉转变为公开的干涉，或者是扩大战争的地域范围，都应以一种突然的、引人注目的方式进行，并且刺激对方以同等的力度作出反应。 甚至选择采取何种行动也是根据其震慑效果，而不是战术结果。 1964 年在对老挝的报复性攻击中，美国动用侦察机就主要着眼于实现这种效果，其目的很可能不是对地面部队造成特定的破坏，而是展示美国更加深入地介入战争的意愿。 如果美国掩饰对老挝的攻击，显然可以同等成功地完成战术任务，但是却无法服务于这样的目的。

相反，如果目的在于从放宽某种限制中取得战术优势，而不是恐吓对手，那么则可以设法侵蚀或者清除边界而不是引人注目地破坏它。例如，在攻击敌人的飞机场或港口时，如果希望以一种貌似合理的方式扩展战场，就可以援引"紧追"原则（a doctrine of "hot pursuit"）。 如果敌人那时更愿意将"紧追"解释为原来战争的战术延伸，而不是心理战的一种策略，相反，进攻则代表了冲突性质的突然改变，那么他或许可以更加自由地决定是否需要采取报复行动。[14]

掌控传统的门槛界线

一个政府是否可以在冲突发生前预先创立某种可信的限制，并选择他认为安全、有利的类型呢？是否可以通过某种方式的预先否定或侵蚀，来消除限制的明显和强制特性呢？显然可以，但并不容易。

以核武器为例，大量的行动强化了核爆炸与普通爆炸之间的象征性差异。 甚至核禁试，名义上针对和平时期的核爆炸试验，也颂扬和批准了核武器与所有其他武器之间公认的区别。 但是相反，将清洁的核爆炸广泛应用于土方工作及其他经济项目，则倾向于模糊核爆炸与其他爆炸的界线，使人们习惯于 TNT 爆炸与核爆炸之间的选择仅应当建立在效率的基础上，于是侵蚀了核爆炸作为不同类型的爆炸的传统。 然而在战场上，不论在何地使用核武器都将创设一个先例。 在局势不大可能因此而失去控制的情况下，有意地将核武器引入一场其并非必需的战争，将使人们对于把核武器仅作为最后诉诸手段的假设产生怀疑，并将产生在合宜时，它们会再度被使用的预期，于是减弱了核国家对于其他核国家不愿动用核武器的预期的信心。

口头上的宣称能够创立可行的限制吗？语言明显是有帮助的。 关于可能的限制的讨论直接有助于产生预期；它甚至可以在没有任何意图的情况下实现这一点。 关于是否核武器在海上或在空对空的战斗中的使用，在性质上不同于在陆上的使用的持续争论，可能会提前创制或者明确这种区别。 语言行为有助于引起人们对尚未意识到的差别的注意；美国通常会对战斗援助与提供军事顾问作出区分，如果没有讨论，这一区分可能本不会那样显而易见。 国防部长麦克纳马拉建议城市"属于禁止攻击的范围"，尽管他的演讲没有就城市与军事设施之间进行区分，但它至少引起人们对潜在分界线的注意，向苏联人表明美国政府已经意识到两者的差异，并建议设计出能够对城市与军事设施遭受的攻击作出区分的情报系统。[15]

门槛的特征

某些门槛或者限制具有这样的特性，即当它们被跨越或突破时，将伴随不可避免的巨大挑战。 此时的问题是对方将采取何种应对措施。毒气和核武器便具有这样的特性；一方将预期到对手不仅会重新评估战术形势，而且会考虑作出某种公开的反应和进行某种尖锐的反驳。（一种明显的可能性是动用同种类型的武器，如果他有这种武器的话。）另一种此类的挑战是跨越国家的边界。 新的参战国家的军事增援，尤其是来自拥有大规模提升军事活动能力的国家，是另一种引发巨大挑战的情况。

门槛或限制的一个重要特征是，它们是否能够同时适用于双方。如果一方破坏了某个限制（跨越了某个门槛），另一方是否有某种对应的措施可以采取呢？ 它会作出同种类型的应答，还是不具备这种特定的手段，或者这样做对它来说毫无意义？ 在一场美国和苏联同时参加的战争中，如果一方引入核武器，另一方也可以动用它的核武器以与之"相称"。 （"相称"并不意味着动用同等规模的核火力或者抵消前者造成的后果，只是指作出同种"类型"的反应。）而在其他的一些例子中，例如封锁中国，就不存在同种类型的"明显"反应。 根据门槛及双方可获得的主动权的情况，对称的反应有时候存在，有时候则不存在。如果一方不愿简单地接受另一方的行动，但又无法以同样的方式作出回应，它仍然可以选择采取某种"明显的"回应或报复行动。 例如，美国在一场局部战争中引入航空母舰，另一方可能无法同样以航空母舰作出回应；但是对航空母舰及其他舰艇的攻击或许可以作为"相称的"反应。 当然，相关的政府也需要考虑冲突升级的风险和军事的有效性，来决定是否作出这样的反应。 同时也没有任何的迹象表明，在战术或数量的意义上，一场"相称的"的行动可以抵消对方的初始行动。 事实上，如果强烈地预期到对方的反应将被限于"适当的"、"明显的"或"相称的"行动，那么开始的一方在对所采取的行动作出选择时，将挑选那些对方的"相称反应"相对较弱的措施——例如动用飞机对越南实施打击。

一些门槛的一个有趣特征是，它们源于历史进程，甚至来自一个不经意的或者偶然的事件，并在长时间后才被认可。 例如，朝鲜可能在战争初期认为关键港口城市釜山是"可攻击的对象"，但是由于过于热衷于赢得地面战争，而没有抽出空中力量实现这一目标。 战争初期对釜山的适度空中打击将可能使美国人习惯于此，无论如何当时他们不得不习惯于地面战役的接连失败。 或许美国当时的反应是对中国进行报复，威胁使用原子弹等，当然也可能不是。 但是几个星期的明显的安全状态使釜山获得了"避难所"的地位，朝鲜这时对这个港口的攻击将被视为突然的改变。 事实上，美国对这个港口的利用——如在夜间依靠灯光完成装卸任务——体现了对其避难所地位的最后依赖，因此朝鲜的轰炸将打破这种预期。

随着时间的推移获得门槛地位的一个更为重要的限制是：不在朝鲜使用核武器。 事后看来，这具有重大的影响，它创设了一个先例，对于当今禁止使用核武器，以及对于是否或何时应当引入核武器的争论具有根本的意义。 如果美国在朝鲜战争中使用核武器被认为是理所当然的事情——它对战争的影响可能是也可能不是决定性的，这需要根据它们的使用情况及中国的反应来确定——可能会使人们对核武器在随后交战中的使用产生更大的预期，因而削弱核武器作为最后诉诸手段的长期累积而成的传统。

事实上，如果美国政府希望在任何适宜的时候自由地使用核武器——例如在台湾海峡、越南、中东或者柏林走廊——本可以故意地在朝鲜使用，甚至在没有军事必要性的情况下使用。 在朝鲜使用核武器，将妨碍或消除任何关于核武器是一种不同类型的武器的认知；它将建立一个先例，即核武器可以像其他武器一样被自由地使用。 这将降低核武器在随后的交战中所具有的革命性的震撼效果；这也将确立一种总体的预期，即在任何有用的地方，核武器都将被使用。 朝鲜战争本身对于它所创设的先例，对于确认核武器使用的决定权在实际意义上而不仅是在名义上归属总统，以及对于核武器成为在战争中保持克制的标志等方面皆具有决定性意义。 1964年，约翰逊总统说："在过去充满危险的19年中，没有国家以原子弹攻击过另一个国家。 现在要这样做属于最高层级的政治决定。"[16]这19年本身就是原因的一部分。

"终极限制"？

一些门槛被称为"终极限制"（ultimate limit），也就是全面战争爆发前最后的停止点。曾经存在若干这种类型的门槛，但都不是不可侵犯的。最有争议的莫过于核武器与非核武器之间的界线；很多人相信（他们得到了苏联官方声明的支持），在任何的东西方冲突中，一旦动用核武器，一切都将陷入混乱。一些人认为，核武器是战争完全失去控制的标志，双方都将意识到这一信号，此时克制将让位于放任，每一方都将抢先发动第一次战略打击，局势将实际地演变为全面战争；另一些人则感到，核武器将造成巨大的破坏和混乱，并会加快战争节奏，导致局势失去控制；还有一些人认为，军事官员过于迷恋武力，以致桀骜不驯，忘记所有的限制因素；还有的人则没有想那么多，仅仅认为当第一颗核弹被引爆时，整个世界就如同气球一样会随之爆裂。

信念是重要的，但是它可能与官方声明并不一致。苏联政府声称任何核战争都不可能是有限的，这并不意味着苏联领导人真的相信这一点——或者即使他们确实相信，也并不意味着当少数几颗核弹爆炸时他们不会迅速地改变主意。艾森豪威尔总统过去常说，根据其效率，核武器应当像大炮一样使用，但是这并不代表他真的这样认为；他愿意就暂停核试验进行谈判就证明他受到核武器的心理和象征地位的影响。即使那些认为对核武器与传统武器作出区分是情感愚蠢和政治滋扰的人，以及那些认为根据内部的化学成分来区分爆炸缺乏理性基础的人，当人们愤怒地引爆第一颗核弹时，也将以一种不能仅仅用爆炸规模来解释的方式屏住呼吸。

信念确实是重要的。如果每个人都相信并预期其他人也相信，第一颗核弹爆炸将使得事情变得更加危险，以及使用核武器将使战争升级更可能发生，那么不论他的信念是建立在什么基础上的，他都将不愿意授权使用核武器，并预期对手也不会愿意使用。 实际上，所有的这些门槛在根本上都是信念和预期问题。

另一个已经引起人们注意的"终极门槛"是苏美双方部队在战场上的直接对抗。 一些人感到，只要两个大国不直接卷入有组织的军事战斗，战争就可以是受到限制的。 但是相反，如果穿着苏联和美国军服的步兵，被组织在常规的部队单位之中并按照当局的命令相互射击，那将是美国和苏联之间的"总体战争"，只有当一方或双方在大战中精疲力竭或崩溃瓦解时，战争才可以停下来。 很难看出即使美苏双方强烈地认同这种观点，它又是如何使战争变为事实的；但是对于门槛和限制的象征性特征而言，这却是一个有趣的证明，且似乎不仅使战争成为一种特别的"外交"现象，而且使得人类历史上最大规模的战争具有一种古代外交的特征，使人回忆起几个世纪前的决斗仪式。[17]

一个重要的且无疑获得更多赞同的"终极门槛"是美国和苏联的国家边界。 如果"有限战争"在近几年意味着什么的话，它通常表示一场两个主要对手的国土受到侵犯的战争。 无疑有很多理由可以解释这一点，但是一个重要的理由当然是之前在关于加利福尼亚州受到攻击的讨论中所提出的原则。 它可以简单地总结为这样的问题："如果不在这里，那么在哪里呢？"一旦国家的边界被突破，还有其他可以停止的地方吗？ 此时可以向对手传递关于限制的意图吗？ 在国家的领土中是否存在这样一个部分，它的沦陷不会引诱对手提出更进一步的要求？ 是否存在这样的一块领土，可以放弃它，而又不向对手暗示，只要稍微施加更大的压力，将会放弃更多的领土？

看得见的意图将是重要的。 假设在伊朗的一次暴动中苏联的部队涌入这个国家，土耳其或者美国的武装力量也因此介入其中。 此时苏联的飞机可以从北高加索的基地起飞，而美国的一个可能的反应将是派遣轰炸机或者发射导弹对这些基地实施打击。 为了造成比象征性破坏更严重的后果，导弹将不得不携带核弹头；这些弹头可以是小型的，在足够高的大气层引爆以避免产生辐射性微尘，并限制在远离人口稠密地区的机场；这样做或许可以容易地向苏联政府表明，这一行动仅限于外高加索地区，是局部战区的延伸。

这无疑是一次冒险的行动。它在军事上可能有效也可能无效；并且它可能会也可能不会促使苏联"相称地"进行空中打击，或者动用核武器攻击特定的军事目标，例如美国在波斯湾或印度洋的船只或者在土耳其的空军基地。即使战争仍然是有限的，还是需要分析哪一方——如果有的话——将从这种相互打击中获得战术优势；我们关心的问题是，是否美国对苏联国土的空中或导弹打击将必然意味着全面战争或任何类似情况的发生。

全面战争有可能会发生。这可能是因为苏联将之视为不可容忍的冒犯，并且意识到如果他们不以全面战争应对挑战，将会被视为无助和虚弱的象征，美国将因此变得更加傲慢和咄咄逼人，在任何适宜的情况下，都会侵入到苏联自身的领土内或者会单方面地使用核武器，并相信苏联一旦被推到边缘就将不愿继续向前。或者是因为苏联预见到接连的报复行动将会螺旋上升，而不会停止，于是被迫实施某种引人注目的报复；当预见到这一点时，他们可能会因此选择采取主动行动。也有可能是因为苏联反射性地作出回应，根据"自动"程序，按照全面战争来处理一切核打击，而对局部性打击和全面性打击不加区分。最后，即使苏联以温和的方式作出回应，事态仍然可能会失去控制。因此这一行动将可能引发全面战争，或者随着苏联的反应立即陷入，或者通过双方进一步的互动逐渐地陷入全面战争。

但是这一情况也可能不会导致总体战争。只有当苏联人希望其发生，或者相信其不可避免的时候，总体战争才会必然发生。但是假如仅仅是因为美国的行动违背了双方将之视为总体战争爆发信号的假设，苏联人是不需要相信这是不可避免的。如果美国政府试图发动总体战争，它肯定不会采取这样的行动；同时美国政府也必然预期苏联政府不会认为美国不得不发动总体战争。这当然是一次冒犯、一次挑战和一次展示，是对苏联完整性的损害，但是它也是局部战争的一次战术行动，苏联的飞机恰巧从其边界后的基地而不是从战争前线的基地起飞。这是一个关于苏联是否能够以低于总体战争而又看起来不是投降的方式作出反应的解释性问题；考虑到对美国发动全面战争的代价过于高昂，双方应该会产生强烈的动机不将美国的行动解释为迫使苏联作出全面战争反应。[18]

国防部长麦克纳马拉在 1962 年的政策甚至走得更远；他建议针对一国本土的大规模进攻仍然应当有意识地避开城市，也就是建议，在一场可怕的大战中，交战国的国土不应被视为"全有或全无"的实体。根据麦克纳马拉的讲话，即使对军事设施的大规模攻击也非必须被视为战争最后的和终极的步骤——进行不加选择的纯粹破坏的竞争。他在探讨一个与之前的官方讨论相比规模更大和更加暴力的"有限战争"，但是原则是一样的。他所挑战的是那种认为克制只属于小型战争，人们将在大规模战争中毫无保留地进行战斗的观念。他提出，克制在任何规模的战争中均是有意义的，对于小型的克制战争与大规模的暴力狂欢之间的传统区分在逻辑上是不必要的——实际上是错误的和危险的。

然而即使是麦克纳马拉也没有解决是否现代战争的最后一道防线——无目的地相互破坏之前的最后门槛——是由城市所确立的分界线。人们从他的演讲或发表的证词，以及威廉·考夫曼（William Kaufmann）对麦克纳马拉政策的共鸣性解释中[19]，无法判断城市是不是最后的"全有或全无"式的目标，以及它们是否能够通过互惠性克制完全免于攻击。确实，人们在讨论"新战略"时，经常以对待核武器的方式来看待城市，将之视为终极的停止点，超越它将不再能够确定新的界线。

但是如果麦克纳马拉先生所坚持的城市与军事设施可以区分，以及在战争中两者的界线可以遵守是有意义的话，那么同样有意义的是，当由于愤怒（或者由于疏忽、担心、错误及某个人的不合作）的原因，一座或数座城市受到袭击时，威慑是否仍然可以起作用，战争是否可以在双方的目标耗尽之前终止。

显然核战争的节奏使人们认为，一旦第一座城市遭到攻击，继续保持同敌人的任何关系都将是没有希望或没有前途的。然而，当一个国家的城市遭受不确定的破坏时，只要破坏的频率不超过一个星期一座、一天一座或一个小时一座，就没有人可以负责任地忽视一种可能性，即战争有可能在双方的弹药和城市耗尽之前结束。敌人可能会投降或作出妥协；双方可能会实现休战；引发战争的最初问题或许仍然会得到人们的关注。双方国家领导人不能忽视这样的事实，即还有无数的人民仍然活着，他们将继续活着，还是会被消灭，取决于谈判和战争的进展情况。世界上没有哪个国家的领导人会考虑放弃自己的工作岗位，将控制器调为"自动"状态，让战争自然地发展下去，只要他感到仍然存在自己需要为之负责的国家和人民。并且没有人会认为敌人的行动已经通过"自动执行"的决定而不可挽回地永久固定了。

一旦第一座城市陷入战争，人们将普遍认为其他城市也会自动地遭受攻击。战争的速度并不是唯一的原因。另一个原因可能是轻率的行动：如果政府需要数年的时间才能意识到，甚至一场发生在本国国土上的战争或者动用核武器的洲际战争也应限制在一定的界线内，并非所有的城市都将被有意地摧毁，那么它可能需要更多的时间来思考接下来的问题。

在处理战争中各种限制因素时会面临一个困境。显然，最有力和最具吸引力，并在战争中最可能被遵守的限制，是那些具有明确性和简约性的限制；它们属于性质问题，而不是程度问题，它们能够提供可识别的界线。事实上，支持停止点说法的一个主要观点来自前文提到的问题："如果不在这里，那么在哪里？"如果不同的方式和程度都混合在一个无明显差异的刻度上，则美国人不会停止在鸭绿江，中国人也不会停止在海岸线，任何其他有意义的边界也不会得到确认和遵守。明显的防火墙和门槛的存在，无疑有利于对战争实施限制。那种认为将核武器的使用限制定为 50 与定为 0 一样容易，或者希特勒本可以仅使用少量的毒气，或者中国在南越的两个师的部队可以仅从数量的意义上作出分析，而不需要关心其国籍的主张，将破坏最重要的潜在限制。 城市与非城市之间可能存在一个引人注目的门槛；那种认为战争可以在第3座或第15座或第30座城市受到攻击后停下来的观点，削弱了更加有前途的零点界线（boundary at zero）的价值。

当少数几座城市受到攻击后，一场战争还是可以被控制的吗？我们应当提醒自己，官方对这一问题的讨论方式将部分地决定其答案。 关键的问题在于双方是否相信战争仍然是克制的，或者相反，相信第一座城市的毁灭即是放纵开始的标志。 同时它也取决于是否每一方都对军事力量和信息来源作出精心筹划，以致可以区分几座城市与很多城市之间的差异，使其行为处于控制之中。 并且它也取决于在"城市"这一类别里，是否一切都仅是程度上的差别，还是相反，存在一些有助于找到一个停止点的次一层级分类、不同模式或者传统界线。 如果缺少一个明显的可供停止的地方，战争将难以中止，因此找到这样的地方可能是重要的；如果没有其他的限制类型，那么反应的模式和时间中的某些因素可能有助于减缓节奏，传递结束战争的意愿，并将威胁维持在预留的状态。

在核武器与传统武器之间作出区分，相比于对城市划出一条清晰的界线更加有力，因为城市的范围并不是完全清楚的。 不论是在前景上，还是在行动上，维持核武器与传统武器之间的界线不被破坏，都拥有较大的机会。 当核武器再次在战争中被使用时，不论最初的使用者是美国、苏联还是其他国家，我们都很可能会知道它与传统武器之间的区别，敌人同样如此。 但是区分"城市"与其他地区的分界线，以及对于一座城市是否已经在事实上被有意地破坏的判断，不可能像核武器与传统武器的区别那样清楚。 （一座城镇多大才可以算作是城市？军事设施距离城市多近才是城市的"一部分"？如果武器出现偏差，在得出城市"陷入"战争的结论之前，对它的多少次错误打击是可以允许的？）因此，它不是一个在维持清晰的界线与通过对定量限制的强调来模糊界线之间的选择；不存在这种清晰的界线，而定量限制的难题在于，一旦城市开始受到伤害，就将面临与如何在战争开始阶段即将城市排除在攻击之外同样的问题。 它意味着在战争的嘈杂和混乱状态下，实施克制的判断不依赖于明确的警铃——警铃的响起标志着必须在行动上主动地作出"突然改变"。

国防部长麦克纳马拉并没有清楚地提及这个问题，而避免提及似乎意味着作出了一个含蓄的否定性回答。 此答案不应当就这样默认地产生；尽管任何人都可以声称第一座城市（如果有明确的"第一座"的话）的命运极大地预示着其余城市也将化为灰烬（正如人们可以声称，第一个穿着美国军服的士兵被穿着苏联军服的士兵依照命令射杀，标志着全面战争爆发一样），然而这并不代表结果将是不可避免的，或者人们应当视之为理所当然，也不代表全面战争如此地接近不可避免，以致人们应当按照仿佛它本来就是这样来处理，这样将使之真正地变得不可避免。

战场上的战争、风险的战争及痛苦与破坏的战争

十年来，美国的有限战争观念被其在朝鲜的经历和在欧洲的危险所主导。 发生在朝鲜的战争主要是军事交战，而不是边缘政策的竞赛或者制造平民恐慌与破坏的强制战争（coercive warfare）。 任何可能发生在欧洲的战争也同样被预期是如此——军事交战的结果将取决于应用于战场上的力量和技巧，亦即由人力、火力、奇袭战术、集中战术和机动能力等因素来决定。 一场欧洲战争可能不会像朝鲜战争那样持久，然而除非突然陷入总体战争，否则它被预期将在双方设定的领土、武器及参战国的范围内进行。

古巴危机造成了一种类型极为不同的"有限战争"前景。 它不仅引起了这样的前景，而且很可能应当被作为新的种类的实际案例。 这是一种风险竞赛，一种军事—外交策略；不论它是否伴随着军事交战，

结果都更多地是由风险的巧妙运用而不是由实际的武力较量来决定。越南战争再次引发了边缘政策，而这一次是处于实际战争的噪音之中，而不是处于不确定的外交对抗之中。 美国威胁将使战争发生意想不到的扩大，明显是为了恐吓中国人和苏联人，以对他们的参战决定和参战方式施加影响；同时美国也以此威胁向北越民众表明，更大规模战争的风险，包括毁灭或军事占领——甚至中国人的干涉——将使他们过去十年的建设成果消耗殆尽，自身的独立地位也将随之失去。 涉及苏联人或中国人的事件的风险显然同样被预期会威胁美国。 这种战争扩大的风险——其结果对双方都将是痛苦的——被如此广泛地谈论，以致它们几乎不可能不被纳入到双方的战略之中。

越南战争带来了一个新的元素，如果对于阿尔及利亚、巴基斯坦及东西方竞争之外的其他竞赛场而言并不是崭新的话，但它对于美国来说是崭新的。 这一元素就是直接将伤害性力量作为强制性压力来运用。它试图给敌人造成一种印象，即累积的损失比局部战争的损失更大，比妥协、和解或有限的投降更不具有吸引力。

这是有限战争的第三种类型，它的含义在以往关于战略问题的文献中相对较少地被探讨。 基于同样的原因，人们可以假设，甚至美国政府内部也相对较少地对它加以研究。 美国在东南亚的经历无疑激励人们对这类战争进行反思和分析，并且有可能会在惩罚性战争领域引发争论及提出应对方案，这有点类似于我们熟悉的关于战斗、核门槛、领土、参战国国籍等限制因素的争论和方案。

人们熟悉的限制因素——假想战争的假想限制或者朝鲜战争的实际限制——通常具有我们之前讨论过的静态的两者择一的特性；它们一般不是程度问题，而是类型或种类问题。 对于类型的界定或许相当随意，但是它们仍然具有某种可信性并与战争的进行是相关的，这主要是因为有必要划定这样的界线。 它们之所以会被遵守，是因为与主动破坏规则或者以一种加强对方的此种破坏意愿的方式行事相比，一方或双方更愿意接受有限的失败或者某种缺少战术胜利的结果。 限制之所以得到尊重，可能是因为一旦它们被突破，便没有把握可以找到任何新的限制，并及时地使之得到双方共同的认可，以制约冲突的扩展。这些限制倾向于具有一种教条主义特性，特定类型的行为将被认为或者处于限制之内或者处于限制之外。如果一种行为在某种程度上是不被允许的，那么随着数量或强度的增加，它会逐渐变得越来越不被允许，当超出了某个限度后则被完全禁止。

由此便产生了一个重要问题：是否可以存在一场"程度性战争"（degree war），而不是由参与者、武器、目标、领土等相关问题的类型来界定的战争。一方是否可以对另一方的行为的强度作出定量判断，然后施以同等强度的回击，并完全按照程度变化，而不是以不连贯的跳跃或者以与某些自然区分相对应的类别的方式来增加更多的部队、更多的目标、更多的武器？或者对于任何形式的战争，是否存在一种倾向，即一旦发生，就将增强至另一个自然边界，直至需要作出新的决定来改变参与的性质为止？如果没有自然的停止点，没有可轻易感知到的、双方都认可的限制，或者找不到充分理由来确定在哪一刻度点对行动进行限制，那么"有限战争"将会发生什么？

报复与紧追

在对战斗的定性限制（qualitative limitation）和对强制暴力的定量应用（quantitative application）之间，存在两种特殊的情况。一种是报复行动，另一种可以被称为"紧追"（hot pursuit）行动。"报复"（reprisal）一词意味着以同样的方式作出反应、回应、反击或者答复，暗示对破坏规则的行为采取某种对等的行动和惩罚。轰炸东京湾的海军港口便具有这种特征；对一个不符合惯例的行动还以同样的行动，这两个行动在时间上相关联，具有原因和结果、罪行和刑罚、暴力和惩罚的预期关系。在名义上，至少报复是与破坏行为，而不是与潜在而持续的争端相联系的。 其动机和意图当然更加模糊；其目标可以是展示决心或者冲动，不仅仅是劝说对方不要再犯，而且是传递一种更加广泛的威胁。一方甚至希望找到借口采取报复行动，以此作为一种传递更加普遍的威胁的手段。 然而报复一般与一个可识别的行动存在直接联系；及时地建立这种联系的目的在于，令对方知晓其特定行为已经超越了边界，并挑起了一个同样超出边界的反应，同时，这一事件也是可以结束的。报复当然可以在竞争中螺旋上升，而相互的报复可以变得非常持久，以至于与最初的事件变得毫无联系，并呈现出强制战争，甚至是最后摊牌的特征。 即使在那时，报复可能仍然具有一种适时保持与对方的行动相联系的倾向，每一个行动都与对方在之前的行动相适应。 这与强制战争中所施加的稳定压力是不同的。 强制战争旨在解决原始的争端，而不仅是为了惩罚对手对于可接受的争端处理方式的背离。 报复行动则常常具有维持定性限制不被破坏的功能，并不试图扩大战斗本身的范围。

紧追的功能与报复稍有不同。 在紧追的情况下，一方可能因为追逐闯入者而跨越了边界，进入到闯入者本身的领土，将战火甚至带至闯入者自身的国土上。 类似于报复，这是一起与对方的某种初始行动相联系的孤立事件。 之所以说是"孤立的"，是因为它并未宣布在敌人领土或基地上所进行的公开战争如此深入，以致对手随时易受紧追行动的侵害。 紧追行动看起来可以多次发生，而不是仅可发生一次——也就是说，紧追行动中对敌国的侵入并没有开辟新的战场。 称之为"紧追"，目的不仅是为行动寻找借口，更是为了界定本方的行动意图，以使敌人领会此次行动不是对之前的某种限制的完全抛弃，而是游戏规则所允许的一次背离。

并且它确实成为游戏规则的一部分。 这就是为什么它看起来和"报复"是不同的。 紧追可以变为常规，它可以成为与紧追者（pursuer）进行交战的标准代价。 它不是为回应敌人的破坏行为而破坏惯例，而是可以成为一个新的惯例。 它确实具有"限制"本身所具有的特征。 而这种特征不是由行动、目标或领土的类型所界定，而是由其与敌人的行动之间的联系来界定的。 它是一种定性限制，由挑衅和时机来界定，但其结果有点类似于定量限制。

人们通常从军事交战的角度来思考紧追行动；然而报复，尽管目标可能是军事性的，却更多地具有惩罚和威胁的成分。 两者都不同于持续的强制战争。 后一种类型在 1965 年 2 月美国对北越的轰炸中得到体现。 那是一次轰炸行动，而不是一起孤立的事件。 它不是作为对任何的北越行为的回应，而是一个已经进行的战争的新事物。 它试图提升北越的战争代价以使其更乐于妥协。

强制战争

战争中的限制就其本性而言是倾向于性质问题，还是程度问题，出人意料地与美国在 1965 年 2 月发动的对北越的轰炸行动相关。 对这一问题的思考有助于提醒我们朝鲜战争是一场何种类型的冲突。 它几乎完全是一场战场战争（battlefield war）。 在这场战争中，除了它在士兵伤亡及战争费用方面造成的伤害之外，很少存在本书第一章所讨论的伤害性力量的运用。 平民的痛苦和毁灭在局部地区是灾难性的，但是它们对于战场战争——击败和俘获敌人部队、征服局部领土、破坏补给线和军事设施——而言，则是附带产生的。 任何一方的军事战略都主要不是着眼于对平民造成多大伤害，以及这种伤害对于迫使对方放弃军事目标和停止战争是否具有意义。 相反，双方主要的伤害性力量——美国使用核弹攻击中国的能力、苏联伤害美国或威胁西欧的能力、苏联或中国通过威胁轰炸来胁迫日本的能力——都处于预留的状态。 伤害性力量确实管理着战争的边界，慑止单方面扩大战争，以及避免苏联和美国直接交战。 但是这种力量及对于对方实施同样伤害的敏感性，限制了战争的范围，从而使得此种力量在战争的过程中没有被刻意地运用。

对北越的轰炸则与之形成对比。 它不是一场全面的试图切断北越对越共的供应线的封锁战役；如果是那样的话，在开始阶段就没有理由不进行大规模的轰炸。 轰炸行动背后具有明显的强制意图：它的设计显然是为了——至少部分地——给对手造成纯粹的价值损失以迫使其守规矩。 轰炸行动得到广泛讨论，行政当局不时出面作出解释，将之作为一种向北越政府施加压力的手段；当讨论延伸至北越的工业设施时，它主要不是着眼于减缓敌人的战争努力，而是着眼于提高拒不妥协的代价。 美国向北越间或作出的有条件地停止轰炸的暗示及实例，证明了这次行动具有开展讨价还价交易的特征。 与对越南南部地区的轰炸不同，对北越的轰炸所追求的结果是希望促使北越服从、和解、撤退和谈判（以及为中国共产党人可能的参战设置模式，或许还包括发出警告）。

轰炸行动仍然显示出处于某种类别界限之内的倾向。（一些感知到的限制或类别界限可能是自动产生的：如果由于便利、暂时缺乏打击能力，或者讨价还价的交易过程中所附带的其他原因，最初对日标的选择忽视了某些特定的区域或目标类型，那么认可这些忽视之物可能会创造"先例"，使得一项行动会非常引人注目，而如果间或对其进行打击，它本不会引起太多的注意。）河内获得了某种横向分界线的地位；对这座城市北部的轰炸被认为背离了自我施加的限制。 但是一旦炸弹落在这座城市的北部而没有引起对其的特别关注，则类似于有利可图的被禁目标被突然宣布解除禁令一般。 轰炸还可采取有限的强制惩罚的形式，既支持谈判，又支持军事努力，既属于外交行动，又属于军事行动。 它表明，强制战争可以逐步地按照精确的剂量来实施，而纯粹的军事交战方式——"战场"交战——则往往不是如此。 当一方可以伤害另一方时，或者当双方可以相互伤害时，战争进程可能会具有更多的渐进和深思熟虑及更少全力以赴的特征。

这可能是由于两个方面的原因。 第一，直接地实施伤害并不能奏效，只有间接地进行才能发挥作用。 强制更多地依赖于尚未到来的破坏，而不是已经造成的破坏。 外交节奏而非战斗节奏将支配这一行动；尽管外交可能并不要求缓慢地实施破坏，然而它确实要求保留强大的、尚未耗尽的破坏能力。 除非行动的目标是使敌人受到震动，立即投降，否则军事行动必须能够传递持续的威胁。 而且，在一项"强制"行动中，对手需要花费时间来作出服从的决定；这依赖于政治和官僚系统的重新调整；尤其是对手可能需要时间来安排一种看起来不是过于顺从的服从形式；所以外交行动要求采取慎重的步骤。

第二，伤害平民的行动，甚至是由双方相互实施的行动，并不必然是一场局部力量的竞赛——在这一竞赛中，重要的是在对方实施打击之前或者聚集压倒性力量之前率先予以打击。 在军事交战中，需要运用突袭、集中优势兵力和适时地投入预留部队，这使得太长时间地抑制资源投放和缓慢地投入战斗通常是无效的，甚至是灾难性的。 但是伤害平民的行动通常相对来说是无竞争的，推迟实施并不会带来特别的效率损失。 除非防御部队取得压倒性优势或者敌人的增援部队获得先机，否则匆忙行动是没有价值的。

所以限制这种行动的强度，并不会造成军事效率的巨大损失，却可以取得良好的外交效果。 如果双方均能够实施报复以给对方平民造成痛苦，那么将出现一种自然的倾向，即不愿使相互的损害最大化。

过去十年，我们大多数人在讨论有限战争的时候，都会想到这样一场战争，即双方在战争期间均在某种程度上被对方尚未使用的武力和暴力所慑止。 我们不认为一场战争之所以有限，仅仅是因为双方对战争并不足够感兴趣，或者一方过于弱小以致一场全面战争看起来是小规模的，甚至不是因为一方或者双方出于人道主义的考虑在战争中保持了克制。 我们主要讨论的战争包含了双方某种持续的相互威慑，某种含蓄的或明确的不投入额外武力或不扩展到其他领土和目标的相互理解。这种相互威胁或互惠，以及有条件地保留或节制是重要的——如此重要以至于值得我们对此加以强调。 但是在强制战争中，之所以不动用所有的武力，不摧毁所能够摧毁的全部目标，甚至在不面对战争升级的风险的情况下依然如此，还有一个重要的原因，那就是行动的目标仅仅在于使敌人守规矩。

　　为了对某人实施更进一步的暴力威胁，你必须留有一定的后备力量。 这就是为什么强制战争除非是完全失去控制或变为复仇行动，否则看起来是克制的。 其目标是要求好的行为或者迫使终止不当的行为，而不是完全摧毁对手。 这将是真实的，即使敌人没有提出报复威胁或者作出对等破坏，以及即使惩罚性战争无须付出代价。

　　我已经区分了针对北越的强制性行动与针对越共的更加直接的军事战役之间的差异。 如果最终越共的损失对于他们自己或他们的支持者而言是无法承受的，那么对越共的更加直接的军事战役将被证明实质上是"强制性的"；相反，如果他们最终由于纯粹的人员伤亡、领导权或者供给的缺失而投降或变得易于控制，那么在我的理论体系中，它是一场我们针对他们的"战场"战争，而不是一场强制战争。 如果有人坚持认为这是相同的，那么这仅仅意味着这两种模式在同一战争中是可以混合的。 然而两者是可以区分的，并且是值得区分的。 发生在南越的事例已经阐明，如同在阿尔及利亚所发生的那样，一方可以发动一场强制性的和暴力性的战争，同时另一方则试图以武力的方式而不是强制的方式与之相对抗。 阿尔及利亚的事例显示出，当战场战争证明是徒劳的，奉行暴力主义的对手无法被解除武装、加以限制或者强力击退时，那么首先尝试武力行动的一方可能会诉诸恐怖行动。 同时，阿尔及利亚的事例还显示出，依赖于强制性的恐怖行动可能被证明不仅是有损身份的，而且是与它试图服务的目的不相容的。 北越的事例揭示了一种重要的可能性，即强制战争可以直接针对对手所重视的东西，而非其居民；当一方试图强迫对方的政府而非其居民时，在民用的（非军事的）目标与居民本身之间作出区分是至关重要的。

强制战争与胁迫

　　为什么在我们的理论讨论或军事计划中强制战争没有频繁出现？ 原

因之一在于，我们主要关注于"威慑"，并且这一做法相对简单。 出现这种情况，部分是因为我们的目标的确是威慑性的；部分是因为威慑是含义更为广泛的强制概念的一种委婉的说法，如同在我们的官方表述中，"防卫"替代了"战争"和"军事"之类的词语一样。 但是如果这种委婉用词使得我们无法辨认威慑与我在本书第二章所称的"胁迫"之间的实际区别，即诱使他人不采取行动与迫使他人执行要求之间的差别，那么这种用词就是有局限性的。

美国对北越采取的行动属于胁迫的范畴。 美国试图使北越政权做一些事情（即使只是停止它正在做的事情），这与威慑是不同的。"胁迫"有助于解释为什么强制行动采取有意破坏的形式，而不只是作出口头的破坏威胁；美国人通过渐进实现的方式来传递威胁，因为第一步行动需要由美国做出。 胁迫也有助于解释为什么这种类型的行动及其强度需要随着时间来分配，而报复性的威慑威胁则往往不这样做。 同时它也解释了为什么知晓对方的下列情况是非常重要的，包括对方的行动由谁负责、该负责人珍视什么、他可以为我们做什么及需要多长时间。 除此之外，它也解释了为什么我们会在清晰地表明我们的要求以使其充分明白，与模糊地表明以使其服从行为不会显得过于顺从之间面临艰难的选择。 胁迫与强制战争一样，对于美国而言是新事物；这两种区别于早期理念的新情况在地点和时间上具有紧密的联系并非巧合。

这是在相当特殊的环境下产生的新变化。 第一，轰炸本身是单方面的；北越民众在军事上无法作出任何对等的反应。 如果双方均能够针对对方采取类似的和同时的军事行动，这场战争将如何发展是没有答案的。 第二，越共已经在使用用于恐吓平民和敌方军事人员的恐怖主义技术，战争从未局限在直接交战的范围内。 第三，没有动用核武器；那些最适合于民事破坏（civil damage）以及那些被交互使用，并将导致战争迅速升级以至失去控制的武器，并没有被引入战争。

事实上，没有迹象表明，核武器曾被考虑将扮演这种角色。 但是如果对手是中国，而不是北越，它们无疑会被考虑使用，这既是因为这些武器对于对抗一个更为强大的对手具有更大的效能，也是因为这将是一场更加严峻的战争。

威慑将继续是我们的主要事务，胁迫则属于例外情况；但是对于实际的战争而言，两者的混合可能更能代表我们所不得不作出的预期。大体上说，我们进行过一场战场上的有限战争（朝鲜），经历过几次风险竞赛（柏林、古巴），还拥有一次实施强制暴力的经验，即北越。 认识到北越之战如同朝鲜战争一样是一场"典型的"有限战争，然后根据这种新的看法来审视世界其他部分的战争将是明智的。 我看不到存在任何理由可以假设，欧洲如果爆发战争，将是朝鲜战争那种战场力量的较量，而不是古巴那样的风险较量或者北越的那种强制战争。 在某种程度上，考虑欧洲的时候，因为核武器更为相关，所以相比于战场策略，人们可能更加强调边缘政策和强制性的民事破坏。 越南战争提供了一个先例，我们应当认真地对待这一情况。

强制性核战争

我们需要研究强制战争——包含有限民事破坏的强制行动，而不仅是对作战方式作出定性限制的战争——与欧洲之间的关联。 核武器将在一场严峻的战争中被使用这一广为传播的观念，可能会在本质上改变战争的图景。 如果在欧洲进行的有限战争的战略被在朝鲜的经验所主导，并且强制战争和报复战争的可能性被自动排除，那么就应当去考虑欧洲的有限战争是否事实上就是朝鲜战争那种类型。 越南战争的确表明，对于一个可将作战重点从战场转为强制的参与者来说，如果战争进展不利，他可能会实施强制性的行动；动用核武器来实现这一目标是极为危险的，但是对于失败者而言，这相应也是极为有效的。 在考虑欧洲的核战略时，我们应当考虑一场核战争是否会退化为（或者升格为）一场强制行动，而不是只保持战场力量较量的特征。

因为核武器特别地适合于制造痛苦、破坏和惊吓，因此有某种假设认为，如果它们被使用，它们将有意地或无意地用于伤害、恐吓和强制。

偶尔有人建议，如果苏联进攻西欧或伊朗，那么就不必然需要以武力来对抗它。些许的暴力就可以达到理想的效果。炸毁一座城市，以要求他们停止进攻；如果他们拒绝听从，就炸毁另一座；持续地这样做，直到他们最终接受要求。我所知道的最早且富有挑衅的建议，是利奥·西拉德（Leo Szilard）提出的，他一贯乐于以令人震惊的方式来表达观点。西拉德早在1955年就提出，如果苏联攻击一个我们承诺予以保护的国家，我们就应当摧毁它的一座适当规模的城市。事实上，他甚至建议我们公布一份"代价清单"，以使苏联人明白，如果他们进攻清单上的任何一个国家，他们在人口毁灭方面所需付出的代价。关于是否苏联可能会反过来破坏我们的城市，西拉德承认他们很可能会这样做，但他又认为那是代价的一部分。他相信，苏联人并不能从中得到多少安慰，而美国宁愿失去一座城市的意愿将是对其决心的证明。在他看来，虽然对敌人的犯罪行为的惩罚会给我们造成同等的伤害，然而这种无情的意愿却是一种令人印象深刻的展示。[20]

"有限报复"（limited reprisal）观念，也就是进行一场"有限的惩罚性战争"（a "limited punitive war"）或"有限的战略战争"（a "limited strategic war"），不时地被理论家提及，但是据我所知，从来没有任何一个国家的官方曾经对此作出过阐述。（尽管正如上文提到的，赫鲁晓夫在1960年U-2飞机争端期间，曾暗示他可能会惩罚性地发射导弹打击U-2飞机起飞的基地。）不仅官方对此一直保持沉默，而且在战争中运用纯粹的暴力，而不是打一场局部的和有限的"全面"军事战争（即对作战区域、使用武器及参战国家加以限制的战争）的可能性也很少受到非官方的重视。这种停留在文章脚注和偶然的试探性文章中的想法，虽然在1962年曾被一本著作的九位作者给予了暂时的尊重，[21]但是它仍然很少受到关注，且从未成为战争分析的标准类型。

但是既然我们能够谈论上百万人被轻率地杀死的战争，那么我们也应当能够对数以万计的人被有意杀死的战争加以讨论。有限的平民报复战争很难被称为是"非现实的"，亦没有令人信服的历史证据表明任何特定类型的核战争是现实的。被视为现实的事物常常是那些人们经常谈论的事物。任何类型的战争，在经过足够多的讨论后都会变得熟悉，也因此看起来是现实的，并被赋予了某种程度的可能性；而没有经过讨论的战争类型则被认为是新奇的，是"非现实的"。当然，如果一种类型的战争从未被考虑过，它可能永远不会发生——除非它在危机中突然变得合理，或者并非有意地成为了战争的方式。

战争能够采取对敌国国土实施准确的惩罚性打击的形式，其目的在于造成民事破坏，引起恐慌和混乱，而不是摧毁战术性的军事目标，这种想法并不新颖；它可能是最为古老的战争形式。它在恺撒时代就已经成为标准的做法：为了征服距离高卢很远的北方地区的门奈比人（Menapii），恺撒派出三支分遣队进入他们的领土。"烧毁农场和村庄，掠夺大量的牲畜和俘房。通过这种方法，最终迫使门奈比人派遣使节求和。"[22] 惩罚性报复并不限于殖民国家与其附属国之间的关系。欧曼（Oman）描述了拜占庭人（Byzantines）和撒拉逊人（Saracens）之间在 19 世纪所爆发的这种类型的战争。撒拉逊人发动了入侵，

> 当其军队通过北部地区进入卡帕多西亚（Cappadocia）的时候，它对敌国发动了强有力的攻击，并削弱了西里西亚（Cilicia）及叙利亚的实力。这些行动收到了很好的成效。这种破坏行动频繁地发生，双方军队相互破坏对方的领土，却不设法防卫自己的领土，对于处于基督教世界和伊斯兰世界交界处的居民来说，这再熟悉不过了。[23]

这种类型的强制战争不仅是发生在阿尔及利亚的战争及阿拉伯—以色列冷战关系（cold-war relationship）的特征，而且它已经在或大或小的程度

上，成为从处以私刑到战略轰炸的一系列恐吓战争的特征。

实际的暴力很少在特征上或目的上如"强制战争"理论所构想的那样纯粹，然而，值得弄清楚的是纯粹的破坏性交换（purely destructive exchange）所具有的不同影响和可能的目标，尽管暴力战略如何恰当地适应意图是有局限的。

我们的目的是恐吓敌方的政府或政府首脑，或者使他们对我方的决心及不畏恐吓的意志印象深刻。 惩罚性地打击敌人，向其暗示除非他们停止行动否则还将遭受更大的伤害，同时在他们可能的对抗措施面前展示决心或冒险精神。 这已经够复杂了。 然而一方还可以通过伤害自己而不是对手来展示决心；惩罚行为既可以是主动的，也可以是作为对对手行为的反应。 如果是作为反应，它可以被构想和传递为一种"正常的"反应形式——作为战术性军事行动的替代者——或者是一种对敌人的某种越界行为的"异常"反应。

痛苦和破坏可以用于恐吓敌国国民，进而间接地影响敌国政府。国民可能会因受到惊吓而向政府施加压力，迫使其屈服或停止行动；他们可能是无组织的，以一种束缚政府的形式来表达意见；他们也可能被引导容忍或者抵制自己的政府与进攻者达成和解。 即使对一个国家施以轻微的核打击，除非所有的信息和通信都被切断，否则这很可能会主导其国民的生活，引发逃离、停工和停学，导致电话系统超出负荷及各种类型的无序。（如果切断所有的通信系统以阻止消息流通，并出于同样目的干扰国外无线广播，人们可能会更加惊恐。）

恐怖主义的目的通常看起来是在恐吓平民，但是国家的领导人可能会直接受到这种持续的痛苦和破坏前景的影响，尤其是如果他们对受到惊吓的部分国民负有完全责任的话。 在很多国家，尤其是欧洲，人们对接受战术核武器的"保护"或"解放"将会带来的伤害非常敏感。 尽管局部核战争，不论是在欧洲还是在亚洲，通常都被按照战术性军事战役来讨论，然而战争所涉及地区的人们无疑对核威慑持怀疑态度，他们的领导人很可能也同样如此。 如果发生战术核战争，意外的或有意的民事破坏所造成的影响至少与战术性军事战役一样大。 其结果或许是有限度的核报复，即使这些武器的使用在名义上是出于战术目的。

当决策者面对两种熟悉的和"现实的"选择时，即大规模毁灭性战争与大规模局部失败，有限的相互核打击可能会突然看起来相当现实。战争性质的改变这时会凸显出来；那种认为人们应当坚持局部战争原则，战争基础的转变将导致策略失败的观念，这时可能看起来是不合理的。

如果核武器在局部的或地区的战争中被使用，这种策略的产生将会更加令人信服，因此不得不作出这样的预期。 这种类型的战争将自然地从其他更加"策略性"的战争类型中发展出来。 试想一下为了中欧的纯粹的战术目的而有限地引入核武器，在战争过程中，很难不注意到，核武器的战术使用的副产品是实质性的平民痛苦、破坏及对于遭受更多痛苦的恐惧。 尤其是如果一方使用核武器来破坏铁路枢纽、港口或空军基地，居民将会被杀死，房屋将会被摧毁，这些是不能不被注意到的。 有意地使用武器攻击乡镇或城市，将会引发恐慌，难民将惊慌失措地拥挤在街道上，有可能双方都会出现这样的情形。 不论是否出于有意，这种破坏以及对更多破坏的担心，都将是任何一方决定是否继续行动所需考虑的因素，甚至是决定性的因素。 即使不是出于有意，这种类型的强制，也将是任何一方名义上的核武器的"战术"使用所造成的结果之一。

当然，在目标的选择上，人们会注意到特定的目标包含着更多的暴力副产品（violent by-product）。 如果一方的战术运行良好，它可能会竭尽全力保持战争策略的纯洁性和有限性，选择那些最大程度地降低非军事损失的目标。 但是如果进展不利，它肯定会意识到假借战术性战争制造大量的惩罚性破坏的意义。 如果一方所打击的战术目标中包含不相称的民事破坏，另一方也会在强烈的诱惑下挑选同样的目标。 当作为战术战争的副产品，双方相互实施一定规模的惩罚性攻击后，他们便不再可能继续忽视其行动的主要结果了。

这种事情能够在战术战争的幌子下轻易地持续发生。 对苏联（或西方）本土的渐进式的报复，可能会采取挑选名义上的目标的形式，这些目标从严格的军事意义上来说都是"战术性"的或"战略性"的。 但行动的动机却可能是使对方遭受不可承受的压力，展示战争的可怕后果，并且通过威胁进一步扩大战争来实施恫吓。 对方也可采取同样的行动这一事实，并不必然能够消除这种动机；任何一方，如果它愿意，都将很可能劝说自己，对方已经率先造成了不必要的民事破坏，使纯粹暴力的规模进入到局部战争的水平。 如果对于双方而言，压力变得无法承受，行动可能会终止，而谈判的结果并不反映一方原先拥有或认为拥有的局部战术优势。

这关系到北约及其他地区的军事力量的规模和特征。 如果局部性地和战术性地引入核武器有可能会演变为一场公开的或伪装的恫吓战争，那么赢得战术战役的能力，可能既不是取胜的必要条件，也不是充分条件。

更加重要的是，在一场即将失败的战术战争中引入核武器，目的不仅仅是或者主要不是纠正战场上的失衡。 它可能是为了使战争过于痛苦或危险以至于无法继续下去。 甚至核武器的有限的战术使用，也会用于使另一方承受的压力最大化，从而促使其停止战争。 这种压力很少来自战斗伤亡和前线的物质消耗，而是更多地来自双方加大施加于对方的有限暴力，尤其是如果战争发生在世界人口稠密地区。 尽管相比于对敌人的战略武器的全面进攻而言，这些惩罚性进攻可能看起来是极其缓慢和慎重的，然而与战术战争的速度相比则是很快的。 与需要勇气和忍耐力的核战争相比，战场上的变化并不具有多大的意义。 最初的战区和战术既无法界定变化了的战争的特征或区域，也无法规定战争终止所涉及的议题。

那种认为慎重的节奏或有限的报复使战争避免了冲动，赋予战争"理性"特征的观点是错误的。 的确，在某种意义上，冷静、慎重、按照预定时间、依照原定计划、经再三思考、根据规则和惯例、依据精密的计算来从事一件事情，是"理性的"，但是这是一种非常狭隘意义上的理解。 如果我们能够放慢战争速度，引导对战争作出反思，使国家领导人意识到他们仍然负有责任，仍然对战争拥有控制力，仍然能够影响事件的进程，那么这是有所帮助的。 但是，这与认为存在某种实施有限的报复战争的逻辑方式，或者认为某种决定性智慧能够对未来行为提供确定性指导是不同的。

即使这种类型的战争是非理性的，它仍然能够享受缓慢、慎重和自我控制的好处。 核局势就其逻辑走向而言，在根本上是不确定的。 没有任何符合逻辑的理由可以解释为什么当每一方都感到如果它能够再坚持稍微久一些，另一方必然会放弃时，它们不使对方一点点地流血死亡。 无法保证双方不会感到在这场忍耐力的关键较量中，所有的事情都处于危急关头，屈服等同于无条件投降。 需要运气和技巧来使任何一方在这场关于意志的最后摊牌中都不成为明确的失败者，从而共同地使争斗逐渐停下来，结束这件可怕的事情。

无法作出任何的保证，甚至是适度的假设，即两个对手越理性，这种类型的有限交战会越顺利。 事实上，表现得接近于完全的放纵，有可能具有巨大的好处。 不论对手多么理性，他们都可能会竞相表现得更加非理性、冲动和顽固。

这并不是贬低冷静的、慎重的、深思熟虑的行动相比于间歇性发作所具有的价值。 然而，由于有限战争在很大程度上是一场破坏的忍耐能力和风险的承受能力的较量，所以在任何类型的战争中，实现安全注定都是有限度的。

作为"战略战争"对手的中国

多年以来，大部分战略分析家都将共产党中国或者视为大战的一个次要战区，或者视为一个直接的对手。 几乎没有人看起来考虑过如果美国直接与中国交战，战争将是或者应当是何种类型。

很少甚至没有任何可见的证据表明，在设计战略武器时，美国政府以一种与对中国本身的关注相称的方式来考虑同中国发生战争的可能性。 过去五年的最大的外交事件莫过于，出于战略战争的考虑，中国不再被视为等同于西伯利亚或者波罗的海海岸。 它是一个单独的国家；中国人和苏联人已经设法明确，如果中国与美国交战，苏联将不再对保护中国担负绝对的义务，也不会为了中国的国家利益而采取报复行动。 长期以来，与中国进行一场战争的想法看起来几乎是毫无意义的，因为尽管每个人被允许怀疑美国对法国和德国的承诺，然而却没有人看起来怀疑过苏联对中国的承诺。 攻击中国只不过是在一场总体战争中对苏联实施的第一次打击。 而那场战争的主要对手是苏联，美国不得不尽力地消灭中国以摧毁其政权，或者实现报复意图，或者用光所有射程无法抵达苏联的武器。

然而，现在与中国交战最主要的考虑是避免迫使苏联介入。 如果它不介入，则继而发生的战争，将会并且应当会与通常想象的对苏联的"总体战争"几乎没有任何相似之处。

当与中国发生战争时，应当尽可能地减少而不是扩大伤亡；没有理由杀死中国人，没有任何的历史证据表明，数以亿计的中国人比其他民族更具威胁，除了领导他们的政权坚决地反对我们之外。 一旦发生总体战争，或许存在某种理由威胁破坏苏联的社会，然而我却看不到有任何威胁破坏中国社会的必要。 甚至在发动总体战争时，也很少需要实际地破坏苏联的社会，对中国则完全没有。 不知为什么会有一种观念认为，即使我们杀死半数的中国人，他们仍将在数量上超过我们，因此我们应当尽可能多地杀死中国人；这是一个荒诞的想法，就我所知，中国人并不比我们认为的那样更加相信，在一场灾难性的战争结束时，胜利将属于存活人口占优的一方。

如果我们确实同中国展开一场战争，它可能是下列两种类型中的一种。 一种是，美国可能试图通过破坏或干扰其权威和控制能力赖以维系的物质和社会基础，摧毁目前的中共政权，同时尽可能地减少人口损失。 另一种是，美国试图逼迫中共政权作出妥协，裁减军备或者某种类似的事情。 在任何一种情况下，事实上可以肯定的是，我们不应当依赖于我们对中国的战略导弹攻击。

我们不应当采用战略导弹，因为这很可能是摧毁我们需要摧毁的目标的最昂贵的方式，也最不符合我们应当遵守的克制原则，即最大程度地降低无谓的人口损失，消除苏联的干涉义务，以及避免在战争结束后人们强烈反感我们的战争方式。 我们也不会这样做，因为保持我们的威慑力量的完整和敏锐，使苏联长期受到牵制，比之前任何时候都更为重要。 与中国的战争将恰好是在美国不应当也不会使用大部分战略威慑武器打击次要敌人（second-rate enemy）的时候，以及人们对北极星洲际导弹（Polaris）和民兵洲际导弹（Minuteman）的重视程度远超过它们的造价成本的时候。

而且，针对共产党中国的强制战争并不试图摧毁其政权，而是仅希望促使这个政权表现良好，所以战争很可能会针对中国的那些对军事能力和政权具有高度价值的目标。 两个最不恰当和最无实效的武器却可能是人们最容易想到的：传统炸药和百万吨级弹头。 核武器可能确实会令中国惊讶地意识到我们是认真的；在一场持久的战争中，不论中国人对我们造成了何种比例的消耗，这种武器都会给予我们绝对的能力对他们进行军事或经济破坏。 美国在 1965 年对第三级对手（third-rate adversary）越南发动进攻时，使用了并不是为此目的而设计的飞机来携带传统炸药实施轰炸，它很可能也会试图用并非专门为此设计的飞机携带低当量的核武器来攻击中国。

我们很可能希望用以飞机场为圆心伤亡半径不超过半英里的武器来摧毁共产党中国的军事力量；我们也可能希望破坏那些低人口或低劳动力密度的工业设施；我们还可能希望破坏运输和通信设备、军事库房和训练设施，以及军队本身。 但我们可能无法用传统武器（除非设计出新式的、有效的传统武器）来实现这些目标，也无法用珍贵的战略导弹涵盖这样的目标体系。

我们需要承认，我们无法用过去20年为苏联设计的"战略战争"计划来处理作为"战略"对手的中国。中国是一个完全不同的战略问题。必须设计出新形式的强制性有限战争来应对这一问题。战争的整个节奏将与针对苏联的预期完全不同；除了中国在未来某一时间可能具有小型的报复力量之外，很少或完全没有紧急的目标需要在最初时刻，甚至在开始的几天或几周内处理。筹划可能的苏美战争的时候，这些则是非常关键的。苏联与西方之间的"有限战略战争"（limited strategic war）常常被一些人驳斥为完全不切实际，这些人可能是正确的；而中国与美国之间的战争，不论美国决定采取何种节奏，也不论中国人在某个局部战区的行动会导致何种节奏，都不会是先发制人的热核交战的高超音速（hypersonic）节奏。

当中国人拥有（针对美国或者任何他们选择的人口中心的）核报复能力时，对试图消灭其政权的战争与仅试图强迫其做出良好行为的战争进行区分就变得极为重要。化解核危害的最有效的方法或许是向中国人表明，尽管战争对他们已经够糟糕了，但仍然可能会变得更加糟糕。同时，最强有力的强制可能是威胁其政权——最终地、逐渐地或不确定地，而不是突然地和确定地——的目标选择战略（target strategy），这种战略要求辨别该政权最珍视什么，以及它最脆弱的地方在哪里。

不论对北越的轰炸对于它支持越共的意愿及它对越共的控制能力产生何种影响，轰炸行动一定会对中国产生一种超出东南亚战争范畴的暗示。在边境之外对中国人进行强力抵制令他们所消耗的资源，永远不会超过他们将之有意置于风险之中的资源，这些资源包括派往国外的部队和提供的供给；但是对北越的轰炸显示了一种具有现实可能性的战争模式，美国不仅对这种模式加以考虑，而且实际上这样做了。这种战争模式显示出，至少在拥有空中优势和缺少现代的防空武器的情况下，战争可以在长时间内有意地进行。 并且它显示出，如果增加打击的次数，将造成目标国广泛的实际破坏，侵略的代价将不会仅限于边境之外的处于风险之中的远征军的损失。

人们很少就核武器（或其他的非传统武器）与北越轰炸行动之间的联系进行讨论，这大概是因为核武器对于这次战役并不是必不可少的，以及因为东南亚事务与核武器所引发的事务并不相称。 然而如果将在北越的行动移到中国，美国肯定会考虑使用核武器，这不仅是因为核武器有更大的效力，对战争形势可能更具有决定性的意义，而且是因为对中国的强制攻击所涉及的事务相应地更为重要，且更可能等同于或超过违反我们的反核传统所造成的严重后果。 无论是否有意，对北越的空中打击必然含有对中国的警告信息，这一信息相比于威胁对北京进行百万吨级的打击更加可信，相比于威胁向印度提供后勤支援或者在亚洲其他地区进行朝鲜式的对抗也更具威力。

所有这些并不意味着期待与中国进行一场战争，任何超出威慑范围的努力都意味着接受与苏联的战争。 它仅意味着，当我们不得不考虑与中国之间的战争或者当战争强加于我们时，确保我们不会由于缺乏事先的考虑，或者由于缺乏装备来应对一个与过去 20 年我们的战略武器设计所针对的敌人存在巨大差异的主要对手，而进行一场不合理的、错误类型的战争。

它同时意味着，对我们希望向中国人施加的威胁的类型进行思考。威胁向北京这样的城市投掷百万吨级炸弹，同威胁与他们进行朝鲜式的对抗一样，都缺乏可信性。 如果以一种不同于在中国边境之外对其加以制止的方式进行威胁，那么这一定是一种与我们的原则不完全相容的战争形式。 这种类型的战争还需要保持对苏联的威慑，并以我们可以获得的武力来进行。 中国与印度的战争使得所有这些构想突然变得具有重要意义，正如越南战争突然使得一种不同于我们从朝鲜战争继承的"有限战争"模式的战争理念具有意义一样。

注 释：

〔1〕Paul Kecskemeti，*Strategic Surrender*(New York，Atheneum，1964)，p.24.

〔2〕Otis A.Singletary，*The Mexican War*，pp.156—157(Italics supplied).

〔3〕除了对待战俘及其他战场谈判之外，主要的例外包括：在战争初期相互避免使用毒气，在战略轰炸目标的选择上保持某种限制，以及不将被占国家的国民作为抵抗攻击的人质。

〔4〕根据哈尔珀林(Halperin)的观点，中国是愿意轰炸韩国的，但要求只通过朝鲜的飞机场起飞的飞机实施轰炸，而当联合国军实施空中打击后，这些设施基本上无法实施轰炸任务。 这种自我施加限制的特征使得双方的互惠行动尤其清晰。 Morton H.Halperin，*Limited War in the Nuclear Age*(New York，John Wiley and Sons，1963)，p.54.

〔5〕*New York Times*，September 8，1964，p.18.

〔6〕这一现象出现在"轨道的另一边"这一传统的美国语言中。 美国小镇的铁路轨道与其说是不同社会等级的物理边界，不如说是人们感知并相信其他人也会感知到的惯例界线。 美国大都市的种族地图也显示了同样的倾向，黑人和白人集中在由明显的地标分隔开来的区域，那些地标唯一的特征就在于它们是明显的。

〔7〕似乎存在一种广泛的看法认为，"谈判"或"讨价还价"在本质上属于语言行动，甚至是正式的语言行动，并且除非双方进行直接的语言交流，甚至是面对面的交流，否则就不是谈判。 根据这一定义，美国政府与越共或北越之间在1965年春没有看得见的"谈判"，而由于U-2事件，1960年原定的巴黎峰会取消召开，赫鲁晓夫与艾森豪威尔之间也就没有进行"谈判"。 按照同样的定义，罢工不是工业公司内谈判的一部分，而应是谈判的目标；恼怒、离席、用鞋敲桌子、掀翻破坏罢工者的汽车、在加勒比海集结海军陆战队，或者对北越的目标实施轰炸，不仅不是谈判，反而是对谈判的否定——对谈判的替代。 出于法律或战术上的目的，这一定义常常是不错的；形式是有价值的，当《全国劳动关系法》(National Labor Relation Act)郑重地敦促争执者"善意协商"时，它意指双方坐下来并就争端进行讨论。 这种对讨价还价含义的严格限定服务于一个目的，即对讨价还价行为施加文明的和传统的规则。 然而，讨价还价的本质要素应当包括：意图的沟通，意图的感知，对预期的控制，威胁、提议和保证的发布，决心和能力的展示，关于约束机制的交流，妥协及共同渴望的利益交换，为贯彻协议实施制裁，劝说和通报的真实履行，敌意、友好、相互尊重或者礼仪规范的确立。 实际的会谈，尤其是正式的会谈，只是谈判的一个部分，并且常常是很小的部分，因为会谈往往是廉价的，所以行为和展示才更为重要。 战争、罢工、发怒，甚至尾随同样是在"讨价还价"。 当它们与任何有意识的强制过程、劝说和意图的交流脱钩的时候，它们就不再是了；但是那时，正式的外交会谈也不再是有意义的谈判了。

〔8〕可以通过下列问题对这种不明言的讨价还价的方案选择作出说明。 假设两个人在没有事先沟通的情况下，必须对在哪里划界或施加何种限制取得一致。 他们分别提出一条界线或者某一种限制，并且只有当他们作出相同的提议时，才能成功地达成协议。他们各自看着同样的地图，提出领土的分界线；或者考虑各种关于毒气或核武器使用的限制。 某些界线或限制明显不是合适的候选方案；没有理由选择这个方案，而不选择其他更加引人注目以至于他认为同伴也会提出同样选择的方案。 而一些具有独特性或者某种"明显的"特征的方案则是好的选择，它们的特征使其凸显出来。 读者可以自己试验一下，例如对核武器的使用规定一条限制，并让同伴提出自己的限制，没有任何事先的协定，但是试图作出同样的选择。 结果通常是具有启发性的。 若要进一步了解这个问题，请参见 Thomas C.Schelling，*The Strategy of Conflict* (Cambridge，Harvard University Press，1960)，pp.53—80。

〔9〕对这种讨价还价的交易力量的追求甚至是俘获战俘的动机。 当伯罗奔尼撒战争爆发时，底比斯人(Thebans)的先遣部队在夜间进入普拉蒂亚(Plataea)，但是绝大多数被杀死或成了俘虏；第二天早晨，主力部队抵达，行动出人意料，以致部分普拉蒂亚人滞留在城外。 底比斯人因此计划首先对城外的普拉蒂亚人发起进攻，"抓一些俘虏，以便当他们自己的人被俘获时，可以用这些俘虏来交换"。 这一原则是有效的。 但是普拉蒂亚人技高一筹，他们通过使者宣称自己已经抓获了对方的士兵，如果底比斯人对城外的普拉蒂亚人造成任何伤害，他们将处死这些士兵。 双方甚至就底比斯人完全撤离以换取他们的被俘士兵展开谈判，但最终协议遭到破坏，这些俘房遭到处决。 汉尼拔(Hannibal)在坎

尼战役(battle of Cannae)后试图出售俘虏以换取现金；罗马人拒绝了这一交易，原因明显不是为了挫败汉尼拔的经济，而是为了维持"一个军事原则必不可少的惯例"。 罗马人所坚持的原则要点提醒我们，当交易对象本身即是拥有自身利益的参与者时，交易尤其复杂。 Livy, *The War with Hannibal*, pp.158—165; Thucydides, *The Peloponnesian War*, pp.97—101。

[10]另一个显著的例子是决斗。 亚丁(Yadin)发现决斗作为战争的一种方式早在非利士人(Philistines)到达迦南(Canaan)以前就已经在该地普遍出现。"明显地，决斗的刺激因素，"他说，"主要不是个别人的虚张声势或自负，而是指挥官渴望完成一项军事决定，同时又不愿经受全面战斗的血腥。"他分析了大卫(David)和哥利亚(Goliath)之间广为人知的决斗故事。"冠军来自非利士人，(哥利亚)傲慢地向以色列军队叫嚣，并要求他们派一名武士与他决斗。 仔细分析这个故事，就可以看出，哥利亚并不是简单地吹嘘和挑衅，其言词背后有着特定的意图。 他向以色列军队提供了一种战争的方式，这种方式在他自己的军队中是非常普通的，而对于以色列军队则仍然相当奇怪……哥利亚实际上建议以他和以色列代表之间的较量代替两军之间的战斗。 这在他接下来的话语中得到了体现，他提出了较量的条件：'如果他能够同我搏斗并杀死我，我们将成为你们的仆人；但是如果我战胜并杀死了他，你们就要成为我们的仆人来服侍我们。'"亚丁总结道："当时，决斗是一种战争的方式——根据两军事先的协定进行，双方都接受由比赛的结果来决定他们的命运。"哥利亚的军队最终逃走了，并没有履行之前的诺言。 参见 Yigael Yadin, *The Art of War in Biblical Lands*(2 vols. New York, McGraw-Hill, 1963), pp.2, 267—269。

[11]据报道，6岁左右的儿童便开始出现强烈希望使错误行为受到惩罚的观念，不仅应在严厉程度上，而且应在内容和性质上符合错误行为本身，10岁或12岁左右时，这一观念成为主导意识。 皮亚杰(Piaget)在描述儿童对于惩罚的态度时说："本质在于给予违法者某种类似于他自己行为的惩罚，这样他将意识到其行为的结果；或者如有可能，以他的不端行为造成的直接实质后果加以惩罚。"他称这一原则为"对应性惩罚"(punishment by reciprocity)，并通过儿童的观念成长过程论证了这一原则，即儿童逐渐形成社会契约观念，养成对人际交往规范而不是神灵或自然力量强加于人的规则的遵守。 孩童倾向于认为规则是外部强加的；"赎罪式惩罚"(expiatory punishment)适合于他们，在这种类型的惩罚中，"不端行为的内容和惩罚的性质之间没有关系"。 关于这两种类型的惩罚之间的差异，他说："首要的事情是选择惩罚的方式，"年幼的孩子只关心严重程度，年长的则认为，"不是必须通过相称的痛苦来补偿所犯的错误，而是通过与错误本身相称的措施使冒犯者意识到，他以某种方式破坏了团结约定"。

当然，"团结约定"有点夸大了阿拉伯人和以色列人之间或者美国人与越南北部当局之间的契约关系！然而国家之间的克制和报复建立在某种类型的互惠基础上，而很少建立在其他的基础上；将反应与挑衅联系起来的是一种展示的方式，即一些"规则"虽然遭到破坏但是仍然存在，事实上它们通过报复行动得到了实施，并且只有借助于彼此威胁采取的反应行动，它们才是可实施的。 针对殖民地的报复行动是否更多的是"赎罪式"的呢？因为在那里双方的关系是命令式的，而不是互惠性的，这一考察将是相当有趣的。 赎罪式惩罚和对应性惩罚的关键区别明显在于，一种是将行为和惩罚作为独立的事件来处理，另一种则将之视为本质上属于讨价还价的持续关系中的连续片断。 参见 Jean Piaget, *The Moral Judgment of the Child*(New York, Collier Books, 1962), pp.199—232,尤其是pp.206, 217, 227, 232。

[12]肯尼迪总统评论赫鲁晓夫："那个狗娘养的丝毫不会注意你说了什么"，"他必须看到你的行动"。 Arthur M. Schlesinger, Jr. *A Thousand Days*(Boston, Houghton Mifflin, 1965), p.391。

[13]我也被告知，美国最近对越南北部的空中报复行动，在当时被认为开创了一个先例，它可以解释以色列对叙利亚所采取的行动。 空中打击已经被认为含有彻底打击之意，而不仅代表着重启或扩大战争。

[14]关于"扩展与限制的动机"的进一步讨论见哈尔珀林以此为标题的一章及以"对手之间的互动"为题的一章，*Limited War in the Nuclear Age*, pp.1—25, 26—38。

[15]"公开宣布避免攻击城市(相较于仅仅秘密地准备避开城市)，在某种意义上，起到了通知的作用。 根据这样的通知，一旦战争降临，敌人将可以很好地预期到美国的行为。 作此宣示的目的并不是请求就核战争的规则达成'协议'，而是确保潜在的敌人意识

到它具有新的选择。 如果它重视平民的生命，就应当采取措施在目标的选择上避免攻击对方的城市。"John T.McNaughton，General Counsel of the Department of Defense，address to the International Arms Control Symposium，December 1962，*Journal of Conflict Resolution*，5(1963)，p.233.

〔16〕*New York Times*，September 8，1964，p.18.

〔17〕正如马克斯韦尔·泰勒(Maxwell Taylor)指出的，可将对于特定门槛的信念纳入计划的制定过程，以体现于军事能力和指挥程序之中，并因此可使其变得更加明确和严格。 如果一个政府充分地相信任何核战争或者苏美部队的交战，都将不可避免地演变为全面战争，那么它可能会忽视意外事件，而制定出不适当的计划和动用不恰当的武力。最后，在那时跨越门槛将更加危险；选择变得更加极端，门槛更加不可能被跨越，但是一旦跨越将可能不得不做出大的跳跃。 他强烈暗示这是美苏两军交战门槛的含义。 正如他同样暗示的，存在一种特定术语或概念变为"官方定义"的对象的趋势，这些术语或概念在实际应用中一般不是分析性的，但却是"合法的"。

在官方的表述中，任何苏美参加并动用核武器的战争都被界定为"总体战争"，这并不意味着扩大这一概念的含义以包括小规模的交战，也不是预示小规模的直接接触交战将很可能引发总体战争；而是它表示总体战争将在那些条件下发生，相反的计划是未经授权的或违背某种协定的。 这是科学的或分析性的定义与应用于规则、命令、承诺和协定的定义之间的根本区别。 这也是为什么任何的"官方定义"注定是存有偏见的。 Maxwell D. Taylor，*The Uncertain Trumpet* (New York，Harper and Brothers，1960)，pp.7—10，38—39.

这并不是否定，如果美国人和苏联人发现他们处于战争状态，或者处于对立双方的战争之中，将确实产生重要的影响。 是否轰炸北越的地对空导弹基地，被认为关系到美国的军事行动造成苏联人员伤亡的可能性；并且尽管由于这种可能性对于支持或者反对这种轰炸的观点来说均是重大理由，以致可能对于任何一方都不是决定性的因素，然而它至少被认为是一个重大的问题，而这种认识是恰当的。 只是该门槛的"终极"性质受到了损害。 越南的例子说明很多门槛是可以变得模糊的，尤其是如果使之成为门槛的决定是一个痛苦的决定的话。 任何在地对空导弹基地的苏联人大概都不会"处于战争状态"，官方甚至不会承认他们"存在于"该基地；他们的存在更多的是推测的，而不是经过证实的；即使他们参与了射击，苏联也会予以否认，以减少双方的尴尬；并且还可以通过其他的方式来减弱"事故"的重要性。 在第一次攻击后的数天内，任何一方都没有宣布基地曾遭到攻击，这一事实表明双方均倾向于弱化这一事故，使之看起来更加偶然。

〔18〕美苏在地理上存在重要的不平衡，这种局部战争会"溢出"到苏联领土的假设，很少会——如果有的话——出现在西半球。 在象征意义上，作为"最后的停止点"，苏联的边界可能看起来几乎和美国的海岸线一样重要；但是在战术上和逻辑上，美国距离局部战争——尤其是地面战争——的最可能的潜在战场更加遥远，任何延伸到美国领土的战争都将是更加不连续的跳跃。 (最真实合理的地理例外可能是位于佛罗里达州的空军基地，如果1962年古巴危机演变为加勒比战争的话。)

〔19〕William W.Kaufmann，*The McNamara Strategy* (New York，Harper and Row，1964).

〔20〕Leo Szilard，"Disarmament and the Problem of Peace，" *Bulletin of the Atomic Scientists*，11(1955)，pp.297—307.

〔21〕Klaus Knorr and Thornton Read，ed.，*Limited Strategic War* (Princeton，Princeton University Press，1962).

〔22〕*The Conquest of Gaul*，pp.164—165.还可见该书第115—118页关于"第一次跨越莱茵河"的内容，其中写道："他的最强烈的动机是，使德国人从自身的立场来思考这些警告从而放弃进入高卢，以及表明罗马军队能够并且即将跨过这条河前进。"

〔23〕Oman，*The Art of War in the Middle Ages*，p.42.对这种战略的两种变体作出区分是重要的。 一种是通过威胁破坏来直接强迫敌人改变行为——使敌人停止行动或投降，对战俘的使用就采取这种方式。 另一种是以防御性角色迫使敌人将其进攻性力量撤回或留在本国，放弃或削减原有的行动。 后一种目的看起来符合恺撒越过莱茵河(第115页)的动机；同样的原则，如果颠倒过来——迫使敌方军队从安全的城墙出击投入战斗——符合古代入侵者破坏对方农作物等掠夺行为的动机。 (有一件关于一位防御方将军的轶事，这位将军受到敌方将领的嘲笑："如果你是一位伟大的将军，就出来决战。"他的

回答是："如果你是一位伟大的将领，就使我违背自己的意愿进行决战。"）通过危害生命和财产以迫使对手投身于战斗，对于游击行动和反游击行动——当这些行动可以实施的时候——常常是关键的。 这是轰炸德国的战略的一个主要结果（尽管当时并没有意识到这一点）。 除了造成的破坏，根据伯顿·克莱因（Burton H.Klein）的观点，轰炸行动还导致德国到诺曼底登陆时将大约三分之一的军力投入到空防领域。"可以看到，"他说，"入侵之前的攻击行动实际上带来的不仅是攻击所造成的破坏，更在于这些攻击使得德国将全部战争努力中非常重要的部分投入在空防上。"*Germany's Economic Preparations for War* (Cambrige，Harward University Press，1959)，p.233.

第五章　终极生存外交

作为一项原则，"大规模报复"（massive retaliation）（确切地说"大规模报复"威胁）几乎自 1954 年公布以来就在不断地衰落。 但是直到1962 年，它才被正式废止。 竭尽所能地和不加选择地"毁灭社会"的战争仍然是终极的王牌（ultimate monarch），尽管它介入小规模或中小规模冲突的权利已经逐渐地被剥夺了。 然而在一场试图灭绝对方人口、展开屠杀竞赛的战争中，跨越某个门槛，所有的痛苦都将会发泄出来。 在这种类型的战争中，没有外交，也没有未被使用的"选项"，终极的威慑也已失效，即只有当所有的武器都消耗殆尽时战争才会结束。国防部长麦克纳马拉 1962 年 6 月在密歇根安阿伯（Ann Arbor）的一次演讲中主张，即使在最高等级的"总体战争"和在两个大国之间的最后决战中，破坏也不应当是不受限制的；应当继续保持威慑，应当努力作出辨别，并且应当继续保持"选项"的开放性，最终以某种非纯粹消耗的方式结束战争。 该演讲的内容据说与他之前在北约理事会（NATO Council）的演讲相似。"主要的军事目标……应当是破坏敌人的军事力量，而不是其平民……向可能的对手提供可以想到的最强有力的鼓励，以促使其避免攻击我们的城市。"[1]

麦克纳马拉在 1962 年 6 月所表达的想法被称为"打击军事力量战略"（counterforce strategy），它有时又被称为"非城市战略"（no-city strategy）。"城市战略"（city strategy）也同样是一个恰当的名称。 近期的战略最终承认了城市——人民及其生存手段——的重要性，并主张大战发生时对其给予重视。

城市不仅可以作为被尽可能迅速地破坏的目标，以削弱敌人的战争努力，造成其领导人的极度痛苦，或者在所有威慑努力均告失败后满足报复的欲望，而且尚未遭到破坏的城市还可以被视为资产、人质以及向敌人施加影响的手段。 如果能够在 12 小时或 24 小时内摧毁敌方的城市，并且这些城市的即时破坏不会对敌人的瞬间能力（momentary capabilities）产生决定性的影响，那么同时摧毁所有的城市将失去有可能会迫使敌人作出妥协的最重要的威胁手段。

我们通常认为，大战一旦爆发，威慑就已经失败了。 它的确已经失败；然而如果不努力将威慑的运用扩展到战争本身的话，它将会输得更惨。

麦克纳马拉几乎遭到所有方面人士的反对。 和平运动指责他试图使战争变得可以接受；军事极端分子则指责他使战争在苏联人看起来过于柔和，从而削弱了威慑的力量；法国人指责他设计了一个与他们自己的"独立战略力量"不相容的原则；一些现实主义者认为这一原则是不切实际的；一些分析家则提出该原则只对优势力量有意义，却依赖于劣势力量做出互惠的行动，因此对于处于劣势的一方而言，这是不合逻辑的。 苏联人加入了上述某些阵营的谴责，尚未表示他们认同美国政府在这种战争限制上的兴趣——尽管他们的反应表明他们收到了这一信息。

这是第一次由一位重要的官方人士明确地公开表示：威慑应当扩展到战争本身，甚至是最大规模的战争；任何战争，不论规模的大小如何，都可能具有并且应当具有"有限战争"的特征；如同活着的俘虏常常比战场上死去的敌人更有价值一样，活着的苏联人和整个的苏联城市，连同我们尚未使用的武器，都有可能成为最有价值的资产，并且这种可能性应当在战争计划及武器设计中得到严肃的对待。 这种想法在公开的战略讨论中并不完全是未曾预料到的；但是在一场总体战争甚至也应受到限制的问题上，分析家和评论家所作的建议从未达到决定性多数的水平。　麦克纳马拉的"新战略"是下列少有的情况之一，即一个没有经过广泛和公开辩论即产生的实际政策创新或理论变化。　然而它并非全新的，约 2400 年前，斯巴达的阿希达穆斯国王（King Archidamus of Sparta）已经中肯地提出了这一点。　根据修昔底德的记载，这位国王以聪明和温和闻名。

他说：

> 或许，当他们看到我们的实力与我们所说的话一致的时候，他们将更有可能作出让步，因为他们的土地还没有被破坏，在下决心的时候，他们会考虑到自己拥有的优势和尚未被破坏的财产。你必须将他们的土地视为手中的担保品，它被照顾得越好，便越有价值。你应当将它留到最后可能的时刻，避免将他们驱逐到一种绝望的境地，在那种情况下，他们会更加难以对付。[2]

敌人的军事力量和敌人的城市

麦克纳马拉所描绘的战略有两个组成部分。　大多数评论暗示，它们就像同一硬币的两面，不论我们称之为正面还是反面，都指的是同样的含义。　但是它们之间是有差异的。"打击军事力量"描述的是一种含义，"城市"（或"非城市"）描述的则是另一种。　两者存在相当大的重叠部分，足以引起混淆。

糟糕的表述会使它们听起来十分相像。　在"打击军事力量"的措辞中，主要针对的是敌人的军事力量，而不是他的城市（至少不是直接地针对）。　而在"非城市"的措辞中，主要针对的是避免攻击城市，至少在开始阶段将交战限制于军事目标。　如果我们在一个射击场支付了费用，可以挑选步枪和选择射击陶制的管子或者呆立的鸭子；"射击管子"与"不要射击鸭子"具有同样的含义。　但我们现在谈论的不是射击场。 追击敌人的军事力量是为了在它们破坏我们的城市（或我们的军事力量）之前率先摧毁它们。 而不破坏城市则是基于我们对其的宽恕。这两种观念并非完全互补，以至于一个即意指另一个：它们是根据不同的优点形成的不同观念。

当然，有一种简单的想法认为，战争就是战争，如果不打击城市，就必须选择打击其他的目标。 这种想法来自射击场，而不是军事战略。 那种将敌人的城市作为担保品，通过威胁摧毁它们来强制敌人的想法是有意义的，不论敌人是否提供了值得我们攻击的军事目标。

这种想法也可能行不通；敌人可能变得疯狂，或者没有合适的设备以获悉是否我们尚未破坏他的城市，或者无法根据我们使他面临的后果来控制自己的行为。 但是如果这确实行得通或值得在开始阶段作出尝试，那么它就是有意义的，不论我们是否能够同时进行有效的战役来削弱敌方的军事能力。

打击军事力量的想法，并不是简单地一方不得不射击一些东西，即当攻击城市受到限制时，他会寻求其他"合法的"目标以便继续进行一场嘈杂的战争。 相反，它是一个更加严肃的想法：恰当地使用武器摧毁敌方的武器，即以武器换取武器的方式解除敌方的武装。 如果我们能够通过军事行动解除对方的武装，以阻止其对我们的城市发动进攻，那么我们就可以帮助自己及同盟免受攻击。

"打击军事力量"的想法指的是，摧毁敌人的武器以使其无法攻击我们，即使他想这么做。"城市"的想法试图促使对方不攻击我们，即使他拥有实施攻击的武器。（这种想法也可以被理解为一种避免杀死千百万人的勇敢而体面的努力；这些人的罪责，如果有，也与被杀死是不相称的。）

尽管这两种观念存在某种不相容性，但它们是相互补充的，两者都试图阻止敌人对我们发动攻击：一个是通过强制地解除武装，另一个是通过持续威慑。 城市抵押战略（city-hostage strategy）在下列情况下最为有效，即敌人对正在发生和尚未发生的事情有一个清晰的认知，对其武力拥有良好的控制能力，能够正确判断我们行动的类型及察觉对他的行为的暗示，甚至保持与我们直接的交流。打击军事力量的战役是嘈杂的，可能会扰乱敌方的指挥系统，并导致其在目标的选择上一定程度地陷于盲目。这种打击军事力量的行动也可能会使敌人仓促行事，尤其是如果他拥有摧毁城市的能力，他可能会在这一能力被剥夺之前绝望地使用它。

一场激烈的打击军事力量的战役也会使敌人认识到，战争已经发生，事情不完全处于控制之中，已无闲暇进行持久的谈判。如果他的城市受到的不是语言上的威胁，他将意识到我们可能确实会实施某种破坏行动；打击敌人的军事力量或许比冷血地攻击他的几个人口中心更能够有效地促使其权衡可能遭受的民用损失。

这时，这两种不同的战略在某种程度上既相互支持，又相互阻碍，还相互争夺资源。单独实施任何一个都是没有意义的。完全可靠而有效的打击军事力量的能力，将无须通过保持敌方城市的有条件存活来慑止他的武力使用；它只需消除敌人的武器即可。反过来，针对敌方城市的完全成功的威胁将钳制其动用武力和诱使其投降。（在后一种情况下，"战争"看起来不是大规模的，不是喧闹和危险的，但是全力投入和最后摊牌的感觉使它具有一种"全力以赴"的特征。）[3]

人们经常提出这样的问题，即是否打击军事力量的战略是自相矛盾的：它依赖于对敌方的决定性的军事优势，然而，这一战略如果要取得成功就必须对敌人产生同样的吸引力，但这又是不可能的，因为敌人当时必然处于决定性的劣势。这种广泛的争论涉及"打击军事力量"和"城市"这两种含义之间的变换。解除敌人武装的同时依然留有自己的武器这一决定性的能力，并不是双方都可以利用的。双方或许都渴望如此；他们或许也都认为自己具有这样的能力；但是双方同时取得竞赛的胜利是不可能的。（任何一方都有可能出其不意地取得胜利。在那种情况下，我们应当说，如果每一方都拥有"针对军事目标的第一次打击能力"，优势将属于首先发动攻击的一方。这是一种重要的可能性，但并不是美国政府在它的打击军事力量的战略中所追求的目标。）

然而，如果双方都严肃地对待"城市"战略，将城市作为担保品，利用各自保有的暴力能力进行讨价还价，威胁实施破坏但又仅限于达到逼真的必要程度，那么这将是有意义的。 事实上，所谓的"打击军事力量"战略中的"城市"问题应当至少对于战略力量处于劣势的一方具有同样的吸引力。 如果处于劣势的一方无法指望解除敌人的武装，它只有通过对方的容忍来求得生存。 这种来自对方的容忍，唯有借助于以一种有影响的方式来运用本方的暴力能力才能获得。 几乎可以肯定，这意味着不以挥霍无度的和无节制的屠杀来消耗暴力能力，而是维持一种尚未到来的更严重的破坏威胁。

一些评论家推测苏联人将他们的武器瞄准美国的军事力量只会造成自身被"解除武装"。 由于注意到进行一场"打击军事力量"的战役是没有意义的，所以苏联人得出结论认为，根据射击场的情况类推，他们自然不得不将所有的武器射向其他某个地方。 而除了城市之外，还有什么其他地方呢？ 一个荒诞的答案是：苏联可以将他们的导弹射向自己的城市。 将所有的武器射向美国的城市实际上确保了他们自己城市的毁灭，历史学家并不会非常关心苏联的城市是由国内生产的还是国外生产的武器所摧毁的。 在战争中保持克制的想法，如果有利于美国，就不会符合苏联的利益。 这与 1945 年迫使日本投降的想法具有同样的强制性吸引力（compelling appeal），也就是说，如果它有利于美国，就不可能对日本人有意义。[4]

为了确定"打击军事力量"的战略是仅符合短暂的利益还是符合持久的利益，我们有必要将这种战略的两个组成部分区分开来。 美国是否有能力通过一场可靠的进攻性战争消灭苏联的军事力量并对本国实施防御呢？ 长期以来一直存在这种真实的争论。 之所以称之为"真实的"，是因为在这场争论中，任何一方都只能够依赖事实而不能凭借纯粹的逻辑或诡辩来证明本方的正确。 这一问题的答案依赖于技术、智慧、开支及预算；事实可能从来都不是完全清楚的。 到 20 世纪 60 年代中期为止，任何一方都没有取得明确的胜利。 国防部的证词暗示美国不能无限制地指望一种良好的打击军事力量的能力。 但是如果我们将"打击军事力量"与这种战略中的"对城市的威胁"区分开来，我们会明显地发现，这种战略的一个部分依赖于这场争论的结果，而另一个则不然。 在我们不具备强制性地解除敌人武装的能力的情况下，依赖于此的战略必然是不可用的——至少在获得这种能力以前是如此。 但是这却不会使"城市"战略不可用。 事实上，"城市"战略在这种情况下成为优先选择的方案。

如果我们无法成功地消灭敌人的军事力量，为了使战争尽可能地令人生畏，我们可能会假装认为最显而易见的战争方式是破坏敌人的城市。 敌人也会使用我们无力阻止的武器，作出同样的威胁。 但是战争一旦开始，这将是一个愚蠢的方式，如同为了维护自己的道路通行权而迎面相撞一样。 全面的核战争很可能足够令人畏惧，能够成功地慑止除了在一场急剧的危机中完全绝望的敌人之外的任何人；稍微降低核战争的可怕程度，也几乎不会招致敌人愿意去检测战争有多可怕。 在一场急剧的危机中，令敌方相信即使战争爆发也将是可控的，以及在不发生灾难的情况下也可以结束，这或许在实际上有利于避免敌人为争夺优先权而采取绝望的冒险行动。 因此，如果确实在所谓的尽可能严格地维持威慑与制造战争之间面临艰难的选择，则不那么严格地维持威慑或许并不会陷入表面看起来的那种两难困境。

暴力与暴力的对抗

任何一方都能够给另一方造成伤害，但同时又都无法解除其武装的这种局面，会出现在两种情况中：它可能起因于一方拥有和部署的武力不至于脆弱到无法抵御另一方的进攻的程度，也可能起因于战争本身。

关于"打击军事力量的战争"的讨论常常暗示战争包含两个阶段。

在第一个阶段，双方避免放纵地破坏，并专注于消灭对方的武装。 这时，优势属于拥有更大或更好的武库、更好的目标定位能力、更快的速度、更充分的准备以及更佳的运气等因素的一方。 当战争到达某个时间点时，第一个阶段会结束；一个国家可能耗尽了所有的弹药，或者清除了所有它的武器可以摧毁的军事目标，或者已经消耗了大量的武器而这种相互攻击完全没有取胜的希望。

第一个阶段结束时，存在某种可能性，但也仅是可能性而已，即双方的武器都已耗尽，它们暂时可以免受进一步的攻击。 但是任何的实际评估都表明，每一方在完成了所有能够完成的破坏军事目标的任务后，仍会剩余部分武器。 武器依然存在，而战争并没有结束。

现在会出现什么情况呢？关于"打击军事力量战略"的乐观解释暗示：在这一时间点，美国会具有优势，因此拥有压倒性的讨价还价的交易力量。 敌人剩余的武器可以造成一定的破坏，而我们的武器则可以造成无限的破坏，于是，在面对"竭尽所能地"破坏城市的战争时，美国所遭受的损失将比对手小。 这种威胁性的城市战争，通常意指一种全有或全无的状态，这类似于高速公路上的全速碰撞，所有家人都在一辆车上的司机会被预期屈服于只有一部分家人在车上的司机。

上述这种情况无法令人满意。 这种针对军事力量的相互打击——大战的第一个阶段——实现了对双方武装的部分解除，而结果可能是相当不对称的。 它以一种嘈杂和混乱的方式为第二个阶段的肮脏的战争打下了基础。 在第二个阶段，城市处于危急的核博弈之中。 这是一个关于"暴力"的阶段，包含着明确的和隐含的威胁，对城市的某种竞相破坏可能会达到难以预言的程度。 双方都认识到战争正在进行之中，每一方都能够造成大规模的甚至是空前的破坏。 这种破坏的程度可能严重到使任何一方都无法继续维持政治的延续。 如果每一方都保留了足以摧毁对方的能力，那么针对军事力量的相互打击就仅仅是初步的做法，它虽然造成了严重的混乱（无疑包括巨大的民事破坏），但只是即将开始的严峻战争的序曲。 如果一方或双方都不能实质性地摧毁另一

170

方，那么第一阶段的战争将无法阻止严重的暴力攻击的开始。

所以我们拥有两条引向暴力对抗的路径：一条是通过和平时期的武器采购和技术发展；另一条则是通过战争期间的打击军事力量的战役。在后一种情况下，局势当然不会是静止的。它可以是一方进一步地解除对方的武装，这一过程需要时间，所以军事力量脆弱的一方便会面临一种压力，即在自己的暴力能力被敌人剥夺之前，使用这种能力。当然，如果这种暴力对抗的边缘状态是通过打击军事力量的战役来促成的话，那么局势将充满惊吓、恐慌、噪音、混乱、痛苦、惊愕、惊惶和绝望，而不仅是这两个国家通过对双方暴力能力的衡量来展开从容的对抗。这两个"阶段"可以相互重叠——事实上，对于一方来说，如果打击军事力量的行动没有前途，它可能会完全省去这个阶段，直接进行强制行动。由于随着对方的打击军事力量的行动它将失去部分的讨价还价力量，所以实际上它可能被迫加速实施恐怖行动和展开与对方的沟通。

我们对这种类型的大规模暴力知之甚少。小规模的暴力则出现在希腊与土耳其之间关于塞浦路斯的冲突中以及美国远西地区（far west）殖民者与印第安人之间的战争中。它也出现在帮派火拼和部落之间的战争中。恐怖是小范围原始战争的显著的冲突模式；单方面实施的暴力被用于征服卫星国、被占领土以及独裁国家内持不同政见集团。但是相互实施的暴力，作为两个大国尤其是核国家之间的一种战争形式，却从未出现过，因此我们无法从中汲取经验和教训。

纯粹的暴力战争（a war of pure violence）与发生在阿尔及利亚或塞浦路斯的暴力行动存在两个方面的不同。一个区别是，暴动战争（insurgency war）典型地包含两个相互极力对抗的阵营——当局和暴动者——以及第三方集团和大量容易受到强制或诱导影响的民众。越南战争在20世纪60年代初期更像是两个竞争性的争相向民众出售"保护"的帮派之间的战争，而不像是两个公开承认的对手之间的战争。

第二个区别涉及实施暴力的技术。我们熟悉的大多数暴力行动，不论是落后地区的暴动，还是两次世界大战中的封锁和战略轰炸，都是关于面对暴力的忍耐力的检验。 暴力能够以多快的速度实施是存在限度的。 实施暴力的一方并不拥有一个盛装痛苦和破坏的储蓄库，以使它能够按照自己的选择来摆脱痛苦和破坏，相反却面临一定的最高实施速度；问题在于谁能够坚持得更久，或者谁能够证明自己将最终赢得较量以劝说对手投降。 核暴力在性质上更多地是一种一次发生便终了的能力，它可以根据竞争者的选择或快或慢地发生。 相反，使对方忍受饥饿只能缓慢地发挥作用；封锁也只能通过缓慢的扼杀来起作用。 核暴力行动包含了有意地抑制暴力的实施，并随着时间的推移来分步骤地制造痛苦和破坏；每一方都有一个可以快速释放的储备，同时全部的释放又将会耗尽所有的储备（或者有价值的目标）。

如果西方联盟和苏联集团开始一场忍耐力的竞赛，以比较谁能够通过纯粹的持久核破坏威胁迫使对方屈服，那么关键将不是谁能更长久地幸免于某种技术能力所决定的破坏进度，而是谁能更有效地利用全部的能力。 而这种能力的运用是一个自行决定的问题。 如果每一方都尽其所能地迅速投入一场破坏竞赛之中，都希望对手首先屈服，那么破坏的发生或许会异常短暂以至于没有时间展开沟通。 任何一方都不可能理智地期望，既实施最大限度的破坏，又试图迫使对方屈服或请求休战，因为时间不允许。 每一方都将不得不考虑如何分配使用其暴力能力。这也增加了一个新的考虑战略的维度，即如何随着时间的推移来分配暴力的使用。

我们现在谈论的是一场纯粹强制的战争（a war of pure coercion），每一方都受到它对于另一方反应的认识的限制。 它是一场纯粹痛苦的战争（a war of pure pain）：任何一方都不能从施加痛苦中有所收获，但可以通过这样做来向对方显示将会出现更多的痛苦。 这是一场包含惩罚、示威和挑战的战争。 拥有决心、勇气和真正的顽固品性的一方并不必然能够赢得这场竞赛。 敌人如果相信我方是顽固的，他可能会劝说自己放弃。 但是因为如果顽固得到认可我们将获得一种优势，所以对手会怀疑这种顽固是故意表现的或者是伪装的。 我们正在谈论一个讨价还价的过程，它是无法通过精确的计算来预测结果的。 如果我在学校放学后伏击你的孩子，而你也绑架我的孩子，我们都可能试图利用人质来确保自己孩子的安全并解决某种其他的争端。 在这种情况下，我们无法通过直接的分析来确定双方之间的交易会采取何种形式，我们各自的孩子会受到何种伤害，哪一方会期待对方屈服或者哪一方会认为对方期待本方屈服——以及所有这些问题是如何出现的。

现已出版的著作很少分析到这样的问题。 有时人们肤浅地认为，苏联人或许会摧毁美国的一座城市以证明他们是认真的，随后美国人又被迫炸毁苏联的两座城市，这时苏联人感到他们有必要炸毁对方的三座（或四座？）城市，这种过程将持续进行，越来越剧烈，直到所有的城市均遭到毁灭。 这是一种重要的可能性，但是它完全不"合乎常情"。作为回应，仅摧毁对方破坏我方城市数量的一半而不是双倍，并不一定是一种屈服的表现。 恰当地展示决心、坚定、忍耐、轻视及正直的战略也并非是轻易即可确定的。 冷血地接受痛苦可能与冷血地施加痛苦同样令人印象深刻。 伯利克里（Pericles）会赞同这一原则。 当面对斯巴达的最后通牒时，他对雅典人说："如果我可以劝说你们这样做的话，我将力劝你们自己亲手毁掉你们的财产，以此向伯罗奔尼撒人展示你们不会为了这些利益而屈服于他们。"

这是一场令人奇怪和厌恶的战争。 相反，在一场一次发生便终了的大规模报复行动中，敌人的社会几乎会在一次猛烈的攻击中就遭到彻底的毁灭。 这并非是不可想象的，因为人们在战争的进行过程中不需要作出任何的思考。 一个单独的屈从行为，尽管其结果是可怕的，但仍然仅是一种单独的行为而已；退出，则不仅是屈服于命运，而且也是放弃责任。 悬念就此结束了。 这场战争的结果可能看起来并不那么残酷，因为与包含了更多威胁的有意的和慎重的暴力行动相比，它的目的本来就不是残酷的——它完全是毫无目的的。 它不要求预测何种情况是可怕的，如何恐吓对手，如何以可怕的方式行动，如何说服某人我们比他更加无情、更加不文明以及更能够忍受暴力和消耗。 一阵剧烈的大规模报复——如果被相信会造成足够大的灾难——将更像是在实施一种安乐死，相反，有意进行的"城市战略"则像是一种丑陋的折磨人的做法。 热核战争与"相互自毁"（mutual suicide）之所以联系在一起，一个可能的原因是，与不得不继续生活相比，自毁常常是一种有吸引力的和逍遥派的解决办法。 然而，尽管有意识的"城市"战略可能是丑陋的，但是它比自动的、毫无节制的狂怒更加负责任。

它可能会涉及破坏一些城市。 当然我们能够期望，通过言词威胁——根据敌人是否投降来决定威胁摧毁他们所有的城市或不摧毁任何一座城市——来确保促使他们投降，这样，我们双方都可以继续存活。同时，如果这一威胁形势是通过一场激烈的打击军事力量的战役或某个战区的地面战争来促成的，我们可能会制造一种主动进取的和绝望的感觉，这样的威胁比不进行战争的言语威胁更加可信。 但是如果他没有投降会怎样呢？ 如果那时我们在摧毁一切和不摧毁任何东西之外还有其他的选择，我们将不得不考虑采取这两者之间的某种给人印象深刻的行动。

在操作层面上，我们只能一次性地破坏对方全部的城市，否则将完全无法实施破坏，或许通过此种展示可以使大规模报复威胁具有可信性。 例如，假设我们有一支大规模的轰炸机群迫近对手的国土，它们能够仅通过一次攻击即摧毁其城市，但却因为对手能够轻易地从地面将它们消灭而无法返航，同时，它们也无法永远在高空飞行，所以每架轰炸机不得不当下就打击一个目标，否则将永远地丧失这种能力。 另外一种情况是，当第一颗炸弹发射出去后，谈判的时间表使得攻击无法中途停止。 攻击一旦发动就必然摧毁一切的威胁或许是可信的——至少如果敌人像我们一样知道实情的话。 即使那时，如果他仍然不顺从——或者不根据轰炸机出击所要求的时间表做出服从举动——我们将不得不遗憾地摧毁他的城市，当然同时耗尽我们的影响力，而由他来决定做出最坏的行动，否则完全撤回这些轰炸机，将冒丧失我们全部的影响力的风险。 被对手认为虚张声势与真正的虚张声势同等糟糕。

所以双方可能会相互实施某种纯粹的核暴力，直到达成妥协。 无法保证双方的妥协协议将反映对各自的潜在暴力的估算。 假设一方能够破坏对方的三分之二，而自己仅遭受三分之一的破坏，这并不能保证它因为具有决定性的优势便可以轻易地在讨价还价中获胜以及可以随心所欲地行动。 这也不意味着它拥有"三分之二"的讨价还价能力，能够期望结果的满意程度将会是对手的两倍。 没有关于讨价还价的交易力量的简单的数学计算能够告诉双方，可以期待什么，以致它们可以共同将之视为已知的结果。

没有足以令人信服的理由可以期望对手必须无条件投降；同时，也没有任何足以令人信服的理由可以期望对手不会无条件投降。 对于双方而言，核谈判越"成功"，就会有越多的武器不被使用。 在无法达成无条件投降时，双方都会保留一些武器。（这仅仅意味着双方控有一些城市。）它是一种终止战争的非决定性的方式，但是比一些决定性的方式要好。

决定性的挑战：结束战争

那种类型的战争将不得不有意识地和有计划地结束。 不能简单地通过所有的目标都遭到摧毁或者所有的弹药都消耗殆尽来结束战争，完整的观念是：维持最珍贵的目标不被破坏并保留部分的武器不被使用，而将之作为讨价还价的资本。 必须通过一个讨价还价的过程来达成某种类型的停火或暂时休战，并逐步地实现停战。 这一讨价还价的过程在开始阶段可能不得不主要是在静默的状态下进行的，并更多地建立在行动的展示而不是言语上，但它迟早必须变得明确。

结束战争的方式可能比发动战争的方式更加重要。 最后的命令可能比发动第一次打击的命令更为重要。 人们常常专注于最初发起攻击的速度和突然性，它们对于战争具有决定性的作用，但是人们却很少关注同样具有决定性意义的战争的结束阶段。 在这个阶段，军事结果可能已经不再有悬念了，然而最严重的破坏却还没有发生。 双方可能不得不迅速地采取结束战争的措施，这也许甚至会发生在对目标实施第一轮攻击之前；甚至最自信的胜利者也需要引导敌人避免发动一场最后的、无用的和绝望的报复行动。 在更早的年代，人们可能会对战争如何开始作出详细的计划，对战争如何结束则寄希望于即兴制定的计划；在热核战争时期，对战争结束的任何准备都不得不在战争开始之前就已进行。

除非提前考虑如何接受和监督投降，否则我们可能甚至无法促成敌人无条件投降。 军事上遭遇失败而渴望投降的敌人，可能无法提出建议，无法表明自己是严肃认真的，无法接受对方提出的条件和证明将遵守高超音速战争(supersonic warfare)的急速时间表，除非他在战争开始之前即已经考虑过如何结束战争，或者双方之间至少存在一个关于大战的心照不宣的认识，否则任何一方或许都不会被激励作出这样的思考，即大战一旦开始，也将不得不停止。

可以想象，任何一方，当它一心一意地努力削弱对方的毁坏城市的能力时，都将耗尽所有的武器。 但是如果每一方都具备注意到对方在做什么的能力，它在这一过程中将发现对方同样更关心限制对自身的破坏，而不是向对方施加损害；所以达成和解的基础是明显的。 而且当这场军事较量超过某个界点时，它将使得节省武器和让敌人攻击我们的武器而不是用它们来攻击敌人的武器更有意义。 所以，一个明智的战争计划应当事先考虑到稀缺武器在促使战争结束方面的交易价值，以及考虑到这样的可能性，即敌人同样不会将所有的交易力量全部花费在打击军事力量的攻击中。

在完成了最初的针对军事力量的猛攻后，当还未开始一场针对平民的有意的——可能是有限的——攻击时，可能会出现暂时的休战；当然也可能不会出现这种情况。 不论采取哪一种方式，都必须通过慎重的决定来结束战争。 战争不会自行停止。 即使只是延长停战时间，也将需要对此作出决定。

何时以及如何停止一场战争，应当取决于战争是关于什么的。 但是我们现在谈论的是，一场假想的战争必然会是怎样的——而且，这是一场被广泛认为对于任何一方都如此毫无收益，以至于甚至关于激励目标的假定都可能没有意义的战争。 战争可能起源于多种情况。 德国、古巴、东南亚、中东的石油、对外太空或者海底的侵占、卫星国的暴乱、暗杀和间谍活动、错误的警报或者一起事故，甚至是技术突破，都可能引发一方或另一方由于担心自己的安全而发动战争。 即使战争是关于某件事情的，它最初的起因也可能很快被战争本身的紧急局势所淹没。 如果古巴危机或柏林危机（甚至是苏联威胁攻击 U-2 飞机起飞的机场的 U-2 危机）当时引发了总体战争，战争也会迅速地脱离古巴、德国的高速公路或者 U-2 飞机起飞的机场。

由于今日武器的发展水平，人们很难能够找到一个事件，双方会为了它真正地希望进行一场大战而不是达成和解。 但是不难想象一场危机可能会因失去控制而演变为战争，尽管任何一方都发现这些目的和目标并非是它想通过战争来获得的，同时也预期到无法从战争中得到任何好处。

或许很少有令这种战争停止的机会，而提前确定这些机会是重要的。 飞行中的导弹无法被召回。（理论上，如果必须阻止它们袭击目标的话，可以在其飞行过程中将它们摧毁，但是只有这些导弹本身具有这种自爆设计，这种情况才能发生。）在无线电通信保持静默的状态下，轰炸机直到任务完成后才可能返回。 辐射尘云将随着风和地心引力漂移，无法通过休战停止下来。 自动决策以及那些未作出中途停止规定的计划，可能不易受到干扰。 平民在躲避伤害的过程中往往会显得笨拙。 战争中的一些事件将是如此令人慌乱和困惑，以至于人们无法对其所包含的信息作出回应，或无法作出决定使事情立即停止下来。不同的事件有不同的时标。 导弹攻击或许可以在导弹发射 30 分钟内取消（与导弹飞行的时间一致）；如果轰炸机已经位于敌人的领空，它们的攻击行动可以在数小时内被取消，而如果轰炸机尚未处于敌人的防空区域，则可以更加迅速地取消行动。 如果一方在某个战区正在实施大规模的地面进攻，由此，冲突已经演变为大规模的战争，那么停止这些攻击将需要更长的时间。 在一些情况下，双方必须在几乎同一时间停止攻击——这可能是必不可少的，并肯定是重要的——然而同步停止所有的重要行动充其量仅在一些恰当的时机才是可行的，即使在那时，双方也必须对机会保持警觉，并提前对它们加以识别。

如果没有明确的沟通，任何的停火都可能依赖于一方单方面地停止导弹发射，而另一方意识到这一方已经这样做了。 如果每一方都仅能够清晰地观察到敌人的导弹所产生的影响，而无法同样清晰地观察到导弹发射的情况，那么发出信号与作出回应之间将需要接近一个小时的时间。 从一方停止发射导弹，甚至是从明确的和突然的停止开始计算，敌人需要 20 分钟以上的时间才能够注意到导弹攻击已经停止；考虑到作出反应的时间（加上某种等待确认的时间），还需要 20 分钟以上的时间才能确认己方的停火收到了效果。 在那么长的时间内，很多战事都可能会发生。 一个决定性的因素是信息；一种知晓敌人已经停止发射导弹，而不仅仅是本方的目标没有遭到攻击的能力，将对这种沟通过程产生影响。 此外，如同常常遇到的威慑的例子，敌人获得的信息是同等重要的；如果我们已经停止攻击——如果我们已经停火或者对对方的停火行动作出了反应——我们希望对方能够迅速和可靠地知晓这一点。

如果战争以导弹的齐射和战机的起飞开始，在任何一方的主要轰炸机群到达目标区域之前，都可能有机会使战争停止下来。 导弹特别适合于打击具有快速移动能力的目标——地面的飞机，尚未发射的导弹——或者摧毁防空系统以帮助轰炸机执行轰炸行动；如果在轰炸机到达之前达成停战协议，则可以避免人口中心遭受巨大的破坏。 谈判的时间非常短暂；但是如果结果已经是可以预见的，那么除了惰性或者缺乏达成停战的能力以外，任何事情都不应使战争进入到轰炸机的阶段。

（当然，并不是所有的轰炸机都不得不跨越大洋以抵达目标；任何的"阶段"划分都是不完善的和大致的。）

轰炸机生动地阐述了战争的动态特征——难以找到休息地或停靠点，不可能使一切都冻结起来。轰炸机不能简单地"停止"，因为它们必须在高空飞行；而为了使它们飞行，必然会消耗燃料；当它们飞行时，机组人员会变得疲劳；敌人的防空力量可能会对它们进行识别和定位；轰炸机之间的协调会出现混乱。如果停战信号是错误的，战争仍在继续，那么飞机返回基地后将不得不再次起飞，这将伴随着添加燃料及其他的延误。最后，当它们返回基地时，它们可能会变得容易遭到攻击。出于安全考虑，它们必须迅速地再次起飞，一旦到了空中，它们就可免受导弹的攻击了；当再次返回基地时，它们又重新变得脆弱——当然前提是这些基地仍然存在。如果不得不寻求替代基地，它们的性能将会进一步降低，它们在促成或维持一份基础薄弱的停战协议方面对敌人造成的威胁也将同样受到削弱。

因此，稳定的停靠点不仅必须在物理上是可能的，即满足起飞所要求的动量和重力条件，具备充足的燃料供给，便于实施统一指挥，并可保持通信畅通，保证决策速度及可获得丰富的信息，而且必须可以合理地确保避免遭受欺骗或者战争再起。

停战和军备控制

类似于任何形式的军备控制，停战协议很可能不得不通过监督来保证遵守。它可能采取非磋商性暂时休战的形式，每一方都停止攻击以察看对方是否也会这样做。在这种情况下，休战必须是双方都可以注意到的，且持续的时间应当足够长，以表明它将继续下去。但是，即使在这种未经磋商的情况下，双方也将对敌人的领土实施侦察；一旦沟通渠道建立起来，双方无疑会就此展开磋商。

有很好的理由可以假设：如果战争能够停止，一次简单停火即可实现这一点。考虑到沟通的困难和实现停战的迫切性，简单的协议将具有最强的吸引力，并可能是唯一能够按照战争正在进行的时间表来展开磋商的方案。未经谈判的停火，可能是唯一可通过缄默的磋商（tacit negotiation）和仅将暂时休战延长即可实现的停战方式。随后的磋商能够在多大程度上背离已经建立起来的现状是不确定的；在任何一方都不急切地希望恢复中止的战争及缺少一致协定的情况下，事态或许会停止下来。然而，如果停火仅是局部的，或者出于类似漫无目的的飞机盘旋对燃料的消耗之类的原因，而没有明确的安排，那么停火在本质上是无法持续的，短暂的停战并不必然决定最后协议的主要框架。

那种认为在所有的停战形式中，简单停火是最可信和最可能的形式的观点，是强有力的。然而，一方或者双方可能不会等到出现某种自然的"暂时休战"状态，就宣布或散播它希望战争停止的意愿和它所期望达成的协议。（首先公布其条款的可能是强大的一方，也可能是弱小的一方；可能是伤害较轻的一方，也可能是伤害较重的一方；可能是拥有尚未破坏的资产较多的一方，也可能是较少的一方；可能是发动战争的一方，也可能是应战的一方——或许无法明确地认定谁发动了战争，谁受到的伤害更为严重，或者谁最终拥有更多的尚未破坏的资产。）经过延长的"暂时休战"所具有的自然简单性将取决于能否实际地实现这种停战，而事态发展的迫切性不利于这种情况的出现。如果双方之间存在语言上的沟通，那么尽管我们仍然不得不期望所有的协议都是自然的和简单的，它却并非必须体现现状或者甚至是双方同时停战。如果在战争开始之前就已经对协议进行过考虑，那么"无条件投降"的提出就不需要经过很长的时间，或许还可以得到其他的各种简单的模式。

如果战争被成功地中止，那么看起来最可能出现的是一个"渐进式的停战"，同时当所达成的试探性协议解决了最迫切的事项后，注意力也逐渐集中于较不紧迫的事项。首先是停火本身，如果突然的停止是可行的，那么停火将是突然的；它或许不是，所以将不得不对已经无法召回的武器和无法取消的行动作出某种考虑或达成某种谅解。　或许不得不威胁敌人，将对其超出所达成的停火的容忍度的行动作出制裁或报复。

其次很可能是关于剩余武器的处理。　一个重要的可能性是自我销毁。　如果协议的条款规定一方应当部分地或完全地销毁自己剩余的战略武器，那么就必须找到一种可行并能够被接受的检查方式。　如果必须迅速地处理这些武器——有时或许不得不这样做——可以要求敌人将飞机降落在特定的机场，甚至要求将导弹射向某一地点，以便监控其撞击的影响（最好这些导弹的弹头已经被销毁或去除），以及要求将潜艇浮出水面，以便对其实施护卫监控或使其丧失能力。　在所有的处理敌人剩余武器的方式中，自我销毁肯定是最好的方式；运用技术来监督、促进甚至是以提供炸药包的形式参与其中，将比继续进行战争及继续将稀有的武器射向数千英里外好得多。

"无异议侦察"（uncontested reconnaissance）将是这一过程的一个重要组成部分。　接受限制性的或非限制性的监督，可能是实现任何停战的绝对条件。　在战争的最后阶段，不仅"武装侦察"是有用的，而且得到默许的通过飞机或其他工具实施的"非武装侦察"和无异议侦察也是有用的。

如同任何的军备协议一样，停战总是会出现欺骗问题。　也如同任何的军备协议一样，它都存在两个非常不同的危险。　一个是敌人欺骗了我们，但并未被发现；另一个是敌人没有欺骗，但看起来却是如此，以致协议由于缺少足够的检查而无效。　设想停战仅持续了一个小时，数枚核弹便落在我们的国土上。　敌人已经重启战争了吗？或许数分钟后我们就可知道事情的原因。　他是在检验我们，以确定我们在多大程度上愿意恢复敌对状态，还是试图暗地获得报复性武器或设法削弱我们在战后的军事能力？或者这些潜艇或轰炸机没有收到停战的命令，或对命令感到困惑，错误地认为它们应在停战之前执行最后的任务？攻击是由主要敌人的那些并未纳入停战协定的盟国或卫星国所实施的吗？敌人知道他的一些武器在停战后对我们实施了攻击吗？如果我们报复性地向敌人发射数枚导弹以使其老实听话，他会知道或相信这是对于他自己的行动的回应吗，还是会认为我们发动了新的攻击，重新开始了战争呢？如果欧洲战区或一些海外基地还没有实现停战，我们如何区分那里的局部行动是对部分停战精神的违反，还是仅仅是停战协议未涵盖地区的军事行动的继续？

如果类似这样的问题是可以回答的，那是因为它们提前就已经被提出或被考虑过，在暂时休战或达成协议时就已经得到确认，甚至在设计武器和制定作战计划时，就已经被认为是相关的。双方都应当希望避免由于对自己的军事力量缺乏足够的控制而破坏停战的可能性。

停战将引发关于保密问题的矛盾的情感。军事上更为强大的一方，可能会施加巨大的压力以证明自己是强大的一方（或者确信自己是强大的一方）。如果一方屈服于一个非常不平衡的裁军协议，它可能会为了讨价还价的目的而不得不证明自己是多么强大，但是在接受对手的裁军要求时却又试图证明自己是多么虚弱。出于虚张声势的目的，让对手相信它藏有一些尚未使用的武器将是有价值的；然而出于遵守停战协议的目的，如果无法令人信服地否认拥有它实际并不拥有的武器，这将是令人沮丧和危险的。

一些困难的选择

在成功地——或者以灾难性最小的方式——结束战争的过程中，一个关键的选择是，摧毁还是维持敌对政府及其主要的指挥和通信渠道。如果我们设法破坏敌国政府对其武装力量的控制，我们或许会降低这些武装力量的军事效能。同时，如果我们破坏敌国政府对其武装力量的权威，我们可能会阻止任何人拥有停战、投降、展开停战谈判或者解除本国武装的能力。这是一个真实的困境，在缺少关于敌人的指挥和控制系统、战争计划和目标原则、通信系统的脆弱程度及实施军事行动的程序等方面的技术知识的情况下，我们无法得出结论。 所有我们能做的只是承认没有显而易见的答案。 获胜一方的政府通常希望对方存在一个权力机构。 这个机构能够展开谈判，作出承诺，控制和撤出自己的军事力量，保证大使或监督小组成员享有豁免权，对残余的军事力量发布权威命令，在所有的核查过程中给予合作，建立某种国家秩序。历史经验强有力地支持维持一个有组织的敌方政府。 这个政府拥有要求它的武装力量停火、撤退、投降、就地停止或者向我们提供服务的权力。 这必然要求我们权衡通过破坏敌人的指挥结构来扰乱敌人的初始攻击所带来的好处。 或许在这两种选择中存在一个清楚的答案，但是在本书中我们不知道答案是什么，我们只知道它是重要的。 粗略地说，问题是，是否敌人的指挥结构比战争的有效开展或战争的有效限制以至停止更为至关重要，以及在这两种过程中，哪一种对我们来说更为重要。

当然，在维持敌国的政治领导阶层及其通信和控制手段，与摧毁或孤立它，但保持能够作出妥协以停止战争的军事指挥结构的完整之间，是存在差别的。 这也不是一个轻松的选择。 一些人可能会认为，军方将更加强硬和更不愿意接受无谓的牺牲，而文职领导人则试图维持他们的国家。 然而，另一些人则可能认为，政治领导人主要关注政权的延续，较少有其他的奋斗目标。 相比之下，不论对于牺牲的态度是什么，军方对于政权延续的态度更加现实；相比于对一个政权的政治命运的关注，他们更加重视国家本身的延续。 这里，问题的答案再一次依赖于专业的知识；它并非轻易即可得出。 但无论如何，国家内的某种权威是必需的，除非战争仅仅通过纯粹的武器耗尽来终止；传统的摧毁敌人"战斗意愿"的原则，将不得不让位于更为重要的维持敌人的"生存意愿"、指挥能力及"妥协意愿"的原则。 所谓的"战斗意愿"是一个庞杂的隐喻，它包含了心理学、官僚政治、电子学、纪律和权威、军事计划的集中和分散。 如果我们准备从巨大的实施暴力的能力中获得任何的影响力，我们最好确定某种我们能够施加影响和能够将战争置于控制之下的结构。

第二个困境在于我们希望向敌人施加的时间压力。假设我们在某个初始阶段后在军事上取得领先，我们可能发现自己处于这样一种位置，即进一步强有力地实施打击将能够逐渐地削弱敌人的残余力量，然而我们不得不决定这是否是致使敌方武器瘫痪的最有效方式。如果我们确定敌人将尽可能迅速地发射所有的武器，并试图最大程度地对我们造成民事破坏，那么主张尽快地和毫无保留地追击敌方武器的观点将是令人信服的。相反，如果我们确定他更愿意暂时停止战争和进行谈判，然而同时，他宁愿将武器射向我们，也不愿看到它们在地面上遭到摧毁，那么，我们对其武器的全面攻击，仅仅是扣动了敌人攻击我们的扳机；反对这样做的观点也将是令人信服的。这只是两种极端的可能性，但是也说明作出选择将是多么困难。尽全力地摧毁敌人的能力与尽全力地强制敌人的决定之间，有可能是互不相容的。不存在安全、稳健的犯错方式，我们不知道哪一种选择是安全的。除了关于维持还是破坏敌方的政府的选择之外，这个在最大程度地摧毁敌人的武器与最大程度地降低敌人使用武器的急迫性之间的选择，可能是最为关键、最为困难和最富有争议的。直接运用武力遏制敌人的能力与利用潜在的暴力影响他的行为之间，存在着明显的区别，这便是其中的一个例子。

第三个选择涉及盟国的武器。这主要是拥有核力量的同盟国家的选择，但是在某种程度上，美国也能够对其施加影响。在未来十年或者更长的时间内，盟国的核力量在军事行动中将仅具有次要的意义，因为它们相对于美国的力量是弱小的，也因为我们与盟国可能无法在目标计划上进行可靠的协调。任何盟国能够摧毁的目标，美国可能同样感到不得不予以攻击。

如果盟国的武器本身是易于遭受攻击的，如同飞机一样，那么它们或许不得不被迅速地使用以避免自身的毁灭；如果它们的目标符合美国的战争计划，那么这些目标在战争早期即会被摧毁（且与其代价相比，这些武器的价值也不大）。 如果盟国的武器除了易受攻击之外，还具备只可以有效地用于攻击人口中心这样的特征，那么这将会产生现实的危险，即它们将会破坏在战争中保持克制和成功终止战争方面的前景。这实际上将使它们对美国的城市（和它们自己的城市）构成与它们对所希望摧毁的苏联城市同等的威胁。

如果盟国的武器没有脆弱到不得不立即飞向目标，而是能够保留下来用于慑止敌人对其人口中心的攻击，那么它们的重要性或许会随着战争的继续而上升。 如果主要的敌对国家——美国和苏联——把自己武器的实质性部分用在了军事较量上，那么盟国的力量将仅仅由于与之相比较的力量的下降而呈现出相对规模的上升。 对于战争最后阶段的影响关键将取决于这些国家准备如何参与最后的谈判。

从相关核国家的观点来看，最成功的武器的使用方式或许是继续维持这些武器的威慑功能，并具备结束战争的能力。 由于这些武器对美国的战争计划的破坏可能超过对它的贡献，所以就美国而言，这可能甚至是使用这些武器的最佳方式。 有一种奇怪的暗示认为，尽管欧洲人已经间或表达了忧虑，担心他们可能最终进行一场无用的战争来对抗苏联，而美国则为了保全自己按兵不动，然而，一个重要的可能性却恰好相反，即如果它们的武器不是过于脆弱的话，它们更愿意将自己的武器留作备用，而让主要的武器消耗发生在两个更大的军事对手之间。

战争中的谈判

对我们中的一些人而言，将战争视为讨价还价的过程是不合适的。以暴力来进行讨价还价，包含着敲诈勒索、恶毒政治、无情外交，以及所有不礼貌、不合法、不文明方面的含义。 杀死和致残已经足够恶劣了，但是如果这样做是为了图利，而不是为了某种至高无上的目的，这将会更加恶劣。 讨价还价同样包含着绥靖、玩弄权术和外交手段、与敌人和解或合作、背叛和妥协，以及软弱、优柔寡断等方面的含义。但是进行一场纯粹破坏性的战争，既不干净，也不崇高；它仅仅是毫无目的的。任何厌恶战争的人都无法通过漠视负责任的目标来消除战争的丑陋。任何讨厌将权术与战争相结合的人通常都希望通过忽视或者掩盖其目的的形式来美化一项行动。这两种观点都是值得同情的，在某些战争中，它们可能受到迁就；然而两种观点都不应当主导一场热核战争的实施。

谈判包含哪些内容呢？首先是关于战争本身的行为。在严格限定的战争中，例如朝鲜战争、越南战争或限定于欧洲或中东的假想战争，关于战争方式的谈判是明显的和持续性的，其具体内容包括：使用什么武器，哪些国家卷入其中，哪些目标是不可攻击的而哪些又是合理的，哪些形式的参与不被视为"战斗"行为，哪些报复或紧迫准则及对战俘的处置方式是得到承认的。最大规模的战争也是如此，军事行动的指挥者对于战争中的行为应当具有充分的认识，例如：如何对待人口中心，有意地制造还是避免辐射性微尘，包含还是排除特定国家作为参战者和攻击目标，摧毁还是保留对方的政府或指挥中心，如何展示力量和决心，如何处理明确的讨价还价所依赖的通信设施。其中一部分的讨价还价是明确的，采用语言信息和答复的形式；还有很多则是心照不宣的，采用行动和对敌方行动的反应的形式。心照不宣的讨价还价，要求包含明显打击或者明显避免的目标、特定报复行动的特征和时机、力量和决心的展示、目标情报的准确性，以及其他任何可以向敌人传递意图或者塑造其对于战争类型的预期的事情。

其次是会存在关于停火、休战、停战、投降、裁军或者任何使战争结束的行动——关于停战方式及所需军事条件——的谈判。条款中可能会涉及武器——其数量、备战状态、部署位置、储存措施或销毁情况——及对无法召回、失去控制、下落不明或者对其状态双方存有争议的武器和行动的处置。它也会涉及监视和检查，或者是为了监督对停战协议的遵守，或者仅仅是为了确认事实，证明强大或虚弱，在出现不幸的意外事件时确定某一方是过错的还是清白的，以及掌握第三方军事力量的介入情况。 它还可能会涉及双方在下列方面的认识：军事力量的重新召集或重新组建，燃料的再补给，导弹在发射架上的待命情况，军事设备的修复和保养，以及其他的使一个国家或者迎接对方重新开始的攻击或者发动本方新的攻击的步骤。 它也可能会涉及在双方平民和财产遭受损害的程度、已有行为的公平性或公正性及施以惩罚或要求服从的必要性等方面的争论或讨价还价。 它也可能会涉及警报系统、军事通信或空防体系的解除或维持。 且考虑到为防止战争重启而将平民作为"人质"的意义，它非常有可能会涉及平民是否受到保护。

谈判的第三个主题可能是敌国本身的政权问题。 至少，我们可能不得不作出决定认可谁为敌国的权威，或者我们愿意与谁进行交易。我们需要选择与军方还是文官政府进行谈判；如果战争正如易被想象的那样具有破坏性，可能会出现一个"继承"难题需要解决。 在敌国内甚至可能会出现竞争性政权——其他的被认为掌控局势的指挥官，或者其他的政治领导人，这些政治领导人在获取控制权时依赖于是否他们可以垄断沟通渠道或使自己被认可为权威的谈判对象。 在某种程度上，任何一方都可以通过承认和谈判的程序来决定对方的政权。 这尤其出现于决定就同盟国家——中国或者法国和德国——的事务进行谈判，或者拒绝与主要的敌人就盟国和卫星国事务进行谈判，而坚持与这些国家的政府逐个地进行谈判。

谈判的第四个主题是对爆发局部或地区战争的战区的处理。 这可能会涉及领土的撤离或占领，当地军事力量的投降，协调性撤军，当地居民的处理，为维护当地治安而使用部队，战俘的交换，向当地政府归还或移交权力，检查和监督，占领当局的组建，以及其他与终止当地战争相关的任何事项。

大规模战争的节奏和实现停战的急迫性，可能要求为了实现停战而忽略局部战区的事务。 如果是这样，则可能会存在一种隐含或明确的理解，即战区战争（theater war）是通过单方面行动或紧随其后的谈判来停止的。或许可以想象，会存在一种预期认为，战区战争继续下去，将出现重新爆发更大规模战争的风险；可能还会存在另外一种预期认为，大战的结果已使得战区战争微不足道，或者已使其结局成为定论。在任何情况下，一场战区战争都会造成实际的同步难题：相比于更大规模的战争，它的节奏如此缓慢，以致战区停战条款完全无法符合大战结束所依照的时间表的要求。

第五个主题是关于长期裁军和检查的协议。这些可能会纳入一揽子停战协议之中，然而，安全地和可靠地停止一场战争与在之后维持一种安全稳定的军事关系是不同的。前者涉及立即需要满足的条件，例如在战争结束之前或者飞机返回基地之前，以及在部队发生松懈现象和居民被带出避难所之前。后者则涉及后期需要满足的条件。

正是由于这一原因，如同恺撒时代一样，停战可能会涉及提供抵押品作为未来服从的保证。具体采用何种形式是难以预知的，但是有选择地占领通信中心、预置炸药、破坏特定的设施以使其不得不依赖于外部的援助，甚至扣押人员作为人质等措施，或许看起来都是合理的。任何抵押类型——这些抵押品不是通过武力而是通过谈判获得的——目的均是为了维持那些如果不这样做便会很快消失的讨价还价的交易力量。当一方实施惩罚的能力非常短暂时，这样做可以使它获得确保对方未来服从的保证。这一原则是重要的，因为一方拥有的强制权力的延续时间与需要迫使对方服从的时间长度并不必然一致。

第六个谈判主题可能是关于不同国家或领土的政治地位的处理——对同盟或集团的瓦解、对国家的肢解，以及通常"关于"战争的所有其他议题，可能包括经济安排及特定的赔偿和禁令。其中的一些议题可能会自动地包含在战区战争的处理中，一些则已经包含在关于谈判政权选择的决定中。还有一些则可能无需处理即可自然地解决：战争已经如此具有破坏性，以致某些问题不再需要解决，某些事务变得不相关，某些国家变得不重要。

在这六个谈判主题中，第一个——战争行为——是内在于战争本身的，如果战争被负责任地实施的话。 第二个——停战或投降条款——内在于促使战争停止的过程之中，尽管大部分条款或许是不经谈判而自然地通过暂时休战创立的。 第三个——政权——在谈判的过程中，至少在一定程度上是隐含的。 第四个——关于局部战争或地区战争的处理——可能会被推迟到停战的紧急事务已经被解决之后再作处理；但是在其他的战斗被实际地终止之前，停战可能仍然是试探性的和不牢靠的。 长期裁军安排和政治与经济安排可能同样如此。

我们正在处理一个本身疯狂、喧闹和具有破坏性的过程，且这一过程是由之前从未经历过此种危机的人，在一个严重不确定的环境中按照非常紧迫的时间表所引导的。 我们不得不猜想谈判将是残缺的、不完整的、即兴的和无序的，并伴随着杂乱地和不一致地提出的威胁、建议和要求，同时谈判也容易受到对于事实和意图的误解及对于谁掌握着谈判和指挥权的不确定等因素的影响。 因此，这六个主题并不是谈判的议程，而仅是一系列用于对可能受到关注的事务进行分类的要点。 它们仅是一项为了提前考虑战争的终止而拟定的议程，而不是为了谈判本身。

最终的谈判（terminal negotiation）应当多快开始呢？ 答案是，最好在战争开始之前。 先于战争的危机是一个确立相互理解的有利时机。一旦战争的可能性变得非常大，政府可能会严肃对待能够强有力地影响战争本身的“战略对话”。 在通常的和平时期，苏联领导人可能倾向于鄙视在战争中保持克制的观念。 为什么呢？因为这种态度允许他们嘲笑美国的战略，发出大规模报复威胁，并仍然可能允许他们在不得不严肃对待战争时改变主意。 处于战争边缘时，他们会改变主意。 战争爆发之前，或许会出现密集的对话，以形成结束战争的预期，避免展开一场破坏城市的竞赛，并保持沟通的开放性。

有时，人们好奇沟通是否能够在战争期间建立起来。 而恰当的问题是，沟通是否应当被切断。 在战争之前已经存在密集的沟通，问题在于如何维持这种沟通，而不是如何创造新的沟通。

注 释:

[1] Commencement Adress, University of Michigan, June 16, 1962.

[2] *The Peloponnesian War*, pp.58—59.

[3] 美国政府最近一次对于这里所强调的差别的论述，是国防部法律总顾问（General Counsel of the Department of Defense）约翰·麦克诺顿（John T.McNaughton）在1962年12月的军备控制专题讨论会（Arms Control Symposium）上所作的发言。"有人断言，回避城市（city avoidance）必须等同于消除第一次打击（disarming first strike）。""这是错误的，美国并不从首先打击来思考这一问题。 城市回避战略（city-avoidance strategy）正是主张，其他任何可以获得的目标"，"不论是谁首先使用核武器，美国都将避免攻击城市。但是美国将保留充足的武器，同时将保持目标选择的灵活性，如果敌人首先打击城市，美国也将摧毁敌人的城市"。（麦克诺顿并没有解决本书第四章提出的问题，即是否"城市"是全有或全无的类型。）*Journal of Conflict Resolution*, 7(1963), p.232.

[4] 显然，一场不破坏城市和人口的打击军事力量的战争，要求武器不坐落在城市附近以至于和城市融为一体，同时还要求采取某种防止辐射性微尘的保护措施，以避免人们随后被无声地杀死。 美国将大多数的民兵洲际导弹部署在人口稀少地区，尽管它没有对因历史原因而靠近人口中心的导弹基地进行重新部署。 有一种观点认为，如果苏联继续在导弹数量上处于劣势，并希望避免美国以一种"干净的"和"非城市"的战争方式攻击自己的导弹，那么它可以选择将这些武器部署在城市附近；那时，一场相互打击军事力量同时避免攻击城市的战争在物理上是不可能的，战争对于美国可能不再具有吸引力。 然而在这种情况下，如果苏联缺乏避免攻击城市和进行谈判的动机，"大规模报复"将必然会发生。 如果苏联这样做，这将是一个政府利用自己的人民作为军事力量的"掩体"，挑逗敌人作出最坏的打算。 对于这种观点，既有人支持，也有人反对——按照我的观点，更多的人是反对的，甚至是苏联一方——但是这里需要强调的是，尽管这可以挫败一场试图避开城市而攻击军事力量的打击，但却不会使摧毁城市成为更加明智的战争类型。 通过降低美国进攻的动机——迫使美国在"打击军事力量"与"威胁城市"战略之间作出选择，而无法将两者结合在一起使用——来减少苏联武器的脆弱性是一种不牢靠的方法。如果战争发生，保持克制的动机相比于将武器和居民区分开来的动机，应当不会更小，相反，有可能会更大。

第六章　相互畏惧的动力

随着有关第一次世界大战著作的不断问世，人们对于技术、军事组织以及1914年欧洲大陆的地理情况对战争爆发的影响的理解越来越深入了。铁路和预备队力量是笨重的动员机制中的两个关键性要素，而此机制一旦启动就将难以停止。更为糟糕的是，它的停止将是相当危险的。一个国家所采取的战争准备步骤等同于发动战争的步骤，并且各国均以此种方式来看待敌人。

没有人可以确切地说出战争是何时开始的。汽车在进入碰撞的路线之前，需要有一连串的动作：发动引擎，踩离合器，挂挡，松手刹，加油。其中并不存在"最后的"决定；当中的每一个决定都部分地受到之前事件和决定的推动。选择的范围越来越窄，直到可供选择的方案完全消失。

铁路使得人员、食品、马匹、弹药、草料、医疗品、地图、电话以及其他的部队配给物品可在数天内运往前线以备发动或应对攻击——这取决于敌方部队是否已率先抵达前线。与和平时期所能负担的军队规模相比，预备队体系可使之扩大数倍。一个足以令任何政府或工业单位黯然失色的管理机构，决定着战争中的一系列问题：列车排运时刻，仓储情况，征召和运输的顺序，马匹与弹药箱、草料与马匹、弹药与炮筒以及战斗部队与野战伙房之间的比例，空车情况，腾出火车站以容纳更多的部队、厨房、草料和马匹，将人员配备到各个单位，整合小单位以组成更大的单位，以及建立使这些活动有序运作的通信手段。

　　这种动员奇迹反映了对于速度的执着：尽可能迅速地将部队运往前线，如果敌人的动员能力相对较弱，则利用敌人尚未准备就绪这一弱点；如果敌人已率先抵达前线，则将敌人所获得的优势降至最低。　动员的极端复杂性同时也伴随着相应的简单性：它一旦开始，就不会停下来。　就像纽约中央车站（Grand Central）的高峰时刻，任何的中断或者放缓都会引起严重的混乱。　描述这一场景的电影可以使时间停止下来；当时间停止时，一切都会暂停——发动机引擎中的煤炭不再燃烧，白天不再变为黑夜，马匹不再感到更加干渴，雨中的物资不再变得更为潮湿，站台也不再变得更为拥挤。　但是在现实中，如果进程被中止，人们会感到饥饿，马匹会感到干渴，雨中的物资会变得潮湿，上班的人们无处可去。　这样的进程就如同燃料耗尽的飞机在雾气笼罩的情况下试图降落一样不够稳定。　由此产生的混乱不仅代价高昂和令士气低落，而且会导致前进的动力消失。　而一旦消失，这一动力将无法立即重新启动。　不论动员缓慢会造成多么大的危险，最为严重的危险来自进行到一半戛然而止。

　　这种动员的动力给沙皇俄国带来了一种两难的困境。　它希望通过足够迅速的动员来对抗奥地利，以便阻止其首先消灭塞尔维亚，继而调转兵力迎击受到威胁的俄国所发动的攻击。　俄国人实际上已经制定了应对紧急情况的动员计划：一个是针对南方前线的局部动员计划；另一个是针对德国这个主要敌人的全面动员计划。　作为预防德国进攻的全面动员计划可能是富有远见的，然而这也会给德国造成威胁，并可能会促使其进行相应的动员。　针对奥地利的局部动员是不会威胁到德国的，但这将使俄国暴露在德国的攻击之下。　因为此时，部分动员已无法转变为全面动员。　在这两种动员计划中，铁路的组织方式是不同的。　俄国面临的两难是：它或者选择"信任"与德国之间的和平，并尝试通过仅组织力量对付奥地利来维持这种和平，然而此时，德国已经发出威胁，如果俄国同奥地利对抗，它将进行动员；或者选择针对德国的动员来防范可能的与德国的战争，并以此使德国面对一个似乎为应对整体战争而进行动员的东方敌人。[1]

　　如果世界上的大国如同英国那样均是海岛国家，形势会有何不同呢？如果每个国家与其最担心的敌人都被百英里宽的汹涌海洋所隔开，那么依靠第一次世界大战的技术，战争形势将有利于遭受侵略的国家而不是实施侵略的国家。在接收到敌人登船的充分预警后，防御的一方可以对敌方处于狂风巨浪中的运兵船实施攻击，同时利用海岸上良好的内部沟通和补给，来阻击只有依靠平静的海面才能将物资运上岸的敌方的两栖部队。尤其是对于更喜欢进行防御性武装的国家而言，它可以通过铁道炮、海岸炮及潜艇来攻击敌人的运兵船。这将使防御的一方获得巨大的优势，侵略者将不得不施展刺激对手的外交艺术，以使其愤怒到自己发动战争的程度。反应的速度对于防御一方来说可能是重要的，但并不是非常重要。如果局势尚不明朗，它可以继续等待，或者只进行"部分"动员。如果敌人需要几天的时间才能装载好舰队和跨越海峡，那么拖延几天后再采取行动并不要紧；防御性动员不会威胁到某一国家并导致这个国家发动攻击。

　　战争逻辑或武器科学并不内在地规定仓促行动将具有重要的意义。在某种类型的地理和技术条件下，速度将起到关键的作用，而在其他情况下，则并非如此。但是在1900年，欧洲的运输和军事技术（这在普法战争中已经得到检验）使得迅速反应看起来已经具有了决定性的意义。这可以从莫德上校（Colonel Maude）为克劳塞维茨（Clausewitz）的著作所作的序言中看出。[2]

　　　　胜利唯有通过一个组织在和平时期的创造才能确保，这个组织将在最短的时间里，在最大动力的推动下，把所有可获得的人员、马匹和枪械（或者船只和大炮，如果战争发生在海上的话）运送到战争的决定性战场上……那个知道他的装备即将就绪并发现战争不可避免的政治家，如果犹豫地不首先发动进攻，那将是对自己国家的犯罪。

即使我们无法控制技术呈现的方式，我们也仍然可以知道我们喜欢的是什么。我们喜欢的是那种不使仓促行动获得太多优势的军事技术。不论我们是俄国人、美国人或者其他国家的人，我们都会喜欢那样的技术。最糟糕的军事对抗是：任何一方都认为如果它抢在对手前面行动，便将获得胜利，反之则会失败。让我们将莫德上校的观点修改为：如果一个政治家知道他的装备在他发动快速攻击的情况下将会就绪，知道敌人的装备同样即将准备完毕，知道如果犹豫便会失去自己的装备和自己的国家，知道敌人面临同样的困境，并看到战争虽然并非不可避免但又具有极大的可能性，那么他犹豫地不首先发动进攻会怎样呢？

这位政治家会处在一个极其糟糕的境况中——一个他和敌人可以被同等地谴责的境况。即使任何一方都不喜欢战争，一方或双方仍都可能会认为等待是轻率的。他是一项特殊技术的受害者，因为这项技术没有向任何一方提供对抗进攻的保证和显示清晰的优势，从而使战争是不必要的，相反，却向双方提供了一种进攻的动机。这种动机将随着双方认识到对方同样受到进攻的驱动而得到加强，每一方都怀疑对方可能会抢先进行"自卫"行动。

在一个国家与敌人军事关系的所有可能的境况中，这是最为糟糕的一个。双方都由于一项不稳定的技术而陷入困境，这项技术可以使战争由可能转变为确定。在一场危机中，助长实施仓促行动的军事技术也将助长战争本身。一支脆弱的部队是那种不能等待的部队，尤其是如果它所遭遇的敌方部队在等待时同样会变得脆弱的话。

如果武器可以通过扳动开关或发布"开始"的信号而立即起动，并可以在几乎没有任何预兆的情况下造成决定性的破坏，那么一场危机的结果将仅仅取决于哪一方会首先发现这种悬而未决的焦虑状态是不可忍受的。如果任意一方的领导人认为对方将会按捺不住，那么他扳动开关的动机将会得到增强。

但是几乎可以肯定，现实的情况将比仅仅扳动开关更为复杂；此时，有一些事情可以做，也有一些事情需要发现。 所要试图发现的是关于敌人是否正在接近战争边缘或者是否已经调遣部队的迹象。 所要做的是增加"准备"的情况。 为什么而作准备呢？

有一些步骤可以增加发动战争的准备，而另外一些步骤则可以用来降低遭受攻击时的脆弱性。 大陆国家1914年的动员体系并没有对这两种步骤作出区分。 一方为应对攻击而作的准备同样也是为发动攻击而作的准备。 当然，它也同样这样看待敌人所作的准备。

一个国家为发动战争而采取的准备步骤，与为使战争对敌人较少具有吸引力或较少对本国造成毁灭性后果而采取的步骤之间必然存在重合。 不存在将预警措施和动员措施分为"进攻"和"防御"两种类型的简单办法。 一些最具"防御性"的步骤对于发动战争和等待敌人进攻具有同等的重要性。 如果敌人有可能在天黑之前发动进攻，那么向国民提供庇护场所是一个明显的"防御性"步骤。 但如果希望在天黑之前发动进攻，并期望对敌人的反击和报复作出应对准备的话，那么这就是一个明显的"进攻性"步骤。 停止飞行训练及其他一系列附属性的空中活动并在机场集结大量的轰炸机，是一种使敌人确信我们在遭受其攻击时将实施大规模报复的方式；显然，这也同样可以是一种对敌人进行攻击的准备步骤。

然而，尽管存在重合，两者仍然是有区别的。 古巴危机时期，美国的一个被广泛报道的准备步骤，便是将轰炸机分散到可供选择的机场。 很多大城市的机场都具备处理军用轰炸机的能力；在和平时期，令携带炸弹的轰炸机停放在大城市的机场是一件令人厌恶和费用高昂，甚至可能是危险的事情。 但是在危机期间，当不用轰炸机这种过于容易成为导弹攻击目标的武器与敌人进行对抗时，增加两倍或三倍的基地数量以供轰炸机分散停放是值得承受一定厌恶、一定费用，甚至一定危险的。 轰炸机被分散到主要基地之外的机场，是不利于它们发动攻击的；它们实际上可能在一定程度上难以作好准备以进行一场经过协调的突然攻击，尤其是因为它们可能更容易受到敌人的监视。 但是这样做将使它们不那么容易地遭受敌人的攻击。 因此，这种对轰炸机分散处理的方式，显示了为发动战争而作的准备与为应对敌人发动的战争而作的准备之间的差异。 不论这种将大城市的机场变为紧急情况下的军事目标的做法是否明智——除非轰炸机急需适度改善它们的安全状态，否则这样做是荒谬的——人们至少能够从中认识到这种措施主要是为了降低在遭受攻击时的脆弱性，而不是为了增加发动攻击时所获得的优势。

在动员的时间方面，两者也存在差异。 在我们进行战争准备的时候，敌人大概也会采取自己的备战措施。 如果他的这些措施降低了自身在遭受攻击时的脆弱性，减少了我们利用战略力量发动突然攻击所能获得的优势，并使他更加确信我们不会采取这样的行动；那么允许他有时间来作这样的准备，将会降低我们的进攻能力而不是防御能力，或者说它将降低我们的"打击军事力量"的能力而不是"实施报复"的能力。 在一场危机中，双方对其各自军队发出预警和作出动员的方式，与局势是否变得越来越危险有很大的关系。 备战的程度、动员的规模、战略力量的高度警戒状态以及"对抗"的感觉，都使局势看起来令人紧张、充满悬念和遍布敌意。 然而，如果每一方都使对方无法通过突然攻击获得很人的收益，并降低等待所需担负的惩罚（或者仓促行动所获得的奖励），则局势可能不会在一天的动员结束后就变得更加危险。

仓促行动的有害影响

仓促行动获得的奖励——在战争爆发的情况下，发动战争的一方或者未实施首先打击但进行快速报复的一方所获得的优势——无疑既是军事行动最大的危害，又是和平迅速演变为全面战争的最重要原因。 偶然的或非故意的战争——并非完全有计划或有预谋的战争——其整个想法是建立在这样一个关键假设的基础上的，即如果爆发战争，首先发动攻击的一方将具有非常大的优势，每一方都不仅意识到这一点，而且意识到对方会抢先这么做。 在紧急状态下，如果军事力量的特性将使匆忙行动和主动行动获得决定性的优势，那么先发制人的强烈欲望——抢在对方先发制人之前行动，对方也同样如此——可能会成为具有主导地位的动机。 如果不是因为这种迅速行动所具有的急迫性，难以想象有人会因为意外事故、错误警告、恶作剧或一时的恐慌而发动大规模战争。 如果抢先敌人一小时实施打击并不会带来决定性的优势，一方本可以等待更充分的证据以确定战争是否真的会发生。 但是当速度成为关键性的因素时，一场意外事故或者一个错误警报的受害者，会面临强大压力继续进行战争，如果战争确实已经发生，或者如果敌人看起来很可能会甚至是出于"自卫"而抢先发动战争的话。 如果每一方都将类似的急迫性归咎于对方，那么这种急迫性会加剧。

不是事故本身——机械的、电子的或人为的——引发了战争，而是它们对决策产生的影响引发了战争。 可能很多人都已经指出事故可以触发决定，然而仍然有必要对之加以研究。 补救的方法不仅是避免事故、错误警报或未经授权的冒险行动的发生，而且是能够平静地作出决定。 战略力量容易发生事故的特性——更准确地说，战略决定对于可能的事故或错误警报的敏感性——与战略力量本身的安全状况紧密相关。 如果一个国家的报复性武器在面对敌人的突袭时是相对安全的，那么这个国家就不需要对警报和敌人的短途行动作出如此迅速的反应。它不仅可以静候事态的发展，而且可以假定敌人在知道这一情况后，会较少担心对方作出仓促的决定，同时自己也会较少被诱使作出仓促的决定。

有两种方式可以使敌人遭遇不被突袭所摧毁的报复性力量。 一种是阻止敌人的突然袭击，另一种是即使在遭到突袭时也能够避免被摧毁。

雷达、用于侦察导弹发射的卫星遥感装置以及当国家遭受核武器攻击时发出警报的预警系统，可以使我们获得所需的数分钟时间来将大部分的导弹和飞机发射或升空，以免它们在地面上遭到摧毁。 如果敌人知道我们能够在数分钟内作出反应，并且我们能够获得所需的数分钟时间，他可能会被遭受报复性打击的前景所慑止。 同时，地下防护导弹发射井、机动导弹、潜艇发射导弹、不间断升空的轰炸机、隐匿的导弹和飞机，甚至太空轨道上的武器并不严重依赖预警系统；它们的设计即是为了免于遭受攻击，而不是为了预期在收到（可能是模糊的）警报数分钟后射向敌人。 就报复能力而言，预警时间和存活率在一定程度上具有相同含义，但是它们之间也会彼此竞争。 用于分散和强化导弹基地或者用于发展和建造移动系统的经费，原本可以投入到建设更好的预警系统上，反之亦然。

更重要的是，这两者在反应战略上是相互冲突的。 关键的问题在于，当我们确实收到警报时，应该怎么做。 那种能够在 15 分钟内作出反应的武器系统，有可能会对敌人构成强有力的威慑。 然而，当我们收到了警报但又不能非常确定其真实性时，这一武器系统也为我们提出了一个艰难的抉择：我们或者可以迅速地作出反应，同时冒因错误警报信息而发动战争的风险；或者可以暂不采取行动，以避免错误地开始一场可怕的战争，但同时又冒着如果警报是真实的，自己的报复性武器系统将会被彻底摧毁的风险（这还可能会削弱我们在危机中的威慑能力，如果敌人认识到我们倾向于不那么信任预警系统，而只有在他的轰炸机起飞后才会采取行动的话）。

这一问题可能会是个人层面的、心理层面的和电子层面的；如果最高层的政策制定者在有效的时间里过于犹豫不决或过于精明，以致无法按照电子计算机的敏锐性来展开行动，那么再好的现代物理学产品也会是无用的。

我们可以从那种在缺少警报的情况下仍然可以生存的武器系统中获得双重安全。 它会使敌人认识到，我们可以在模棱两可的迹象面前继续保持等待，可以花数分钟的时间来核实意外事件或恶作剧的起因，而不依赖于对一个难免会出现错误的预警系统作出迅速的反应。 或许这既可以允许敌人在意外事故面前同样保持数分钟的等待，也可以允许他们在危机中较少担心我们将因焦虑而采取行动，从而自己也较少紧张不安。（如果我们认为对方正在按照莫德上校的建议行动，我们也会获得一个额外理由来支持自己同样也这么做！）

如果我们像预谋战争一样来思考这些决定和行动，便会注意到，意外战争也会受到威慑的影响。人们通常认为，威慑的目的是旨在使对方在对其官员和军队实施完全控制的基础上作出理性的计算；人们也认为，即使在存在威慑的情况下，意外事件也可能会引发战争。马克斯·勒纳（Max Lerner）说："威慑原则在阻止战争方面的作用，依赖于双方几乎完全的理性。"[3]但是，将"意外的"战争——产生于疏忽、恐慌、误解或错误警报，而不是冷静地事先策划的战争——视为一个威慑的问题，而不是一个独立的问题或者与威慑不相关的问题，确实更为恰当。

我们希望慑止敌人作出攻击我们的决定——不仅包括冷静的和预先思考的决定，而且包括在危机的顶点时因紧张、冲动、恐惧和绝望而作出的决定。前者可能会出现在冷战的正常程序中，当敌人相信美国发动突然攻击具有现实的可能性时；而后者则可能会来源于一个错误的警报，或者是受到某人的恶作剧的驱动，这时，敌人并不认为我们即将发动攻击。

两者的差别在于作出决定的速度、可获得的正确和错误信息以及敌人对于如果他不立即行动则会出现何种结果的预期。敌人必定会认识到，在一场由于自身的犹豫而没有及时发动的战争中，他将承受巨大的痛苦和损失。他会在惊慌失措的情绪下，对战争是否已经发生以及为进一步确定事实而继续等待所具有的风险作出某种估计和猜测。在决定是否发动战争或对看起来像是战争的情况作出反应时，敌人不仅会考虑遭受报复打击的可能性及相应的后果，而且会考虑一场不是由他而是由我们发起的战争的可能性及相应的后果。慑止一场预谋战争与慑止一场"意外战争"，在预期的问题上——在作出决定时，一系列关于对方有何意图、警报是否真实、如果不采取行动对方是否会行动的问题——会存在差异。

因此，意外战争为威慑增加了一个新的内容：仅仅使敌人发动一场战争与完全没有战争相比更少具有吸引力，这还不够；还必须使敌人即使为了防止更为糟糕的战争而将主动发动战争作为防范措施同样不具有吸引力。在一场危机中或在一个意外事件之后，或者是由于某个恶作剧，或者是因为错误地理解了我们的意图，敌人或许认为这样一种更为糟糕的战争可能会发生或者已经发生。威慑必须使敌人发动的战争永远看起来不是谨慎的选择和危险程度较低的、先发制人的战争。

"意外战争"常常被引证为裁减军备的强有力的动机。武器的增加和扩散似乎会逐渐加剧意外战争发生的危险；而很多相信蓄意的攻击可被充分慑止的人，却也会担心军备竞赛所固有的导致意外战争的可能性。

然而下面两种观点存在严重的对立。一种是，为了尽可能地减少发生意外战争的可能性，强烈主张限制武器的数量；另一种同样出于"意外战争"方面的考虑，主张需要具备足够安全和足够充足的军事力量，以使得无须由于担心完全无法作出反应而仓促地行动。也就是说，在军事力量足够安全和足够充足的情况时，即使受到警报的刺激，我们也能够谨慎地质疑敌人发动攻击的意图，同时敌人也会相信我们保持冷静的能力，这反过来也会帮助他们自己保持冷静。一个不适宜的和不安全的报复体系，不仅使拥有者紧张不安，而且也使其敌人紧张不安。

还有一种情况也是重要的(正如在其他事务中出现的那样)，即以通过投入更多金钱来降低意外事件、恶作剧及错误警报发生的几率。使武器、意外事件和军备预算彼此关联，这样做忽视了这样一个事实，即报复力量的安全性能、对其的控制及与其的通信，是军事机构的一个重要的和昂贵的组成部分。对于特定数量的武器而言，更多的经费投入可能意味着更加可靠的通信和指挥程序；而预算不足则可能意味着对故障、混乱和恶作剧的防护能力的不足。

即使是武器数量也是具有影响的。 在现已出版的文献中，很少有人会为"过度杀戮"说好话，但是如下做法却很可能是一项有效的原则，亦即如果武器在数量上有剩余的话，就可以更好地提供，也将会提供对武器、人员和决策过程所施加的限制性措施。 这些限制性措施包括：延缓机制、安全装置、复核及商议程序、预警和沟通失败的谨慎应对规则，以及其他所有为避免未经授权而开火或避免对预料之外的事件作出仓促反应而设置的机构或机制。 相反，如果武器的数量不够充足，每项限制措施都将有可能会遇到困难：部署在某地的某些武器无法得到指令或者当某件武器应当开火时却无法解开其某个锁码，而这种滞后则会造成一些武器无法及时地进行发射。 解决这一问题的最好方法即是，储备充足的弹药来避免因一些哑弹而造成不同的结局，我们并因此能够负担得起谨慎程序和限制措施所造成的偶尔的故障。

这么说并非是想证明一个更大的战略力量将更加不易受到意外的或者未经授权的导弹发射的影响。 但是确实可能会如此；尽管这一观点并不足以自称能够解决裁军问题，但它肯定是值得我们考虑的。

"脆弱性"和威慑

"脆弱性"问题因苏联在 1957 年发射了人类历史上的第一颗人造地球卫星并宣布它已成功地试射了一枚洲际弹道导弹，而得到渲染。没有人会怀疑如果美国战略空军司令部的飞机对苏联发动攻击，将能够对其造成巨大破坏；这毫无疑问足以惩罚苏联所进行的任何侵略，并足以慑止这些侵略。 但是如果苏联即将获得一种在没有预警的情况下即可摧毁美国大量轰炸机的能力，而这些飞机由于集中停放在少数几个机场而处于脆弱的状态，那么，那些以这些容易被摧毁的轰炸机实施报复性打击为基础的威慑性威胁便可能是无效的。 美国在 1957 年左右开始的对脆弱性的关注，并不是着眼于在苏联对美国的城市发动突然袭击的情况下，妇女和儿童及她们的生存手段的脆弱性，而是着眼于美国战略轰炸力量的脆弱性。

这种对脆弱性的关注导致轰炸机警戒状态的提升，而针对弹道导弹的雷达预警将能够使轰炸机通过升空来拯救自己。 这也导致美国抛弃了像阿特拉斯（Atlas）这样的"软弱的"、大型的、使用液体燃料的导弹，而紧急代之以像民兵（Minuteman）和北极星（Polaris）这类可以分散部署在坚固的发射井或隐秘的潜艇中的能够有效地威胁实施报复的导弹。 一枚阿特拉斯导弹如果能够存活的话，其报复效力将能够抵得上数枚民兵导弹，但是它却无法令人信服地相信其在攻击面前能够继续存活。 在 20 世纪 50 年代末和 60 年代初，战略武器的主要选择标准毫无疑问是不易因遭受敌人攻击而受损。 脆弱的战略武器不仅会招致攻击，而且在一场危机中，它们还可能会迫使美国政府在其更希望等待的时候发动攻击。

脆弱性是 1958 年关于防止突然袭击的日内瓦谈判的一项中心议题。 一场突然开始的战争并不特别可憎；如果人们即将被杀死，那么在临近死亡之前得到这个坏消息并不会给他们带来多少安慰。 突然袭击之所以在裁军会议上成为一个有价值的议题，正是因为战略武器系统的这种特性，即"出其不意"有可能会帮助攻击取得成功，并且由于这种成功而破坏了威慑。 然而突袭是否成功将取决于它能否使发动攻击的一方免受报复性的回击；对其成功与否的衡量标准不在于受害一方的城市遭受摧毁的速度，而在于其战略武器遭受摧毁的可能性。 如果能够通过快速和突然的袭击在地面上消灭敌人的轰炸机，那么对于敌方居民的处置便可以从容不迫地进行。 如果双方都具有或者通过合作能够获得阻止突然袭击或使自身的战略武器较不易在突袭面前受损的手段，那么这可能会使威慑变得更加稳定和可靠，并确保每一方都能够避免遭受攻击，因此也会减弱任何一方发动攻击的动机。

所以我们举行了一场反常的大规模裁军会议，致力于通过大量的措施来保护武器本身，而不是保护妇女和儿童、非战斗人员和人口中心。如果一项"开放天空"的协议能够使轰炸机和导弹更加安全，从而使报复威胁成为现实的威胁，那么不论是谁发动了战争，妇女和儿童的安全都将能够得到保证，这不是因为他们在战争来临时收到了警报，而是因为战争将更不可能会发生。　如果城市只有有限数量的防护掩体，那么这些掩体应当给警察用，而让人们从不易遭到摧毁的警察力量那里获得安全。

武器的特性：力量与稳定

一定时期的武器、地理以及军事组织包含着一种我们可以称之为"通往和平或战争的固有倾向"的特性。　军备和军事组织在国际冲突中很难会被视为唯一重要的决定性因素，但是两者也都不应被视作是中立的，亦即不应被视为既不偏向于推动战争的发生，也不偏向于促进和平的维持。　武器的确影响了对于战争与和平的展望。　不论是好还是坏，武器都决定了人们对于冲突形势的估计、预期和决定，以及危机的特性、对危险的评估和战争开始的过程。　在任何特定的时间里，武器的特性都决定了或有助于决定在一场危机中，发动战争和继续等待哪一种选择是明智之举；它也决定了或有助于决定战争边缘留给双方谈判的时间；它还决定了或有助于决定战争一旦开始，就将完全失去控制，还是会继续服务于政策和外交的需要。

将这种影响归因于"武器"有些过于狭窄地集中在了技术性问题上。　事实上，产生这种影响的是武器、组织、计划、地理、通信、预警系统、情报信息甚至关于战争行为的信念和原则等组成的整体。　其要点在于，这些军事因素组成的综合体，在战争发生或不发生的过程中并不是中立的。

这明显是从单方面的意义上而言的。　处于弱势的一方不大可能会攻击强势的一方，几乎所有人都承认这是因为存在某种"威慑"因素。但这并不是我所考虑的；如果力量对比如此重要，且如果容易对力量对比作出评估，那么问题将是简单的。其结果将会是，要么强势的一方征服弱势的一方；要么强势的一方爱好和平，并能够安全地不受弱势敌人的侵害。将两者相结合或许能够达到一种平衡或者优势，但我们将要处理的是简单的可被加总的数量问题。然而，当我表示广义上的"武器"本身就是一个影响因素时，我指的是它的特性，而不是其简单的数量。以数量来表示的"力量"（strength）不足以描述一个军事综合体。

我们刚刚讨论了一个关键的特性——对于速度、主动行动及出其不意的依赖。这与"力量"是不同的。如果一架飞机能够摧毁一个飞机场上的45架飞机，那么将对方的飞机消灭于地面可能是具有决定性意义的，而比对方拥有更多的飞机则仅是一个适度的优势。如果优势属于发动战争的一方，练兵场上的军队清单——双方数量的比较——对于战争的结果就仅具有适度的价值。而且，需要强调的是，战争爆发的可能性取决于抢先行动所得到的奖励有多大，通过发动战争来避免遭受战争破坏的动机有多么强烈，以及在一场危机中，当没有充足的证据时，选择和平所要遭受的惩罚有多大。

"力量"问题是重要的，但是"稳定"（stability）问题同样重要——确保避免被突然袭击所摧毁，可安全地等待，使抢先行动无利可图。[4]

稳定本身具有静态和动态两个方面。静态方面反映了特定时刻的预期结果，如果任意一方发动了战争的话。动态方面则反映了如果任何一方或双方通过警戒、动员、展示及其他随着时间逐步实施的行动朝着战争的方向移动，那么对于战争的计算会发生何种变化。动态方面也涉及在危机中所采取的行动。当我们作好战争准备时，我们会变得更易受到攻击还是更不易受到攻击，而敌人相应会变得更加不易受到攻击还是更易受到攻击，他更不担心还是更加担心自己的脆弱性以致需要迅速地发动攻击？同样重要的是，明天和后天会因为我们今天所采取的措施出现何种改变呢？如果我们能够在今天使自己更加不易受到攻击，这是以牺牲明天为代价的吗？

轰炸机是这种动态问题的一个生动例子。收到警报时，它们能够离开地面。起飞后，它们应该首先前往攻击目标；在战争状态下，它们不应为了确定进一步的行动而把时间和燃料浪费在空中盘旋上。当它们前往攻击目标时，它们或者会被召回或者所执行的任务得到确认。〔实际的程序可能是：除非任务得到确认，否则它们将返回基地，即遵循"正面控制"（positive control）的命令程序。〕然而如果被召回，这些轰炸机又将回到相对易受攻击的基地。它们需要添加燃料，机组人员需要休息，它们可能需要进行维修，还可能会出现相互之间行动的相对不同步。总而言之，与起飞前的状态相比，它们更加容易受到攻击，同时也较不易作好实施攻击的准备。

这是一个涉及时间压力的动态问题，这种情况不会无限期地得到维持。这并不是一个不可解决的问题，但却是一个不得不解决的问题。就像第一次世界大战中的铁路动员一样，对轰炸机的安排可能具有简约性和高效率，如果忽视它们不得不在空中盘旋或返回基地的可能性的话。同时也和第一次世界大战中的铁路的情况一样，轰炸机自身的程序可能会对决定的作出产生强制性的影响，除非对这种程序作出过调整以利于轰炸机有序地返回基地。决定可能会朝着下列两个方向中的任何一个作出调整。这些轰炸机可能会在应当起飞时却没有起飞，这是因为担心依照一个错误警报行动而给军事力量造成代价高昂的破坏，并最终导致轰炸机不得不无序地返回基地。也可能会由于受到某种形势的强制而作出继续进行战斗的决定，即此刻的形势有利于轰炸机进行战斗，而不利于取消行动。[5]

如果双方或者甚至一方面临被强制决定进行战争的形势，则以下这种危险将会增加，即战争事实上将起因于某种错误警报。这是武装力量所具有的影响战争倾向的特性之一，而这并不包含在关于"力量"的计算之中。美国战略空军司令部无疑已经认识到了这一问题，并已采取措施最大程度地减小这种影响；这里要强调的仅仅是，这些措施是必要的，虽然无疑会造成某种损失。 飞机的技术条件将对这一问题能够在多大程度上得以解决产生影响。 如果在设计飞机时或者在建设跑道和燃料添加装置时没有意识到这一问题，则可能更加无法全面地解决该问题或者代价更加高昂。

在固体燃料导弹尚未如此迅速地取代原先设计的使用冷冻液态燃料的导弹的情况下，为导弹加注燃料可能也会产生类似的问题。 如果为一枚导弹填充燃料需要耗时 15 分钟或者一个小时，且加注燃料的导弹无法无限期地维持备战状态，那么由此产生的问题就非常类似于轰炸机面临的问题。 为导弹填充燃料并不是一个简单的经济行为，为了加强战备状态需要消耗一定的燃料，在危机结束后，还需要对导弹本身进行某种保养工作。 如果燃料开始出现耗竭，或者加注燃料的导弹易受机械疲劳或故障的影响，那么使导弹处于备战状态就是一个冒险的决定。这种风险在于：与未处于备战状态时的情况相比，备战导弹在经过一段短暂的时间后，其备战状态反而下降了。 处于备战状态的导弹，就像在空中消耗燃料的轰炸机一样，能够强制政府作出一项决定；一旦导弹加注了燃料、准备就绪或威胁在一段时间内即可就绪，那么这种情况就可能会强制政府作出有利于战争的决定。 当然，也可以通过展示导弹一旦进入动员过程便将是危险的来强制政府作出保持未备战状态的决定。

20 世纪 60 年代中期的美国战略武器系统，似乎与 1914 年的动员过程没有多少共同之处。 安全且可快速发射的民兵和北极星导弹以及经过仔细设计的轰炸机警戒程序，似乎可以最大程度地降低政府在危机中的决定所受到的限制或强制。 战略武器系统看起来具有最低程度的"动态不稳定性"（dynamic instability），并体现在其警戒和动员程序之中。

一些观察家认为，这其实是一种劣势，因为敌人将因此而不会轻易地被美国的战争展示所强制。 这种展示包括采取措施暂时提升战备状态和显示甘冒战争风险的意愿等，而这些措施也实际地增加了战争的风险。 还有一些人认为，轰炸机在一场危机中比即刻就绪的导弹更为有用，因为它们能够引人注目地起飞或分散至民用机场，而这会给人一种作好战争准备的印象。

这些观察家们的观点可能是正确的。 然而需要认识到的是，炫耀肌肉很可能并不会令人印象深刻，除非这样做是代价高昂的和冒险的。如果在一场危机中飞机的起飞伴随着巨大噪音和行动的展示，却并没有给自己造成真正的风险，而仅是在燃料的消耗和人员的疲劳上带来适度的损失，那么这种展示就不会收到多少效果。 令人印象深刻的展示很可能是危险的。 我们无法两者兼顾。[6]

动员：当代案例

有一个很少受到关注且重要性被严重低估的重要的动员领域，它在一场危机中可能会是极其重要的，而不论这种动员是好还是坏——如果一方希望作出展示则是好的，而如果一方并不想使国家政策制定者处于实际的决策压力下则是坏的，尤其是当这种情况没有被预见到和考虑到的时候。 这一领域就是民防（civil defense）。

民防常常被称为"消极防御"（passive defenses），而反导导弹、防空导弹和截击机则被称为"积极防御"（active defense）。 然而，从通常的含义来理解这些词语，会发现一个重要的现象，即民防很可能是最为积极的，而"积极防御"的措施则是最为消极的。 如果我们在人口中心周边部署反导导弹，它们本身很可能是快速反应型导弹，而处于连续的备战状态，而不需要必须通过突然的准备程序和只有当威胁目标出现在近空时才实施行动。 我们可以想象一下其他类型的对抗弹道导弹的防御措施，这些措施并不需要准备程序，而是要求提前作出动员决定；在紧急状态之前就已经发射的生存周期短暂的卫星轨道系统，或许具有这种特性，它预见到了攻击的发生。 但是目前处于讨论中或开发中的系统则看起来都是相对"消极的"。 它们会在持续的备战状态下静静地放置，而只对近空出现的敌对目标作出反应性的开火。

民防则与之形成了鲜明的对比。 只有当人们进入掩体时，掩体本身才能够发挥最好的效果。 而让人们进入掩体的最佳时机是在战争开始之前。 等到敌人已经发射了弹道导弹（如果预期一些导弹将以城市为目标的话），就只能让人们依据快速避难程序来进行避难了，而这一程序在现实条件下尚未经过检验。 即使预期敌人一开始不会攻击我们的城市，目标区域的辐射微尘也会在短时间内到达，时间从几十分钟到几小时不等，在战争造成的恐慌和混乱的情况下，区区数小时的时间对于安排人们进入掩体可能是不够的。 而且使人们进入掩体的最有序的方式是在战争开始之前即进行隐蔽，因为这要求集合家庭成员、关闭燃气和电源、带足食品和降低火灾危险、不遗忘年老和生病的人以及使人们的恐慌减至最低。

这意味着在战争开始之前即进行隐蔽是一件必然的事情。 但这会产生一个两难的选择。 如果隐蔽是人们预期战争会发生或准备发动战争的信号，那么这一行动就等于向对方发出了通知。 突然袭击则依赖于尚未实施隐蔽。 国家领导人必须决定对敌人发动突然袭击的好处是否值得以其人民未作好准备为代价。 这将是一个困难的选择。 一方能够承担得起在提醒自己国民的同时提醒敌人的风险吗？ 一方能够承担得起在对敌人发动突然袭击的同时令本国国民感到震惊的风险吗？

隐蔽不可能是一项全有或全无的行动。 如果政府严肃地对待这一两难问题，便几乎肯定会采取部分的或渐进的步骤。 假如一国总统或总理在深夜预判到战争很可能在未来 24 小时内发生，他还会让所有的国民依旧在第二天早晨上班吗？ 还是他应当宣布放假，以便家庭成员能够聚在一起，城市公共交通不至于陷入混乱，人们可以持续地关注民防公告，政府能够传达最后的命令，以及人们可以维持某种纪律？ 假如因为某个战区正在进行的激烈战争，总体战争的可能性超越了某个门槛，年老体弱及远离掩体的人们是否就可能因此不会得到庇护或作好得到庇护的准备？在这种情况下，一些较不重要的经济活动不应该被停止吗？总统或总理在知道战争已经变得非常有可能时，还能让全体国民处于原始的易受攻击侵害的境地吗？任何的隐蔽行动都是战争迫近的显著信号，并因此对战争本身起着决定性的作用，所以应当避免采取这种行动，这种可能性是存在的。 然而，同样令人信服的是，如果在一场危机中，采取渐进的方式实施隐蔽行动，而不是突然地、全有或全无地停止活动，并且人们不争相冲向掩体，那么隐蔽行动就可以不那么引人注目地和不那么危险地具有指示作用。

隐蔽行动不是唯一的"消极防御"行动。 一种防御核武器热辐射的措施是将烟雾喷射到空气中，而这属于消极防御还是积极防御在语义上仍然是不明确的。 浓烟层可以起到重要的作用，尤其是如果导弹防御系统迫使敌人只能在远距离引爆炸弹的话。 但是在敌人的导弹进入视线后，无法立即制造出烟层；只有在战争爆发前就开始运行发烟器才可以收到最好的效果。 这意味着只有主动进行"动员"，并同时伴随着某种向对方传递信号的危险，这种"动员"才能收到最好的效果。

人们无法永远停留在掩体内。 关于人们能够在其中停留多长时间的一般计算——例如食品的供应情况——涉及放射性物质需要多长时间才能衰变以及清理核微尘所需的程序，这样外部环境才可以保证是安全的。 但是如果必须将隐蔽行动设想为动员的一个步骤，那么人们在掩体内停留的时间就与危机本身的时间相关。 人们可能在掩体内停留了两三个星期，战争却没有发生；在这种情况下，如同空中的飞机一样，它们会强制国家领导人作出决定以反映国家不能无限期地维持备战状态。 在所有的使人们能够继续停留在掩体内的理由中，最重要的是，避免因为人们无法继续忍受焦虑或者饥饿而需要快速发动战争。[7]

解除隐蔽是一项意义重大的行动。 它将是一个引人注目的信号，或者表明国家的战备资源耗尽了，或者表明危机变得不再那么危险了。这至少与部队的撤退或战略力量的警戒解除具有同等重要的意义。 事实上，如果国民处于受庇护的状态，谈判所关注的就不仅是最初引发危机的事项，还会包括危机本身。 战争的迫近将至少与危机的起因同等重要，甚至可能会主导谈判。 解除对本国居民的庇护的条件很可能是，敌人表现出对其自身国民的庇护变得相对脆弱，这时或者可同步解除隐蔽或者可将敌人解除隐蔽作为条件。

这些并不完全是假设的可能性；美国仅具有一个初步的民防计划这一事实，并不意味着这些考虑是不相关的。 我们无疑具有在一场危机中实施民防的巨大潜力。 如果合理地组织，美国的人力和设备可能会在一星期或一天内创造出大量的民防设施。 在古巴危机期间至少有一些人留在了家里。 那是一场温和的危机，但是它本来有可能走向不同的方向。 如果大多数美国人确定或被告知战争即将发生，他们无疑会为自己提供大量的保护，如果他们被得体地命令这样做的话。 而如果这种"应急民防计划"可以提前获得，或者如果应对这种紧急情况的关键性生活用品和设备已经先行预置的话，人们将可以做得更好。 事实上，为了避免恐慌，使人们为一场危机中的民防忙碌地工作，不论是储水、准备消防用的沙土、通过电视接受教育，还是在恐慌降临之前离开某一特定区域，可能都是必要的。

在缺少预先准备的民防设施时，一些"动员"步骤可能会更加剧烈、更加困难，甚至更加重要。 所以，缺少系统的计划并不必然意味着总统在危机中不会就对国民的庇护和经济活动的问题作出决定，而是仅仅意味着由于缺乏计划和准备，总统对于他所面临的选项的认知较差，对于自己的选择的控制较弱，对于结果的认识也较少。

所以我们确实拥有"动员程序"，它们在一场危机中可以变得非常重要。 这些程序被反常地认定为"消极"防御，然而实际上它们比其他的防御手段更加"积极"。 它们不是我们的军事组织和武器系统的组成部分，我们也因此往往在关于军事态势的讨论中忽视它们。 但是它们确实是存在的，并能够使战争边缘如同 1914 年的战争动员一样繁忙、复杂和狂乱。 当然，我们希望它们不会使局势变得不可逆转。

　　特别危险的是，这些过程的运作方式在它们被置于实际的紧急状态之前不会得到人们的理解。战备——军方和民间的警戒与动员——的动力涉及政府最高层的决定，超出了专家的控制范围。迈克尔·霍华德（Michael Howard）在描述 1914 年的动员情况时写道："国家领导人对于他们所赖以维持国家安全的这一系统的简单技巧表现得一般性无知，这令我们感到惊讶，但如果英国人在提出今日的防御政策时仍然没有就如此多的类似情况加以阐明，则会令我们感到更加震惊。"[8] 作为一个英国人，他将其评论的对象适度地限制在本国人的范围内。我不知道苏联人在这些问题上的无知状况如何；美国人的无知肯定不是"一般性的"，而是非常的。一天只有 24 个小时；没有哪一位总统、国务卿、主要政府官员或国家安全顾问能够掌握军事警戒和动员的外交，尤其是当这种外交依赖于对苏联机器如何工作的了解时，而如果苏联领导人自己都不掌握这种知识，那么最好的情报机构也无法向我们提供。苏联人的一天同样只有 24 个小时。在如何管理处于战争边缘的国家的问题上，每个决策制定者都是缺乏经验的。这样的现实情况无助于我们解决关于民防的动员问题。然而提前对其加以考虑能够并且应当会起到巨大的作用。人们在 1914 年并没有这样做；唯一考虑过这一问题的是那些在战争发生时负责赢得胜利的人，而不是那些负责决定战争是否应该发生的人。[9]

武装世界的稳定问题

　　潜在的不稳定状态具有两种类型：一种产生于一方在战争爆发时可能会因快速和主动的行动以及突然袭击而获得的优势；另一种则产生于警戒和动员程序具有的可能会变得不可逆转的倾向，这种倾向会向决策制定者施加一种时间压力，或者自行提高因仓促和主动行动而获得的奖励。这两种类型无疑是存在于军备本身的危害的主要来源。当然，无论武器本身多么地稳定，都可以进行蓄意的战争，在一些时候也可以可信地威胁要进行战争；但是军备本身所引发的一场不希望发生的战争、一场任何一方都无所得和不符合任何的政治必要性的战争的程度，必然同上述两种类型的不稳定状态中的一种或两种紧密相关。 武器的特征对于军事环境的稳定或不稳定的影响，同武器数量在这方面的影响一样大，并很可能超过武器数量的影响。 军事力量的特性部分地由地理条件所决定，部分地由技术发展的方式所决定，还部分地由军事力量的设计和部署上的有意识选择所决定。

如果所有的国家都是自给自足的海岛国家，并拥有核武器出现之前的第二次世界大战时期的军事技术，那么相互的威慑可以是非常稳定的；甚至一个已经决定进行战争的国家也不愿意首先发动战争。[10]然而，伴随着热核技术的诞生，先发制人地发动战争所带来的不稳定性的危险便成了一个严重的问题；在这种情况下，武器本身可能容易受到远距离突然攻击的侵害，除非有意地对它们进行代价高昂的设计，以减少可供敌人突然攻击的目标。 这反过来又提供了一个关于武器类型的选择，即相对适用于发动突然攻击的武器和相对适用于承受突然攻击和进行回击的武器。 例如，北极星潜艇相对适用于承受攻击和进行第二次打击；北极星导弹本身适用于开始一场战争，但是无法与其承受攻击的能力相比。 和其他的导弹相比，北极星导弹价格昂贵，但高昂的费用使它较不易遭受攻击，而不是使其更有利于发动突然攻击。 让我们从一个不同的角度来解释这一点。 在遭受攻击后，以500枚北极星导弹进行回击的可靠能力，相当于大约500枚导弹发动第一次打击的能力，因此，为了应对这500枚可承受攻击的北极星导弹，需要数倍于这一数量的更为脆弱的导弹，同时第一次打击的能力也应相应加大。 也就是说，在任何特定的报复能力水平上，北极星导弹系统提供了相对较弱的首次打击能力，这仅仅意味着，在任何特定的报复能力水平上，它提供了相对较强的第二次打击能力。

如果所拥有的武器的特性使得双方均无须首先采取行动以避免本方

武器的毁灭，因此任何一方都不会因抢先行动而获得优势，同时每一方也都意识到对方同样不会这样做，那么，战争的开始将会变得更加困难。双方都能够承受得起这样的规则所带来的风险：当存有疑问时，等待。在莫德上校的时代，被推荐的规则却是：当存有疑问时，行动。也就是，迅速地行动；如果因受到诱惑而感到犹豫不定，记住你的敌人却不会如此。

这种问题不仅产生自热核战争的层次。以色列军队很大部分是由可动员的预备役力量组成的。预备队如此庞大，以致一旦被动员起来，国家便无法将战备的状态无限期地维持下去；大部分体格健壮的劳动力都被动员起来了。在一年的大部分时间内，前线总是关闭的，地面总是坚硬的，天气也总是晴朗的；速度和突袭对敌人而言是非常重要的，因为这决定着它所面对的以色列部队是一小队还是一支大部队。对于发动攻击的准备，以色列面临着一个选择，即动员或者不动员；而一旦动员，它又将面临一个选择，也就是，是在敌方军队集结之前实施打击，还是等待事态的发展并与敌人展开谈判，以确定双方的动员是否能够撤销，实施攻击的诱惑是否会迅速地得到抑制。

在热核战争层次，先发制人造成不稳定这一难题，在 20 世纪 60 年代中期，看起来比在 60 年代初期明显地更加接近于得到解决。这在很大程度上是因为美苏两国有意识地设计和部署了脆弱性更低的进攻性武器，部分是因为两国政府更加明确地认识到这一难题，同时或许在某种程度上也是因为美苏两国加深了对于避免错误警报及避免作出加剧相互怀疑的反应的必要性和手段的理解。在古巴导弹危机期间，苏联看起来放弃了任何剧烈的警戒和动员程序，并可能将之作为一项有意地避免加剧危机的政策。华盛顿和莫斯科之间建立的"热线"至少是双方承认这一难题和表达对之加以严肃对待的意图的象征。

但是这种不稳定性难题并不必然会静静地等待解决。它或许能够继续得到解决，但必须借助于有意识的努力。新的武器系统不会自动地如同到 20 世纪 60 年代后期为止已经实现的那样继续维持这种稳定性。 如果美国或苏联广泛地建立起弹道导弹防御，这可能会维持但也有可能会破坏稳定，这将取决于它们增加了或减少了任何一方首先发动打击所获得的好处；而这反过来又将取决于弹道导弹防御能够在多大程度上有利于对抗敌人的已经遭到突然袭击破坏的导弹力量。 同时它也取决于弹道导弹防御是否能够很好地保护本国导弹力量免受摧毁或者保护城市免遭报复性攻击。 此外，它还将取决于弹道导弹防御是否会引起导弹本身特性的改变，或者导致其转变为其他类型的进攻性武器——大型导弹、低空飞行战机、太空轨道武器——以致加剧了在危机中快速行动的迫切性和增加了首先发动打击的诱惑。

稳定当然不是一个国家在其军事力量中唯一追求的目标。 事实上，可以找到一些例子来证明某种类型的不稳定也可以导致国家在军事事务上的谨慎。 如果不存在危机失去控制或者小规模战争演变为大规模战争的危险，那么对小规模战争和其他破坏性事件的抑制或许也会减弱。 对"意外战争"的恐惧，可能倾向于要求管理世界以防止出现公开的动乱和冒险。"意外战争"，即非预谋的战争，起因于严重的误解、错误的警报、危险的警戒态势，以及倘若发生战争便实施快速打击的迫切性。 如果独木舟使得乘客保持警惕，那么它可能会比小艇更加安全，尤其是如果这些乘客之间在放松警惕的情况下倾向于争吵和打斗的话。 然而，危险几乎必定是由于太不稳定而不是太过稳定；所以我们希望技术的发展会使军事环境更加稳定而不是更加不稳定，同时我们也极力主张双方武器的选择能够尽可能地降低不稳定性。

裁军后世界的稳定性问题

20 世纪 60 年代初期，那些关注军事政策的人在军备控制上的主要兴趣集中于相互威慑的稳定性。 很多研究军备控制的学者更加关心战略武器的特性而不是其数量，而对数量问题的最主要兴趣则集中于武器数量对于发动战争的动机的影响，而不是集中在如果战争随之而来武器所造成的破坏程度上。"军备控制"和"裁减军备"之间存在相当明显的区别。 前者着眼于使相互威慑保持稳定，寻求重塑军事动机和能力；后者则据称是为了消除军事动机和能力。

但是两者要想获得成功都需要依赖于相互威慑及这种威慑的稳定性。 军事稳定性对于非武装国家之间的关系以及武装国家之间的关系同样都是关键的。 除了普遍的脑外科手术之外，任何方法都不能消除人们关于武器及如何制造武器的记忆。 如果"全面裁军"可以使战争变得不可能发生，那么这将必然是通过降低动机来实现。 然而，这样做并不能消灭潜能。 一旦战争开始，最原始的战争形态也可以通过军备重整而实现现代化。

如果战争爆发，一个国家将能够重整军备，除非它的这种能力在战争一开始便被摧毁，并且持续地受到敌人的军事行动的破坏。 按照1944年的军力标准，美国在第二次世界大战爆发时几乎接近于完全裁军。 实际上，美国军队在战争中消耗的所有军需品在1939年9月是不存在的。"裁军"并没有阻止美国参战，而仅仅是延缓其参战的时间而已。

当我们销毁武器和战车，废弃预警系统和基地时，我们只是改变了军事有效性的标准。 如果导弹被禁止，则将更多地依赖于飞机；如果复杂防御被禁止，那么对复杂飞机的需求将会减少。 由于武器本身是战争中最迫切的目标，所以销毁一件武器便清除了一个目标，并改变了实施攻击所要求的条件。 如果一个国家是不设防的或者是没有报复手段的，而它的潜在敌人也进行了同等的军备裁减，那么它可能确实是安全的；但如果确实是这样，这也不是因为它不会遭受有形的攻击。 一方的安全将依赖于它可以动用防御力量或者报复手段，并在行动速度上比敌人更快，同时也依赖于敌人知晓这一点。

禁止攻击性武器和保留防御性武器，并不能避免这种安全上的困难。 让我们再一次把国家假定为岛国，海岸炮台对于侵略行动是毫无帮助的，但却是对抗战争和战争恐惧的有价值的防御设施。 但是在现实世界中大多数国家都不是如此。 在目前的时代，"防御"武器常常包括那些在进攻和侵略方面非常有用的设备或技术。 而且，成功地实施攻击的前提是某种抵御报复或反击的能力；在一个裁军后的世界中，任何缩小报复规模的措施都将降低一个国家发动战争所冒的风险。 对报复的防御，几乎可以代替进攻性力量。

裁军并不会排除危机的发生；战争和重整军备可能仍然看起来是即将发生的事情。 一个国家如果坚持认为，拖延便会允许敌人首先发动打击或进行动员，那么，即使它不拥有复杂的武器，也仍然可能考虑以其掌握的不论何种资源来发动战争。 如果一个国家相信其对手有可能会急速地重整军备以获取军事优势，那么它很可能会考虑进行"预防性战争"来阻止对手获得压倒性优势。 如果一个国家对长期维持军备裁减信心不足，并认为在未来的恶劣条件下战争将完全有可能发生，那么它就会有动机提出"预防性最后通牒"（preventive ultimatum），或者通过使用非法保留的核武器来实施强制以赢得一场短暂的战争，或者使用其军事力量来实现更为持久的军备裁减安排。 与高度武装化的国家一样，裁军后的国家的攻击决定可能不是心甘情愿地作出的，其动机不是为了获利或取得军事胜利，而是由于担心无法掌握主动权。 在裁军的情况下，发动预防性或先发制人战争的动机，可能与在今天的武器水平的情况下的动机同样强烈，甚至更加强烈。

如同当前的情况一样，在一个裁军后的世界中，一方的目标很可能是要摧毁敌人将战争引入本国国土的能力，并获得充分的"胜利"以阻止敌人因之后实力得到加强而对本国构成军事威胁。 而迫切的目标则是摧毁敌人的大规模杀伤性武器（如果有的话）、投射工具、能够经快速转换用于战略战争的设备，以及能够从中获得战略战争能力的零部件、备用设施、骨干人才等。 如果双方均或者通过破坏裁军协议，或者由于协议本身允许而获得了核武器，那么，稳定性将依赖于实施攻击的一方是否能够以临时准备的投射能力，来阻止受攻击一方集结或临时获得报复手段或核储备。 这将取决于"裁军"行动的技术，以及双方对各自"裁军"后的报复潜力的规划情况。

如果只有侵略者有核武器，而受害者没有，那么后者的反应将可能视下列情况而定：生产能力能够多快地恢复，生产设施在面对敌人攻击时有多脆弱，以及遭受暂时核破坏的前景是否会迫使其投降。

如果双方都不拥有核武器，则不对称的重新核武装的前置时间就可能具有决定性的意义。 不论需要数天还是数月，只要一方相信自己能够通过重整军备的应急项目首先获得几十枚的百万吨级核弹，那么它就将期望可以支配对手。

如果核设施本身在核轰炸面前是脆弱的，那么这种因不对称的前置时间而获得的优势将会达到最大；首先获得的少量武器将被用于破坏对手实现重新核武装的设施。 即使这些设施深藏地下，经过良好的伪装或者高度分散，获得几十个百万吨级核弹所需的时间上的微弱差距也可能使战争对于落后的一方而言是无法忍受的。 拥有核武器或许并不是摧毁对手核设施的必不可少的条件。 高威力炸药、突击队员或者执行阴谋破坏的人员也可以是有效的。"战略战争"可能会在 20 世纪达到一种尚不可知的纯净状态：核设施将如同国际象棋中的王一样是压倒一切的目标；需要向其提供绝对的防御。 在这种战争中，行动的目标将是维护本方的动员基地，同时摧毁敌方的基地。 赢得一场战争不再需要战胜敌人的防御力量，而仅需赢得重整军备的竞赛即可。

这种战争与目前条件下的战争相比或许不那么具有破坏性，但这主要不是因为裁减军备已经降低了攻击者的破坏能力，而是因为在受害者无法作出反应的情况下，攻击者可以采取更加慎重的节奏，这使得攻击者有时间在受害者被完全摧毁之前与之就停火进行谈判。 胜利当然或许可以在不发生暴力的情况下实现；如果一方看起来在动员的结果和使战争不可避免等方面具有令人信服的和富有决定性的优势，那么，它在那时所投射的或许就不是武器而是最后通牒了。

国际军事权威机构

人们通常会提出某种类型的国际权威机构作为完全裁军协议的一部分。 如果在军事上优于任何的国家军事力量的联合，一支国际部队便能够提供（或者本身即是）某种形式的世界政府。 将这种安排称为"裁军"几乎与将《美利坚合众国宪法》称为"统一货币和州际贸易条约"一样隐晦。《联邦党人文集》的作者们对于他们所讨论机构的影响深远的特性不抱有任何的幻想，我们也不应当如此。

一个值得一提的构想是：规划中的管理部队应当旨在控制个人而不是国家；它所配备的武器将仅仅是巡逻车、催泪弹和手枪；它的情报系统将仅仅是电话窃听器、测谎仪和侦探；它的使命将仅仅是拘捕人员，而不是向政府发出战争威胁。 然而，我们在这里将集中考察管辖国家——不是所有的国家而仅是小国——的国际部队这一概念。 最令人感兴趣的是那些与慑止和遏制原有核国家的军队的技术或战略相关的问题。

国际部队的使命是管理世界以阻止战争和重整军备的发生。 它可能仅获得制止战争的授权；但是一些类型的军备重整是明显的战争信号，这将迫使国际部队采取行动进行干预。 需要进行干预的军备重整与非敌对性的军备重整之间可能会存在明确的或隐含的区别。

国际部队的行动引发了一系列问题。 它应当在被侵略国家的范围内遏制侵略，还是应当进入实施侵略的国家（或者冲突中的各方）并使其丧失军事能力？ 它应当使用远程战略武器来使侵略国家丧失军事能力吗？ 它应当依靠大规模惩罚性报复的威胁吗？ 它应当将这种威胁或者如果必要将有限核报复作为一项强制手段吗？ 如果出现一国重整军备的情况，国际部队的选择手段将包括入侵或威胁入侵、战略战争、报复或威胁报复；"遏制"并不能阻止一国重整军备，除非该国在封锁面前是脆弱的。

国际部队准备独自行动还是准备领导一个世界范围的联盟来对抗违规国家呢？如果发生侵略行为，受侵略国是否将参与自身的防御？一支军队不可能维持如此庞大的规模，这种规模足以"遏制"这种由一个拥有大量人口的国家所实施的短距离行动，除非它借助于世界上其他国家的突然动员或者更优越的武器——核武器，如果防御局限在被侵犯区域的话。 但是，使用这种武器来保卫东南亚抵御邻国的渗透、保卫西欧抵御苏联集团、保卫联邦德国抵御民主德国或者保卫古巴抵御美国，将面临在人口稠密地区动用核武器所通常遇到的困难。 一个受到侵略威胁的国家可能宁愿选择有条件的投降，也不愿意以这种方式进行防御。而且，国际部队可能需要后勤设施、基础建设以及偶尔在预期会被征召的区域进行大规模演习。 沿着铁幕永久驻扎大规模兵力是可能的，但这样做并不会为人们带来所有的希望从裁军中获得的心理上的好处。

人们当然不会预期国际部队对两个大国关系的干预会经常发生在一个裁军后的世界中。 然而，如果国际部队被认为超越了苏联和美国对自身核能力的依赖，它便需要具有某种看似可信的能力来应对大规模的侵略；如果它没有这种能力，大国仍然可能被慑止，但这就并非是由国际部队来实现了。

获得大规模的或者精确的核惩罚能力或许是装备国际部队最简单的方式。 但是没有证据表明国际部队在解决"可信性"难题或者集体决定难题上比目前美国单独解决或者北约集体解决的效果更好。 这并不意味着它不能解决这些难题，而只是意味着这些难题不会随着一个条约的签署而自动得到解决。 如果国际部队本身是不属于任何国家的，那么它或许不拥有违规国家威胁实施反报复所针对的"国土"；但如果它是完全文明的，那么它将无法彻底免受违规国家利用对其他国家民用设施的破坏来进行反威慑威胁。 这个国家可能会对国际部队的动员基地进行轰炸，并附带地或者明确或者含蓄地威胁对民用设施进行破坏。（国际部队大概会在工业国家生产或者获得武器，也无法完全驻扎在南极洲、公海或者外太空。）

如果完全核裁军在技术上看起来是不可能的，那么，那时我们不得不假设某些大国至少保留了小规模的核储备。在那种情况下，国际部队可能仅是一个额外的威慑力量而已；它将不会享有总体设想的军事垄断地位。

还有一个构想需要处理，即国际部队应当足够强大以击败侵略者的联合，但却不足以强大到不顾普遍反对而施加意愿的程度。即使世界上仅拿破仑拥有武器，试图建立一种如此脆弱的权力平衡看起来也是不可能的。对于像先发制人、报复、核讹诈等概念，任何的数学方式都是无法解决的。

国际部队所面临的最棘手的战略难题是，如何阻止一个大国进行单方面的军备重整。无论何时当某个国家放弃协议、开始重新武装时，威胁对其动用核武器的可信性确实都是非常低的。

这种形式的军备重整将会产生重要作用。如果一个大国公开作出一项政治决定，宣布放弃裁军协议，并通过建立一个仅具有报复能力和适当规模的国防力量来恢复它感到已经失去的安全，难以想象一支文明的国际部队会使用大规模杀伤性武器来阻止这种军备重整。在试图劝阻违反者放弃其目的时，国际部队有可能会实施有限的核报复，但是除非一国的军备重整计划伴随着某种公开的侵略行为，否则通过有限战争在该国的人口中心冷静地和克制地动用核武器或其他的非传统武器看起来不会是合理的，当然如果可以使用非致命性的化学或生物武器，则另当别论。

入侵或许是一个更加合理的制裁方式，可能是通过配有小型的用于自卫的核武器的伞兵部队来实施；这些部队的目标是使违反者的政府和动员机制陷入瘫痪。但是如果这被认为是阻止军备重整的最可行的技术，那我们就不得不考虑其所具有的两个含义。我们向国际部队提供了一种不流血的方式来推翻一个国家的政府。这种先发制人式的入侵可能要求国际部队执行一项不符合政治稳定的迅速而秘密的行动。

同时还面临着这样的问题，即何种类型的军备重整或者导致军备重整的政治行动应当遭到国际部队的干预。假如在美国，共和党人或民主党人围绕军备重整议题展开竞选，进行投票，并获得胜利，等待就职，然后谴责裁军协议，并开始有序的军备重整，这样的做法是可以被接受的吗？如果国际部队进行干预，它应当在重整军备开始后，还是应当在某一党派向国会提出一项重整军备的议案后？这种阐述表明国际部队或者其背后的政治实体的一项职能将是，首先尝试与潜在的重新武装的国家进行谈判，而不是在这个国家重新武装过程的某个阶段突然地进行干预。

重整军备的特性会再一次产生重要作用。假设美国总统提出了一份设计完备的计划，提出建设一支明显是实施第二次打击的报复力量。这一力量虽然无法向国际部队或者其他国家发动先发制人的打击，但却在遭到攻击时相对安全。他以目前的军事环境容易遭受科技发展、政治剧变、难以抑制的国际敌对状态、国际部队实施决定性干预的无能、国际部队的腐化或覆灭或者其他情况为由，论证了这份计划的必要性。在此情况下，国际部队对美国实施经过授权的大规模干预，将比美国总统命令实施一项应急项目来集合核武器、列车机组人员、远程飞机等更加不可能。重整军备发生在危机出现并伴随战争进行的时刻，还是出现在局势平缓的时刻，也将产生重要作用。

这里所谈论的要点，简单地说就是，即使一个国际军事权威机构被承认唯一有权掌握大型武器，它也将面临并非轻易即可解决的战略难题。[11]这当然还不包括那些更加严重的问题，即世界管理机构的"执行部门"和"军事部门"的政治控制问题。如果我们希望将所有的国际争端都诉诸一个正式的裁定程序，并依赖一个国际军事当局来执行裁定的结果，我们就仅仅是追求一个不包含政治的管理。我们希望获得那种将所有的脏活——尤其是那些非常需要勇气的工作——都推给专门的雇工来完成的舒适性，我们中的大多数人通过市政管理获得了这种享受。不包含政治的管理对于防止盗窃行为可以运行良好，但是对于学校的种族隔离、大罢工或者阿尔及利亚独立则不那么有效。 如果我们建立起非常强大且专横的统治力量，或许我们能够实现这一点；但是之后我们中的一些人则将不得不转身开始策划进行内战，而此时国际部队面临的战略难题仅仅刚开始。[12]

为了稳定而进行的裁军设计

换句话说，稳定的军事环境不会自动地产生于一项关于武器及其设施的禁令。 战争甚至是核战争，仍然可能会发生，而不论其可能性随着动员甚至是武器制造的需要的减弱而降低至何种程度。[13]令武装国家现在感到担心（或者应当担心）的两种不稳定模式同样适用于裁军后的国家。 对于一个由于缺少现代武器因而战争节奏一开始就较为缓慢的世界而言，战争和重整军备的时机，以及速度和主动行动所扮演的角色仍然是至关重要的。 即使关于"完全裁军"的设计，也仍然需要在最大程度地降低战争的破坏程度和最大程度地降低战争发生的可能性之间作出选择。 如果裁军是为了阻止战争的发生和消除不稳定的动员竞赛的危险，那么在设计它时即应体现出这一点。 裁军并不会使军事潜能消失，而只是使之发生改变。

基本的要求是建立某种"对等军备重整"的形势。 为了使裁军持久，必须进行相应的设计以使得在军力恢复的竞赛中落后一方的劣势不会太大，这样，在面对暗中进行军备重整的模糊迹象或者即将重整军备的公开迹象时，国家可以不仓促地作出反应。 直接清除所谓的"军事生产设施"或许可以带来稳定，但这完全是基于巧合；如果存在一个有意识地设计的"军备重整的稳定平衡战备"体系的话，则更有可能实现稳定。 人们是不可能消除重新武装的能力的；人们只能希望延长从下达"开始"命令到达某种特定水平的军备重整的时间，并尝试使防御性的或报复性的军备重整比进攻性的或先发制人的军备重整更加容易。

人们可以尝试消除领先所获得的收益和落后所遭受的惩罚，并将任何一方在一场重新开始的军备竞赛中的迫切性降至最低，以及巩固其所获得的优势（或使其劣势降至最低）。

我们无法确定尽可能地延长重新武装所需要的时间是否是一种阻止其发生的方式。延长军备竞赛的过程并不必然会降低其首先完成军备重整的动机。然而，这种做法可能会减少小幅领先所获得的优势；它可能允许双方在竞赛积累了太大的动力之前重新展开谈判；它也可能会减弱速度更快一方对于如果自己开始一场竞赛就将赢得胜利的信心。

那时，战争或可能导致战争的重整军备竞赛的可能性将依赖于裁军的特性。如果动员的前景是，抢先开始并不具有决定性的意义，而竞赛的过程又很长，那么，先发制人的行动只有在当对方的动机清晰后才可能发生。在一个裁军后的世界中，影响稳定的重要因素是：重整军备所需的备用设施及储备人员或骨干的疏散和复制。疏散可能是重要的，因为军备重整与战争会相互影响。如果一个国家能够生产足以中断对手军备重整进程的武器，它便可能因此获得决定性的优势。一旦竞赛开始，那些容易被定位的生产核武器的设施将可能会招致预防性的和非常有限的战争。

这里的观点并不是，裁军将会尤为不稳定，或者与目前的武装世界相比将更加不稳定，而是，裁军后的世界与武装世界相比，在军事上有可能会更加稳定，但也有可能会更加不稳定。这要取决于现有的军事潜能是有利于速度、突袭和主动行动，还是相反有利于更加安全地等待、安全地成为重新恢复的军备竞赛中落后的一方和不首先发动攻击的一方，以及重整军备最可能的趋势是使得军备偏向于稳定还是不稳定。

不应当期望一份裁军协议会自然地缓解紧张局势，并使现有的军事潜能变得不重要。并不是所有的人都相信裁军会提供一个适宜的军事环境，或者确保政治气氛会有助于建立和平、友好的关系。难以想象任何清醒的人，在不经过至少几十年的经验检验之前，便自信地认为由于某一份可以想到的国际协议，战争已经从人类的事务中消失了。国家之间会存在惊讶、谣言、严重的误解和一般性的对立。 即使实现了某种被称为"全面和彻底的裁军",也不能确定负责任的政府是否会减弱对国际形势的忧虑,如果它们掌握了更加安全、更加分散和组织更加专业的动员基地或武器系统,同时可以更加自由地对之加以改善、训练,并对其使用的战略进行讨论。 或许,在经过专业化的组织,并与主要人口中心相分离后,相比于"完全"裁军协议,昂贵但恰当的现代武器系统将使得军事介入更少地——而不是更多地——出现在日常生活中,在裁军协议下,每位民航飞行员在其公文包中都会携带着紧急动员指令。

换句话说,本章所讨论的两种类型的稳定同任何时期、任何水平的军备或裁军状态都是相关的。 那种认为如果裁军足够"完全",我们便可以忘记威慑等所有诸如此类的事情的观点是不正确的;而那种认为在"完全"裁军的情况下,将不再需要控制、平衡或稳定军事潜能的观点也是错误的。 裁军如果要发挥效用,它将必须使威慑变得稳固。 我们无法使战争不具有发生的可能性,但必须使发动战争无利可图。

有些时候,人们认为,使军事威慑永久存在是为了以恐惧实现和平。 但是关于稳定的威慑和完全裁军之间的关联性的暗示是不具有说服力的。 慑止裁军后的重整军备以及小规模战争升级为大规模战争的是对于恢复军备竞赛和战争的忧虑。 任何一项协议——关于完全裁军、通过谈判确立的相互威慑或者通过有意识地设计而单方面获得稳定的武器等事项——中所包含的"恐惧"的程度关系到信心的维持。 如果违反规则的后果非常糟糕——对各方而言都是糟糕的,很少取决于哪一方首先违反,且快速动员并不会对此有所帮助——我们可以将这一后果视为理所当然,并将之称为"谨慎平衡"(balance of prudence)。

注 释:

[1] 参见 Ludwig Reiners, *The Lamps Went Out in Europe* (New York, Pantheon Books, 1955), pp.134ff. 这本著作的第 13 章至第 15 章及第 123 页至第 158 页是我所知

的关于动员的动力学及其对决策的影响的最好阐述。 也参见 Michael Howard，"Lest We Forget," *Encounter*（January 1964），pp.61—67。

［2］Karl von Clausewiz，*On War*（New York，Barnes & Noble，1956），introduction by F.M.Maude.这篇序言完成的时间明显是在 1900 年前后。

［3］*The Age of Overkill*，p.27.顺便说一句，当人们说"非理性"破坏了威慑的时候，他们仅仅是指——或者应当是指——特定类型的非理性。 领导人可以是非理性地冲动的，也可以是非理性地迟钝的，因此或者无法容忍拖延或者无法作出决定。 一个希特勒式的领导人可能难以被慑止，因为他是"非理性的"，但是一个张伯伦式的领导人同样是非理性的，因为特别容易被慑止。 如果不能应付这种局面，人类可能在一些情况下会导致又一起珍珠港事件，或者导致德国重整军备进入莱茵兰地区；它也可能会减缓相当一部分的打击、事故和错误警报，帮助政府合理化其应对危机的方法。 当我们面对不可理喻的疯狂时，不会得到任何的安慰，然而它可能会有助于我们将这一理论搞清楚。

［4］读者如果对这一点还不熟悉，当然应当参见艾伯特 · 沃尔斯泰特（Albert Wohlstetter）的经典作品："The Delicate Balance of Terror," *Foreign Affairs*，37（1959），pp.211—234。 该文是关于"脆弱性"问题和威慑的稳定性问题的专业论述的分水岭。 另可参见 Malcolm Hoag，"On Stability in Deterent Races," *World Politics*，13（1961），pp.505—527。 这篇文章从理论上清晰地比较了不同的军备技术及由此产生的不同类型的军备竞赛问题。 我与莫顿 · 霍尔珀林在《战略与军备控制》一书中曾考虑了军备控制的含义，尤其是第一、二、五章。 Thomas. C.Schelling and Morton H.Halperin，*Strategy and Arms Control*（New York，Twentieth Century Fund，1961）。

［5］罗伯塔 · 沃尔斯泰特（Roberta Wohlstetter）在其独特的研究中探讨了危机中的情报评估问题。 参见 Roberta Wohlstetter，*Pearl Harbor：Warning and Decision*（Stanford，Stanford University Press，1962）。 近来，她又分析了情报与反应之间的重要联系。 她说："在古巴危机中，可根据模糊的警报采取行动，因为行动被划分得非常细致……如果我们必须只在更加激烈的行动中作出选择，我们本来会更加迟疑。 那时，警报问题与决策问题是不分离的……通过提炼、细分和使我们准备作出的反应的范围更加富有选择性……我们可以及时根据信号来改变行动以避免或减缓灾难……从而使我们的反应可以适合于信息的模糊性，将错误和不采取行动的风险降至最低。" 参见 Roberta Wohlstetter，"Cuba and Pearl Harbor," *Foreign Affairs*，43（1965），p.707。 关于行动如果被划分得极度粗糙，则可确定此行动将必然陷于瘫痪失败的例子，可参见亨利 · 欧文（Henry Owen）关于 1936 年莱茵兰危机的讨论。 Henry Owen，"NATO Strategy：What Is Past Is Prologue," *Foreign Affairs*，43（1965），pp.682—690.

［6］艾尔弗雷德 · 瓦茨（Alfred Vagts）在其《防御和外交》（*Defense and Diplomacy*）一书中题为"武装的展示"（Armed Demonstration）一章中对此有着丰富的论述。 参见 Alfred Vagts，*Defense and Diplomacy*，（New York，King's Crown Press，1956）。 瓦茨令人信服地引述英国前首相迪斯雷利（Disraeli）和丘吉尔（Churchill）的观点，警告说不要做出缺乏影响的和与坚定意图正相反的展示。 他也相信在最近三十年，"这种外交工具"已经发生了根本的变化，也就是，"西方国家的展示，如果不是大多数的话，也有很多是对内的（inward），而不是对外的（outward）。 这些展示是针对自己的民众的，而不是针对苏联的听众的"。 其著作问世十年后的今天，不论他是否会改变所强调的重点，他的观点仍然是有效的。

［7］在一场漫长的危机中，被保护的人们或许可以轮流地在附近呼吸新鲜空气，离散的家庭也可以重新团聚；可以继续储存必需品，也可以在掩体外采取紧急措施。 这种可能性缓解了在掩体中的困苦，但也使计划变得复杂——除非在制定计划时忽视这一点。

［8］"Lest We Forget," p.65.

［9］作为对 1914 年的事件及随后战争的解释的背景，甚至是作为今天问题的背景，布罗迪（Brodie）所著的《导弹时代的战略》（*Strategy in the Missile Age*）一书的前两章是对高级官员的无情责问，当出现问题时，文职的和军方的官员都急欲逃避管理军事力量的令人可怕的责任。

［10］这样做意味着一种事实叙述，因此有可能会是错误的。 它可能会在事实或者人们认知事实的方式上出现错误。 如果由于海岸防御或潜艇封锁的能力被低估而使得两栖攻击看起来是有前途的，那么相互威慑就不会是稳定的，即使它应当如此。 如果一个国家夸大了海洋给予它的安全，正如美国直到 1914 年所做的那样，它可能没有采取那些

连同大洋的隔绝一起能够给予它安全的措施。 哈得孙·马克西姆（Hudson Maxim）在1914年估计，尽管美国具有巨大的防御潜力，但是仍有三个或四个国家能够利用大洋作为通道成功地入侵美国。 他怀疑美国是否能够在战争遭到严重的挫败之前武装自己。 他得出令人沮丧的结论认为："我们目前所能做的事情是挑选征服我们的人，我选择英国。" *Defenseless America*（New York，Hearst International Library，1915），pp.xx，72—78，99—108，120—125. T.H.托马斯（T.H.Thomas）在其题为《军队和铁路革命》（Armies and the Railway Revolution）的非常有趣的文章中说："19世纪40年代初期，在整个德国有一个最为流行的预期是，即将来临的铁路网将会使进攻性战争面临一个决定性的障碍，尤其是将使得法国侵入德国领土变得不可能……第一次实际的战争检验相当彻底地打破了这种预期。 在1859年意大利战争期间，即使伴随着不完整的和非常不完善的铁路系统，大量的军队也得以迅速地从遥远的地区运至既定的攻击前线，拿破仑三世（Napolen Ⅲ）能够以拿破仑从未想到的速度发起一场大规模的进攻。" *War as a Social Institution*，Jesse D.Clarkson and Thomas C.Cochran，eds.（New York，Columbia University Press，1941），pp.88—89。

[11] 马克斯·勒纳在前文引用的著作中关于进行严厉裁军的急切主张，证明了那种混淆问题解决与问题被新的问题所替代的普遍倾向。"如果任何形式的侵略战争都被宣布为非法，并由一个国际权力机构来执行，那么完全裁军所面临的很多危险都将能够得到矫正。"（第259—260页）如果宣布为非法是由美国、北约或者对神的恐惧来执行的，情况将会是如此；但是如果这种宣布"侵略战争"为非法由一个强大的、有决心和具有可信性的权威机构所执行（可避免遭受对手"非理性"的侵害，前文曾提到马克斯·勒纳认为这种非理性可能会破坏威慑），我们或许能够以比"全面裁军"更加温和、更少不安的方式来解决问题。 如果我们能够可靠地消除所有类型的侵略战争（以及自卫性的、预防性的、非故意的或恶作剧的战争），谁还会那么关心军备呢？ 对于某个"权威"来说，如果所有的对手都被"完全解除武装"，其任务的执行将可能会变得更为容易，但这应当依赖于分析，而不是主张。 人们无法不同意勒纳，而只是会质疑是否他说出了任何实情。

[12] 关于"国际武装力量的战略难题"的更加深入、更加令人沮丧、在一定程度上也更加具有建设性的论述，参见本人以此为题的文章，Thomas Schelling，"Strategic Problems of a International Armed Force," *International Organization*，17（1963），pp.465—485。 该文后来被收入下面的文集：Lincoln P.Bloomfield，ed.，*International Military Forces*（Boston，Little，Brown，1964）。

[13] 这在第二次世界大战中得到证明，美国在战争期间不仅生产而且发明了核武器！而下一次的生产和发明将会变得更加容易。

第七章　军备竞赛的对话

苏美热线——一条横跨大西洋两端各连接着一台电传打字机的专用电线——渲染了核时代的通信。一些人为它喝彩，认为它是一项显著的创新；其他人则对在这样一个人们可以在 3 000 英里外直接打电话给妈妈送上生日祝福的时代，却一直不存在为更为紧急的会话而设立的装置感到惊讶。热线提醒我们，即使在通信卫星和通过无线电调度出租车的时代，供政府首脑间快速沟通的设备也可能会是不存在的，除非某人想到为他们提供这样的装置。

国务卿克里斯蒂安·赫脱（Christian Herter）在 20 世纪 60 年代初的一次演讲中即已经预见到了该条热线的设立。他说："观察员可能证明是有用的，在一场重大危机期间，他们可以帮助核实是否任何一方都不准备对另一方发动突然袭击。"他还说："其他的信息交换安排或许会发展起来以确保避免对外太空事件的潜在危险产生误解。"在一场危机中，相互怀疑的可能性有可能会由于反馈的过程而放大，每一方对于防止突然袭击所作的准备看起来都像是为发动攻击而作的。这一点在1958 年关于突然袭击的日内瓦谈判中即已得到了关注。苏联外交部长葛罗米柯（Gromyko）在一场记者招待会上对此作了一个生动的描述："流星和电子干扰"造成苏联飞机升空，这反过来又引起美国轰炸机起飞，在这种情况下双方"会自然地认为敌人正在进行实际的攻击"。

但是葛罗米柯并不是首位关注这种反馈的俄国人。沙皇在 1914 年7 月即对此感到了忧虑，他当时试图决定为对付奥地利而进行动员，但又担心这会引发德国人做出对付法国的动员，并因此导致总体战争。事实上，热线这一想法的萌生可以追溯到更早以前。 不论是葛罗米柯还是赫托或者任何一位关于军备控制的现代学者对此问题的表述，都没有比色诺芬在公元前 4 世纪所作的表述更加清晰。 离开波斯的希腊军队与护卫他们的波斯军队之间产生了相互的怀疑。 希腊指挥官要求会见波斯指挥官，以尝试"在这些怀疑演变为公开的对立之前，将其终止"。 当他们会面时，这位希腊指挥官说：

> 我注意到你们总是提防着我们，好像我们是敌人；同时我们见此情况，也提防着你们。但是经过对事情的调查后，我找不到任何你们试图伤害我们的证据；而在我方，完全可以肯定，我们甚至不曾想过要做这样的事情；所以我决定和你讨论这些问题，如果可能，我们可以消除这种互不信任的现象。我知道过去曾经发生的一些事例——有些是出于诽谤信息，有些则完全是出于猜疑——人们相互害怕，急切地希望在遭受伤害之前首先下手，这对一些既无意、而且也不愿做这种事的人，造成了不可补救的伤害。我确信这种误解最好通过当面的沟通来消除，我希望向你表明，你们没有理由不信任我们。[1]

这件事情的结局是惩戒性的。 这样"当面的沟通"建立了起来，但波斯人却利用这一机会屠杀了希腊军队的全部将领；虽然我们在一本已出版的最有价值的战略著作中将之归因为波斯人的背叛，但也为他们没有将军备控制作为一个更加可信的开始而感到遗憾。 他们所犯的错误明显在于，认为消解不信任的唯一方法是代之以信任。

热线并不是一个了不起的想法，而只是一个好的想法。 它提醒我们军备控制不需要完全专注于维护和平的大计划。 实际上，热线可能主要是象征性的。 谁能够想出一个比苏联制造的西里尔字母（Cyrillic-alphabet）电传机以租借的形式交付给五角大楼、反过来又将美国的设备交付给克里姆林宫更加生动、简单的仪式来纪念核时代的国家间关系呢？这种设备的交换很可能会使人们更加严肃地思考相互沟通的问题，这样，在紧急时刻，可能会有一个更好的基础来了解沟通什么以及通过何种设备进行沟通的问题。

这是我对于那种认为热线在战争和威慑的问题上具有非常大的新奇性的观点的评论。 美国共和党 1964 年的政治纲领突出强调了美苏热线，似乎认为它的设立是不自然的，并且似乎认为这种迫切希望进行可能的沟通的做法是一种亲密的表现，以致盟友应当为美国与敌人之间的联络而产生一种被抛弃的感觉。 新闻报道通过展示美国总统和苏联总理实际打电话的照片（好像他们可以用同一种语言交谈一样）加重了这种新奇性，甚至加剧了人们的忧虑：凌晨三点，肯尼迪总统或约翰逊总统穿着睡衣，在不咨询重要顾问或国务院的情况下，昏昏欲睡地与一个遥远的地方通话。

但是历史上存在大量的敌人之间进行相互沟通的先例。 即使是世界战争也是通过一种谈判过程而最终结束的，而这一谈判过程建立在某种穿越战斗地带和以外交接触将敌人相互联系起来的沟通方式的基础上。 如果另一场战争尤其是大规模战争来临，或许没有充足的时间来寻找一名中立的大使作为中间人，特别是如果他的防护核微尘的掩体没有外部天线的话。 经过反思，几乎所有的人都会同意发生在敌人之间的沟通是最为迫切需要的，而在现代时期，"不自然"的观念则是那种认为战争一旦发生，敌人所谈论的一切便都不具有合理性的想法。

难以想象会出现比以色列建国时阿拉伯人和以色列人之间的敌对更加严重的情况了。 然而即使如此，在 1948 年底耶路撒冷停火期间，一条处理由停火协议所引发的突发事件的"热线"也还是建立了起来——在这一事例中，确实存在一条连接耶路撒冷双方高级指挥官的电话线（双方均可以使用英语和阿拉伯语进行交谈）。 我被告知，这种想法并非是由民间热衷于军备控制的人凭空想出的，而是由军事指挥官们自己提出的。 这些指挥官们意识到有必要快速处理双方之间的交火或其他事故。 这并不是一个新奇的想法；朱利尤斯·恺撒在高卢以及色诺芬

229

在波斯就已经认识到与敌人进行沟通是至关重要的，并对那些不重视敌方大使人身安全的部下给予了严厉的惩罚。

从规划的角度来看，如何开始一场大战大概是政策制定者面临的最为困难的事情。 然而从更为广泛的战略角度来看，如何结束一场大战却更具有无可比拟的挑战性。 如果总体战争发生，它极有可能是不情愿的或者是非故意的；以一种顾及所有处于危急关头的利益的方式来使战争停止是极其重要和困难的，它将使任何现代国家所面临的任何其他难题都黯然失色。 建立某种类型的沟通在结束战争的过程中处于核心地位。 即使决定愿意与谁进行谈判这样的问题，可能也是至关重要的。 热线并没有处理而只是渲染了这个难题。

进行军备控制的最为重要的手段无疑是那些限制、抑制和终止军事交战的方法。 限制战争至少与约束军备竞赛同等重要，而在决定战争破坏程度的问题上，限制或终止一场大战很可能比规定战争中所使用的武器更加重要。 对于军备控制的进程，很可能没有哪一个单一的措施能比确保在战争发生时与对手保持沟通更为重要的了。

持续的对话

热线有助于在一场危机中实现临时的军备控制；但是美国与苏联之间一直就存在着关于军备控制的广泛对话，尽管其中的一些是无意识的或者非特意的。 在我印象中，来自日内瓦的重要新闻往往不是产生于正式的谈判，而是产生于苏联和美国彼此对对方的军备竞赛意图的解释和对本方意图的传递的持续过程。

关于核武器的谈判便是一个很好的例子。 在名义上，存在着一个关于限制核试验的正式协议，但实际上对核活动的禁止肯定远超过这一协议的范围，且关于核武器作用的沟通也不限于关于核试验的正式谈判。 人们对核武器有着一种共同的理解：它是一种与传统炸药不同的特殊类型。 美国在过去几年对传统武器的强调是建立在有限战争的观念的基础上的，即在传统炸弹与核弹之间存在着明显的分界线，一旦核武器被用于战场，其进一步被使用的可能性就将会增加。 某些类型的沟通——正式的或非正式的、有意的或无意的——都倾向于引起、确认或者强化这样的期望。 美苏两国就传统武器与核武器之间的区别进行了大量的沟通。 禁止进行核爆炸试验本身就表示核武器与其他武器之间存在着象征性的或者心理上的差异。 谈判有助于造成对核武器的厌恶，并无疑会有助于对其作出级别上的区分。 而如果这种区分在和平时期得到广泛的认可，那么在发生战争时，它也将难以被忽视。

即使是对核武器与其他武器之间的差异的否定，也可能会有助于明确这种差异。 苏联关于核武器必然会被使用的断言具有一种刺耳和无说服力的性质，但至少表明苏联意识到了西方所划定的界线。 只要参与辩论就能够对这种区分的过程产生帮助。

其他的军备议题也存在类似的"沟通"——这些沟通是以苏联领导人为对象的，如果不是与之直接进行的话。 对太空的军事利用便是其中的一个例子。 我们确实已经提出了关于禁止太空武器尤其是大规模杀伤性武器的正式建议。 但有一些重要的沟通是发生在日内瓦之外的，其中的一些是通过语言的交流进行的，而另外的一些则是通过美苏两国的领导人所采取的行动或所没有采取的行动来进行的。 任何阅读报纸和参加国会听证会、政府新闻发布会及记者招待会的人们，很可能都会获得这样一种印象：美国政府没有将核武器部署在太空轨道的意愿，同时也希望苏联不这样做；但是如果怀疑、知晓或者被宣告苏联在太空已经部署了核武器，那么美国将被迫作出激烈的反应。 根据我们对苏联行为所作反应的经验，一种可能的反应是仿效苏联人的做法；另一种则可能是干扰其搭载武器的卫星；还有一种是加快全面提升防御计划的步伐，尤其是其中的战略计划，更尤其是太空军事行动，这种反应已由美国对苏联发射人类第一颗人造卫星的反应及对朝鲜战争的反应所表明。

　　这很可能也是苏联领导人获得的印象。 很难判断美国政府是否有意识地向苏联领导人表明了其立场，提醒他们如果部署太空武器将可以对美国的反应作出何种预期，以及如果不部署则又可以作出何种预期。一个政府——任何政府，但特别是美国政府——很多关于此类主题的言论都是为了回应媒体和国会在当时所提出的问题。 政府的大多数言论都会被发展太空计划和军事计划的需求所赶超。 在国内外有很多重要的听众，同时政府也在以多种声音进行表达。 所以，那种认为存在一个针对某一单一听众的连贯和精心设计的沟通计划的看法通常是错误的。 然而可以猜想，一些声明——无疑还包括一些沉默——背后是意识到了存在来自苏联官方的听众。

　　美国和苏联关于太空轨道武器的“协议”体现在1963年两国发起的一份联合国决议中。 这看起来是对业已存在的经由正式谈判之外的沟通而产生的一种谅解的正式承认。 比起向本顿（Benton）参议员抱怨U-2飞机对古巴的侦察，赫鲁晓夫正式批准的这份允许在和平时期使用卫星进行侦查的协议（推翻了苏联之前主张击落这些卫星的立场）将是一种更为有效的方式，因为卫星现在可以实现同样的效果。

　　另一个可能已经释放信号的领域是对弹道导弹的城市防御。 苏联领导人在20世纪60年代初期骄傲地宣布，他们已经解决了导弹拦截的“技术问题”。 第二次世界大战后的整个时期，苏联都比美国更加重视防空建设，因此可以猜想它具有一种发展防御力量的倾向。 曾经有一段时间，苏联似乎试图通过领先或宣称领先来弥补它与美国的导弹差距，这体现在了实施弹道导弹防御和利用可能的突破等方面。 苏联的这种做法也使得一些人认为，战略平衡已经发生了剧烈的变化，苏联已经超越了美国的导弹优势并展现出了创造和生产的天赋。

　　美国的一些国会议员、专家和媒体似乎把弹道导弹防御系统视为下一阶段重要的战略武器。 这种关注因为禁止核爆炸试验而得到加强。核禁试的批评者和支持者都将弹道导弹防御视为一种可能会受到核禁试抑制的最为重要的发展。

20 世纪 60 年代中期，美国行政当局采取的立场是：弹道导弹防御有可能被证明、也有可能不被证明是可行的或经济的方式，但核试验确实看起来已经不再具有决定性的地位了。 这一立场暗示，核禁试并不是一项对弹道导弹防御或其他主要武器计划的间接禁令。 人们也可以据此认为，如果由于新的技术发展，关于导弹防御试验重要性的判断被证明是错误的，那么核禁试规定或许将不得不被重新审视。

这一切又向苏联领导人传达了怎样的信息呢？如果他们读过美国国防部官员的证词并研究过太空科技方面的杂志，就毫无疑问应该会得出以下的印象：美国行政当局认为这种防御系统还不值得采购，但值得大力发展。 他们显然会预计美国在解决技术问题方面的能力并不远落后于苏联，可能还领先于苏联；此外，美国会比他们更有能力负担一项新的主要的军备竞赛项目。

苏联的领导人可能还会注意到，在美国有许多官员和评论家曾表示，如果苏联继续进行大规模的弹道导弹防御计划而美国却没有，那么这将带来非常严重甚至是灾难性的后果；美国应当在这一领域与苏联展开竞争并赶上其发展水平，即使这种防御计划的功效确实看起来不值得付出这样的代价。 苏联领导人可能会回忆起，美国对于防御计划尤其是弹道导弹防御计划的热情突然高涨，正是由于受到他们所发射的卫星及对导弹差距的忧虑的刺激。 他们也可能已经注意到这样一种普遍的看法，即美国承担不起在弹道导弹防御这样重要的先进军事科技领域屈居第二的风险。

苏联领导人有可能会意识到自己的一项主要计划（特别是因为城市防御几乎不可能是不被觉察到的），不仅会向美国提供实现与之同等发展的动机、刺激或借口，而且可能会发现跟上美国的发展速度是困难的。 也许他们还会看到，美国正面临一项难以作出的决定，而他们急速地实施某项计划甚至夸大他们所取得的进展将可能会推动美国作出这项决定。

在这个方面，苏联领导人看起来在某种程度上是温和的。 甚至在比较了索科诺夫斯基（Sokolovskii）元帅所著的《军事战略》（*Military Strategy*）的新旧两个版本后，我们也会发现苏联原有的自信和热情已有所减弱。美国很可能不经意间向苏联传递了某种信息——有点类似于对其海外冒险行为的"威慑性威胁"，但在这个例子中则是针对其国内计划。苏联领导人可能已经收到了这样的信息，即美国对苏联计划所作出的反应，将会消除这一计划的收益，并使得军备竞赛更加昂贵和激烈——不仅体现在弹道导弹防御方面，而且体现在不得不需要购置的进攻性导弹的种类和数量方面。

不言明的军备水平谈判

对我们所称的"侵略"——公开使用军事力量侵入某国的政治疆界——实施威慑被认为是理所当然的。然而就国内的军备准备而言，讨价还价的过程则是不那么明确和不那么自觉的。我们威胁苏联，如果它寻求通过入侵土耳其和伊朗来获得战略优势，我们将会以军事暴力作出反应；但是我们并没有如此明确地威胁，如果苏联寻求经由获得一支大规模的导弹或轰炸机部队来取得军事优势，或者寻求通过构建导弹防御或轰炸机防御来使我们无法具备有效的军事力量，我们将以军事暴力作出回应。总的来说，我们将战争——即使是非常有限的战争——视为要求作出军事反应的公然行动；然而我们并不认为即使是直接针对我们的军备准备，是一种要求或被证明需要采取战争行动的公然挑衅。

然而在原则上，具有敌对意图的军备建设可能会遭遇敌国的军事反应。先发制人这一概念即表明，"战争行动"可以被敌国在其境内首先开始，并使迅速的军事反应成为必要。武装部队的动员通常被认为几乎等同于宣战；第一次世界大战爆发时，"威慑性威胁"针对的是国内的动员行为以及公然的侵略，但不幸的是，这种威胁没有取得成功。至少自雅典—斯巴达时代以来，针对一个武装对手的预防性战争就已经具有了潜在的可能性。[2] 近年来，美国直接以强制性的军事威胁来抵消苏联凭借先行的导弹部署所获得的军事优势。 尽管苏联在古巴的行动很可能被视为是一个在政治和地缘上的行动，但也可以被视为是苏联试图快速及廉价地取得进攻性军事优势的一项努力。 而一个有趣的问题是，苏联试图在其境内获得实施第一次打击的进攻性力量的应急计划，是否有资格遭受类似的制裁。

事实上，关于军备建设的讨价还价确实可能会发生，尽管这可能是以一种不如公开的领土谈判那么明确的方式来进行的；领土谈判会采取结盟、宣布承诺及公布报复政策的方式。 在艾森豪威尔政府的大部分时间里，美国的国防预算在西方的军备建设方面是自我节制的。 其动机或许主要来自经济方面，但一个公允的判断是，部分原因是由于美国不希望加剧军备竞赛。 尽管在1959年臆断的"导弹差距"曾引起人们对于美国报复性力量的脆弱性的严重忧虑，美国战略空军司令部也显示了对快速扩充空中警戒系统的强烈兴趣，但美国行政当局却不愿意着手实施应急军事计划。 一些证据表明，行政当局之所以采取这种不愿行动的立场，是因为不希望突然地搅乱军备竞赛的形势。 此外，在过去几年中，美国对民防的限制正是希望不为军备竞赛增加一个新的项目，不疯狂地关注总体战争，以及不使国防预算失去平衡。

在裁军谈判方面，美国也作出了一些直接的努力来达成美苏两国关于武装力量的谅解。 然而，除了禁止核试验之外，这些努力都失败了；而对于核禁试，不论其迄今具有多少的利和弊，都恰当地阐明了威胁和再保证的结合，这些至少隐含在了所有的谈判过程之中。 除了存在"如果你们不做，我们也不会做"的主张之外，还一直存在"如果你们做，我们也会做"这样的主张。

1961年夏，肯尼迪总统明显和强烈地将美国国防预算的增加作为对苏联当年在柏林的挑衅行为的反应。 赫鲁晓夫也迅速地在当年夏天作出了回应，宣布苏联同样将增加国防预算。 此举使得双方看起来非常像是在以哑剧的方式进行着谈判。 赫鲁晓夫甚至不能或不愿明确地说明新增预算的用途，而美国很大部分的新增预算也与柏林问题仅存在间接联系，这两方面的事实证实了那种关于预算增加本身是积极谈判的一个步骤的解释，而军备竞赛则充当了谈判中的威胁和反应的媒介。

当 1960 年 5 月的巴黎峰会因 U-2 事件而被取消时，赫鲁晓夫也展示了他对这种讨价还价过程的敏感性。在回应一名记者关于为什么美国部队在前一晚仍然继续进行警戒的问题时，赫鲁晓夫回答说，美国行政当局很可能试图借此安抚美国纳税人对增加国防预算的不满。他以这样的言论显示，他本人已经察觉到了美苏两国正在进行的关于军备建设的讨价还价，并对竞赛加剧的早期迹象有所警觉。

关于军力目标的沟通

我们会就双方的军力水平进行哪些方面的沟通呢？我特别想到了战略核力量、中程和远程轰炸机以及导弹。我们至少会通过语言就一些事项进行沟通，因为在日内瓦裁军会议上所提出的最引人注目的提议即倾向于关注军力的水平——例如裁减和冻结的比例等。除了裁军之外，美国的军力目标必然在某种程度上与我们对于苏联拥有或即将拥有的轰炸机和导弹的数量相关；苏联的导弹建设也很可能或多或少与西方军力的规模相关。当国防部长宣布美国今后计划拥有的导弹、潜艇或远程轰炸机的总体数量时，他同时也为苏联的军力发展规划提供了指导方针。

苏联人的计划大概也会对我们产生影响，其程度取决于我们面对苏联计划时的自信程度。苏联领导人或许已经认识到，要想增强美国国内那些主张将导弹力量增加一倍的人士在国内进行讨价还价的交易力量，最简单的方法就是，壮大自身的导弹力量，或者找到一种具有说服力的方式来宣称苏联的力量将比美国人预期的更加强大。苏联领导人很可能会知道，如果他们展示一架超音速重型轰炸机，并证明自己正在获得大量的此种飞机，那么美国的那些希望拥有超音速轰炸机的人士的讨价还价的交易力量便会上升。　不论这种交易力量上升的理由是好还是坏，上升都是确定的。

美苏任何一方的军备发展计划都必然是会含糊地——如果不是明确地——或多或少地影响到另一方的发展计划。　这种影响肯定是复杂的和不对称的、间接的和间或非理性的，并无疑常常建立在对对方计划的不准确的臆测的基础上。　然而这种影响确实是存在的。　苏联人或许还没有意识到，当他们发射第一颗人造卫星进入太空轨道时，他们是在服务于美国的战略力量，正如之前朝鲜的进攻行为对西方的军事计划所做的那样。　他们或许已经猜测到了这一点；即使没有，通过回顾过去他们也必然会意识到，他们早先在火箭技术方面的成就是美国发展战略武器的强大的刺激因素。　美国 20 世纪 50 年代在轰炸机方面的建设是对苏联轰炸机力量和防空力量的预期的一种反应；而两国在 20 世纪 50 年代末的"导弹差距"不仅刺激了美国在导弹领域的研究和发展，而且促进了其对这一武器的购置。　苏联在 20 世纪 50 年代末是否通过让西方国家相信双方的导弹差距而获得了净收益，这可能是不确定的，但毫无疑问的是，美国人相信自身的轰炸机力量和导弹力量在质量上得到了提升，而其中的一些在数量上也得到了增加。

人们在所谓的"检查"难题与裁军之间的关系上存在着广泛的争论；然而实际上，"检查"难题与裁军之间的关系并不比其与军备之间的关系更加相关。　我们总是面临着"检查"难题。　不论是否存在裁军协议，我们都迫切地需要尽可能准确地了解对方正在进行何种军事准备。　我们必须知道与我们相对抗的军事力量的数量或质量方面的情况，这不仅是为了在全世界范围内作出公开的政治和军事反应，也是为了我们自身的军事发展计划。　我们必须在整体的军备规划时期，对可能的将会年复一年地与我们相对抗的军事力量作出估计，以决定是否建造 20 艘或者 200 艘北极星潜艇以及 500 枚或者 5 000 枚民兵洲际导弹，新型轰炸机是否应具有打击特定目标的特殊能力，洲际弹道导弹防御系统的价值及性能，以及在我们所生产导弹的弹头中填充何种物质和如何配置我们的导弹发射基地。

我们必须利用所有能够获得的信息——不论它是来自单方面的情报机构还是来自其他渠道。 如果我们单方面地决定在未来 10 年使我们的军事实力达到与苏联同等或者是其 2 倍或者是其 10 倍的水平，那么我们就需要知道苏联目前正在做什么。 这与美国和苏联之间达成一份经过谈判的协议，规定美国未来 10 年的军事实力应当与苏联相等或者是其 2 倍或者是其 10 倍，是同等重要的。

两者的差异是，在裁军协议的规定下，双方承认（至少在西方国家一方是如此），任何一方都需要关于对方正在从事活动的信息；甚至还承认，每一方都应该有意愿向对方展示其计划，以便维持协议的执行。但是在不存在协议的情况下，下面的观点也应当是正确的：苏联将会由于美国相信两国之间存在导弹差距而遭受损失，这种损失可能最终与根据一项裁军协议向美国提供关于其计划实施速度的不充分信息所遭受的实际损失一样多。 如果美国坚持建立一定比例的优势或者极大地高估了苏联所拥有的实力，那么不仅美国会花费更多的钱，苏联也会同样如此。 苏联不得不试图追赶美国，这样做的结果是，我们原先所拟定的计划可能在事后会被证明是"合理的"，而这个计划事实上是建立在夸大估计的基础之上的。

双方的军事力量之间毫无疑问会出现某种互动，但此时任何实际的对话却都是相当不明确的。 美国政府很少就其战略力量计划将如何随着苏联态度的改变而调整作出公开表态。 国防部并未说明它未来几年的计划将包含这样一个特定的导弹数量目标，即根据苏联可能部署的数量来相应增加或减少数百枚的导弹。[3] 国防部也没有明确表示，美国的扩军威胁是以苏联为对象的，是为了慑止苏联本身的军备建设。 美国政府在同苏联进行军力水平的谈判时总是表述模糊，也很可能只是处于半自觉的（semiconscious）状态，当然也没有作出任何的承诺。 而苏联领导人在这方面的态度甚至更为不明确，这也可能只是因为他们与外部世界更少进行沟通。

军备竞争中的反馈

在短期内，我们大概可以将我们的军事计划建立在苏联人已经作出的决定和已经开始执行的计划的基础上。 在武器的购置和发展方面存在很长的前置时间，而在这个以年而不是以月来衡量的阶段，对敌人的计划进行估量而不是试图去影响很可能是安全的。 至少，朝缓解紧张关系的方向来对其加以估量而不是试图施加影响，很可能是安全的。我们很可能在一两年内推升苏联的军事生产，就像他们能够以其行动推升我们的一样；我们中的任何一方都不可能由于短期的事件——短时间的政权更迭或者发现一方数年来的信息完全是错误的——而大幅地松懈。（"导弹差距"的消失几乎不会改变它之前所引起的决定。）

但是在思考未来的整个十年时——将"军备竞赛"视为双方（实际上是多方）的一项互动——我们必须在军事计划中对"反馈"作出一些考虑。 也就是说，我们必须假设在相当长的数年时间里，苏联的军备计划是其对所感知到的"威胁"作出的反应；反过来，美国的计划也反映了我们所感知到的"威胁"。 因此，在 20 世纪 60 年代末，美国会对苏联目前的决定作出反应；而反过来，苏联目前的决定也是对美国在 20 世纪 60 年代初所作决定的反应；反之亦然。 所以苏联在 1957 年就应该已经意识到，他们在 20 世纪 60 年代中期的军事需求，在很大程度上将是其自身在 50 年代末军事计划和军事公共关系的产物。

这就是大体上的反馈过程，但是其运作依赖于感知及信息的准确性、判断过程中的偏见、军备采购决定中的前置时间以及政治和官僚制度的影响——这些影响是由不同军种间的争执、关于预算的争论以及盟国间的谈判等因素所造成的。

一个重要的问题是：美苏两国中的任何一方对于另一方的军事计划

有多么敏感。 为了解决这个问题，我们应当探究双方彼此反应的过程。 这些反应肯定不完全是对另一方行为的冷静计算和精确预测的结果。 任何一方的军事决定，也不简单地来自对一种恰当战略的理性计算，而此战略则是建立在对敌人的某种准确评估的基础上的。 一部分的反应确实如此，然而还有一部分的反应则是受到其他事项的影响。

首先，可能会出现特定数量的纯粹模仿和建议力量。 常常存在一种广泛传播的观念，即为了超越敌人，必须在各个方面都取得优势。 似乎存在一种假设认为，如果敌人在某一特定领域取得进步，则他必然会知道这一点；而我们在那个领域则至少应当取得同等的进展。 经济战、核动力飞机、外交援助、弹道导弹防御或裁军主张等领域看起来确实是如此。 然而，这种特定的反应似乎是以直觉为基础的；这种直觉或许是正确的，但它毕竟只是直觉。

其次，敌人的行动或许只是提醒我们注意那些之前被忽略的事情，或者重视那些我们给予太少关注的领域的发展。

第三，敌人取得的成就或许具有真正的"情报价值"，它向我们提供了关于我们能够做什么的信息。 在劝说美国相信某种特定能力是能够达到的时候，苏联发射的人造卫星及在其他太空领域的成就具有真正的价值。 美国在1945年引爆了核武器，这必然对苏联及其他国家产生了重要的影响，使它们认识到核武器不再只具有理论上的可能性，而是完全可以制造出来并由飞机来运载。

第四，许多政府的决定来自军种之间或者指挥官之间的讨价还价。苏联所取得的成就或者它对于特定领域的发展的重视，可能为在武器的发展或预算的分配上发生争执的这一方或者那一方提供强有力的论据。

第五，许多的军事决定是受到政治驱动的，或者被特定国会议员的利益所推动，或者被媒体的评论所激励。 如果苏联所取得的成就看起来是一种挑战，或者使得美国的成就黯然无光，那么，不论是否会带来好处，它都可能会对美国的政治决策过程产生某种影响。[4]

所有这些影响过程并不是基于真实的事实，而是基于以不完全的证据为基础的信念和观点。 而这些证据为行动提供了动力。

我看不到存在任何的理由可以假设苏联人会以比西方国家更加理性和更加冷静、从容的方式作出反应。 他们必然会遭遇预算不足、军种间的争执、意识形态的检验、政治官僚机构的智力局限以及信息的缺乏和无用等情况。 此外，美国和苏联都需要向第三国的听众作出展示。某种类型的威望常常会在武器竞赛中面临危险，而第三地区的民众也会对美国和苏联特定的军备发展路线施加某种无组织的影响。

总的来说，没有证据表明苏联了解这种互动过程，并精明地操纵了这种过程。 事后看来，朝鲜战争几乎没有为苏联带来任何利益，而它最大的作用则在于使美国与之展开了军备竞赛，并使北约得到了更加严肃的对待。 苏联人或许一直面临着强烈的诱惑，希望暂时从其一开始在太空领域取得的成功中获取威望；他们也可能会为需要以一种方式来吸引民众，而这种方式却又注定会刺激美国而感到遗憾。 不论苏联从暂时的导弹优势中获得了何种政治收益，这种优势都不仅会激励西方国家的战略计划，而且也可能会引起西方国家的某种反应，这种反应将使苏联遭受比其实际成就所可能带来的更多的怀疑。 或许苏联领导人只是慢慢地才能领会到美国作出反应的方式；或者也许他们正遭受内部的压力，因此无法在军备竞赛中追求最佳的战略。 但是如果苏联领导人自己无法理解西方国家的计划在多大程度上是对其自身计划的反应，也许我们可以教教他们。

这种事情曾经发生过。 塞缪尔·亨廷顿（Samuel P.Huntington）研究了自 1840 年左右以来的一个世纪的军备竞赛，其中既包括质量上的竞赛，也包括数量上的竞赛。 他发现的一些实例确实表明，一个国家最终放弃了对另外一个国家的优势地位的挑战。 例如，"因此，法英两国 25 年来不定时发生的海军竞赛在 19 世纪 60 年代中期宣告结束了，法国放弃了任何试图挑战 3∶2 比例的严肃努力，而英国则已经展示了其维持这一比例的意愿和能力"。 尽管如此，亨廷顿也指出："十次中有九次，挑战国的口号要么是'等同于'，要么是'超越'对手，只有在极少数的案例中，挑战国的愿望会低于这样的目标。 因为除非实现相等或者超越，否则军备竞赛几乎是不可能有价值的。"[5]然而，这后半段的陈述或许更适合于前核武器时代（pre-nuclear period），在那时，军事力量被用于进行积极防御（或者公开侵略），而不是被作为以报复的潜力为基础的威慑工具。 毕竟英国通常满足于拥有以海军为特征的强大防御能力，并由于其是一个海岛国家而能够做到这一点；相反，欧洲大陆的陆战技术则无法很明确地区分为攻击力量或防御力量，任何低于同等水平的态势都将意味着潜在的失败。

很难相信苏联领导人会公开承认自己甘心永远处于劣势，甚至要他们仅对自己承认也是困难的。 然而，实质性地劝阻他们不要期望从军备竞赛中有所获得则是有可能的。 1945 年以来，基于某种原因，苏联不得不满足于在战略武器的层面上处于劣势；他们或许能够无限期地满足于在这一武器层面上不如美国强大、多样和昂贵。 在任何情况下，苏联都可能会相信，他们无法获得足够有效的第一次打击能力，因而解除美国武装的行动的效果无法达到足以值得这么做的程度。

假如苏联领导人试图辨明美苏两国的军力水平如何相互关联，他们会看到此种关联与美国在日内瓦会议上所提出的裁军提议之间的联系吗？这很难说。 由于尚不完全清楚的原因，裁军提议一直存在一种倾向，即某种类型的同等或者均等（parity and equality）是双方达成协议的唯一基础。 裁军谈判也通常假定，军备应当减少，而不只是停留在现状或者仅仅是上升幅度比不进行控制时要较小。（假如不是如此——假如维持现状始终被认可为军备控制的一项严厉措施——则"与裁军相称的检查"的荒谬性将不会如此容易被掩盖。）但是假如苏联领导人感到自己已经参与到了一场无声的战略力量对话之中，他们很可能会将之理解为，美国在这场对话中关注在战略层面取得多少优势以及从哪个方面着手来逐渐减少正在增加的导弹库存。 因此，在日内瓦进行的有意识的和明确的对话，以及华盛顿与莫斯科之间所持续进行的不那么有意识、不那么明确的对话是基于不同的前提的——这可能也是恰当的——

即如果东西方军事关系的整个基础发生了明确的变化，那么日内瓦对话也将必然会处理西方国家认为合适的事项。

虽然这种正在进行的并对军事规划具有真正价值的对话，很少能够从在日内瓦的言语交流中获得帮助，但它会实际地受到这些言语交流的妨碍吗？是否会因为从日内瓦传出的噪音以及对真实声音的不确定，我们向苏联领导人传递了混乱的信息，或者他们向我们传递了混乱的信息呢？

我过去常常对这种情况感到忧虑；对于狭义界定的"军备控制"问题，裁军谈判可能是一种会带来混乱信息的干扰因素。 但我并不认为这种情况会严重地妨碍苏联从华盛顿获取信息的能力，除非苏联领导人的语音辨别能力太差，以致无论如何都无法获得信息。（苏联领导人在古巴的违规行为表明，他们有可能在语音辨别能力方面确实是不足的，但我们并不能将这一问题归咎于日内瓦会议。）最近几年，我们在美国遇到了扩散的问题——香烟品牌的扩散，而不是核武器的扩散。 渴望尝试新品牌的吸烟者通常急切地对薄荷香烟和普通香烟作出区分。 据我所知，烟草生产商们和他们的数百万的消费者之间并没有就香烟的外包装进行过协商，生产商之间可能也没有进行过这样的协商。 然而，却出现了一个相当容易辨识的彩色标记：薄荷香烟的包装是绿色的或蓝绿的。 我相信，苏联领导人现在已经觉察到了被注明来自日内瓦的言论是薄荷型的。

裁军拥护者也许不会喜欢下面这种想法，即与苏联就军力水平取得任何谅解，在通过军事规划过程及与对方所进行的一种并非完全自觉和并不清晰的对话达成后却又无法强制执行，而只能依靠单方面情报程序来实施检查，并反映了各方对于自己的充足优势或可容忍劣势所具有的看法。 而裁军反对者也许不会喜欢这样一种想法，即行政部门或国防部，使美国的目标适应于苏联的行为或者尝试识别和影响敌人的意图，即便不是故意这样做的。 然而，这种与敌人进行沟通的过程非常重要以致无法被忽视，且极其自然以致人们不会感到意外。 同时，这也不是什么新的观点。

1912 年，丘吉尔恼怒于德皇政府的海军采购计划。按照该计划，德国所获得的无畏战舰的数量将超出丘吉尔所期望他们拥有数量的四分之一。丘吉尔怀疑德国是否意识到其海军规模的扩大将会导致英国海军规模的相应扩大，并将伴随着军费支出的增加和紧张关系的加剧，而最终任何一方都不会从这场竞争中获得净收益。英国政府内阁派遣其陆军大臣前往柏林传递信息：如果德国坚持原有计划，英国也将如此；否则，英国将以德国新增舰艇数量两倍的比率来增加自身的舰艇数量。丘吉尔认为，如果德国真的不希望发生战争，就会接受这一建议；同时这种尝试也不会招致任何的损失。

英国确实没有因此遭受任何的损失。丘吉尔在回忆录中没有因具有这种想法和作出这种努力而感到后悔。在他的头脑中并不存在一份"裁军协议"；他只是希望通过传递英国将作出何种反应来慑止一场昂贵的军备扩张竞赛。他注视着德国的举动，既不谦卑，也不自大。[6]数十年前，法国就已经被劝说相信试图在海军吨位上超过英国是徒劳的，观察是否德国也同样如此是有意义的。就像希腊通往波斯的"热线"一样，慑止敌人的军备扩张也是一个好的想法；所不同的是，它的实施是需要通过睁着眼睛注视敌人来实现的，而不是通过实际的行动来实现的；派出的使节不会在敌营遭到暗杀，海军购置计划也不会要由双方力量较量的结果来决定。

在本质上，这种在军备竞赛中劝阻苏联的过程同试图劝说他们相信在柏林欺凌美国毫无希望没有什么不同。如同在古巴一样，美国在柏林试图使苏联人明白何谓"和平共存"，如果这一术语没有因为苏联的使用而败坏名声的话。美国确实在古巴事件中试图告诉苏联人可以对美国作出何种期待，并劝阻他们今后不要作出对两国而言都同样代价高昂的错误计算。我们在柏林近郊已经试图且成功地劝说他们，特定的行动路线注定是无效的。或许我们可以在军备建设方面就某些类似的信息进行沟通。

在未来一二十年，建立起某种管理军备竞赛的机制确实是值得的。那种认为我们至少暂时无法劝说苏联相信这是一场他们不会获胜的竞赛的想法是不成熟的失败主义想法。"遏制"原则应当适用于苏联的军事准备方面。不论他们如何受到意识形态的约束，而使其难以承认自己被击败或者被遏制，他们都必须具有接受生活现实的能力。或许美国的反应可以表现得看起来是生活中的现实。

这是"军备控制"目标的一种类型。但是它同军备控制通常的设想存在几个方面的不同。第一，它不是建立在如下前提的基础上的，即与潜在敌人达成的军备协议内在地必须承认某种类型的均等。（因为存在多种不同的衡量军事能力的方法，所以处于劣势的一方可能会依据某种衡量方法宣称甚至可能相信，其与对手的军事能力是相等的。）第二，它明确地依赖于那种军备谈判所包含的威胁和提议的观念。

在裁军谈判中，明确地威胁如果对方不接受某项条件便将加剧军备竞赛，可能是粗鲁的。但是当然，如果为了诱使对方同意对其军备作出相互的调整，则必须是以如果拒绝同意将招致的后果来进行含蓄的威胁。诱使潜在的敌人节制其军备建设的第一步，是劝说他相信，如果不考虑我们的反应，损失将比收益更大。（甚至还有一种明智的方法，即有意地计划和传递一种与苏联军事力量相比稍微过度的增长比率，以便加强苏联节制自身计划的动机。这种情况还出现在关税谈判中。）

当然，军备建设的一些重要方面无法被归入"军备竞赛"的范畴。大量的军事设施和资产并不具有竞争性，如减少错误警报的设施、预防可能导致战争的意外事件及未经授权的行动的设施，以及许多其他提高可靠性的措施——这些措施有助于在和平时期甚至战争时期维持对局势的控制。也就是说，其中一方的某些特定能力的进步，并不会给另一方带来不利。确实，敌人对此的渴望同我们一样强烈。我们或许不会对敌人在这一方面采取的特定步骤作出反应，但如果我们作出反应，也不是为了要弥补我们所失去的某种领先地位。在预算固定的情况下，导弹力量的强化或者分散或许代表着一个国家的战略态势的"改善"，但可能不会遭到对手的强烈反对；另一个国家可能实际地依照自己的规划，朝着消除疑虑的方向，而不是威胁的方向作出反应。导弹强化（missile-hardening）竞赛不同于导弹数量（missile-number）竞赛。应当使苏联人了解到他们所能够预期到的美国的反应，不仅限于武器数量计划；同时还应使其了解到一些武器计划较少具有挑衅性，而另一些则更具有挑衅性。古巴危机提醒我们，不同的武器计划是存在差异的。

在我们试图为未来十年或更长时间制定计划时，如果我们严肃对待管理军备竞赛的问题，并考虑到我们同苏联计划之间的互动，则必须采取一种相当新的行动：思考我们希望苏联未来采用的军力态势的类型。在讨论军事政策时，我们一般把苏联的军力态势视为一种既定事实，或者视为一个不由我们掌握的因素所决定，要求我们必须以某种适当的方式加以应对的状态。结果，从苏联的可供选择的军力态势、准则及计划中来考虑我们偏好的事物时似乎总是一无所获。但如果我们开始研究如何影响苏联的军力态势，则我们必须考虑在苏联可供选择的发展类型中哪一种是我们所偏爱的，哪一种又是我们所强烈反对的。

就数量而言，我们需要决定希望苏联作出最大的还是最小的努力。而就质量而言，我们需要考虑苏联可供选择的武器系统和军力结构。美国偶尔会出现关于依赖第一次打击还是第二次打击，对国土进行积极防御还是消极防御，奉行打击军事力量还是打击城市的总体战争准则，以及强调洲际战争能力还是强调有限战争能力等问题的争论；我们相信所有这些争论也会在苏联出现。如果我们希望对苏联的这些争论施加影响，则尽管这种影响是薄弱的和间接的，但我们必须决定所希望引导的方向。

抑制暴力

假如美苏之间确实发生大规模战争，那么在两国政府关于军事问题的所有沟通中，没有哪一个问题会比如何进行战争更加重要的了。 这一问题之所以重要，就在于在这种战争中，它同战争破坏程度的关联性，比军事力量中累积的百万吨级爆炸更高。 此外，对于战争的破坏程度而言，双方的某种沟通乃是必不可少的。 在战争爆发前，即会出现对战争实施方式的预期，它不仅有助于发现可行的限制，而且使这种努力得到回报，并使参战国政府对施加限制的可能性保持敏感。

近年来，人们似乎已经发现在总体战争中设定一些限制是有意义的，如果这种战争不幸发生的话。 既然连这种原始的想法也一直是不明显的，那么进行一些有意识的思考和沟通就显然是必不可少的。 一方在这样的一场战争中之所以遵守限制，以及在和平时期之所以费力地试图发现限制是否能够实际地得到遵守，在所有的原因之中，最为有力的一个是，这些限制对另一方而言同样具有意义。 但是另一方必须知道这一点，必须作好察觉到这些限制的准备，也必须作好以自己的方式加以区别对待的准备。[7]

美国政府关于这种政策的暗示早在肯尼迪政府时期就已经出现，它包含在了国防预算之类的信息中。 国防部长麦克纳马拉1962年6月在密歇根州安阿伯市的演讲则是美国政府对此项政策的首次官方表述。 在此之前，一些对这一想法的非正式讨论已经出现在图书资料之中；这一想法同时遭到了认同和平运动的人士和认同毫不妥协的"强硬"军事路线的人士的攻击。 麦克纳马拉在那场重要的演讲中对此作出的官方表述，将这一政策信号放大了好几分贝。

苏联仍然没有对美国的这种官方建议——即使是一场涉及战略武器和双方领土的热核战争，也可以受到限制和处于控制之中——作出反应。 如果这种想法经历了如此长的时间才对我们自己的政府产生吸引力，特别是当它不完全是一种新观点时，那么我们不应期望它会立即吸引苏联领导人，尤其是当它是由美国所传出时。 苏联领导人或许不得不思考、争论和分析这一想法是否和苏联本身的武器计划相适合，并找到一种符合自己的战略立场的含义和解释。 有充分的理由可以假设，由于美苏双方的战略力量既不相似也不相等，这种想法对苏联的具体含义会非常不同于对美国的含义。

此外，苏联领导人或许不愿意承认这种由美国国防部所提出的观点所具有的智慧。 同时，他们可能会致力于某种先前的辩驳，而这会阻碍他们对这一问题的进一步处理。 对于在战略上处于劣势的一方而言，必须非常严肃地面对一个困境：是通过使他人相信本方除了实施大规模报复之外毫无其他选择，来使威慑的效果达到最大化，还是通过严肃地对待约束和限制措施，来避免战争的发生。

有迹象显示，在上述问题及其他有关核武器和核战争的问题上，东西方之间的对话正变得更加现实和自觉，也更少像是在各说各话，而是变得更像是双向的沟通。 1962 年在苏联出版的第二版《军事战略》（*Military Strategy*）一书是苏联官方有关战略问题的出版物的一个里程碑。 该书对西方的反应作出了正确无误的回应，显示出了一种循环反馈。 根据将该书的某个版本介绍到美国的学者托马斯·沃尔夫（Thomas W. Wolfe）的观点，苏联的作者们越来越意识到其著作的一位重要读者在西方国家，而如何与这位读者进行沟通则是重要的。[8]

事实上，美国对于这本特殊著作的处理可能已经开始了一个自觉沟通的过程，而此种沟通将会与两国在日内瓦所进行的任何会谈都同等重要，或许还会更为重要，并将彻底遮盖帕格沃什会议（Pugwash Conferences）及其他为东西方就安全议题进行沟通所作的次要努力的光芒。

美国对待索科洛夫斯基元帅的著作的做法所揭示的原则并不复杂。这一原则就是：倾听比倾诉更能有效地引起对方的注意；假如显示出认真倾听和严肃对待的态度，将会使对方更加清楚地意识到所传递信息的含义。

《军事战略》一书的两个译本迅速在美国问世。 这两个译本的介绍部分都是由美国著名的苏联军事事务学者所主笔的。 其中的一本已知是为了美国政府而快速翻译的，而另一本则由兰德公司（RAND

Corporation)三位知名的苏联政策专家指导翻译。[9]专栏作家们也对此书给予了大量的关注。有充分的迹象显示，政府官员、学者、军事评论家、新闻记者甚至学生正在认真阅读此书。难怪该书的苏联作者们在第二版中对西方的一些评论作出了反应，"纠正"了他们的海外读者的一些"错误观念"，并悄悄地修正了原书的一些内容。前后两个版本内容上的变化显示出，一些极端的原则性主张已经得到软化，似乎是担心西方过于严肃地看待这些主张一样。[10]

　　这种奇怪和重要的对话，或许为那种我们始终与潜在敌人进行的含糊的讨价还价阐释了两项原则。第一，不直接同对手进行交谈，而是同某个严肃的听众进行严肃的交谈，并让对手无意中听到。第二，使对手认真倾听。

注　释:

[1] *The Persian Expedition*, p.82.

[2] 科林斯(Corinthian)的代表说:"在所有的希腊人中，只有你们斯巴达人是很镇静地等待事变发生的;你们的防御不是靠你们的行动，而是靠使人家认为你们将要行动;只有你们在早期阶段中不做一点事来防止敌人的扩张，你们等待，直到敌人的势力已经成倍地增长了。真的，你们是常以安全和稳健著名的，但是现在我们不知道这个名誉是不是名副其实。正如我们自己所知，波斯人来自遥远的地方，直到他们远去伯罗奔尼撒之后，你们才调出相当数量的军队到战场上去抵抗他们。和波斯人不同，雅典人就住在你们的近邻地区，但是你们似乎还没有注意到他们;你们不去抵抗他们，反而站着不动，等待着，直到你们受到攻击的时候，然后冒着一切危险来和这个比原先的势力强大得多的敌人作战。" *The Peloponnesian War*, p.50.(译文参考修昔底德:《伯罗奔尼撒战争史》，谢德风译，商务印书馆2008年版，第54—55页。——译者注)

[3] 在这一点上是有先例的。丘吉尔1912年担任海军大臣时在下议院的一次演讲中说:"在得到内阁同意的情况下，应当明确规定未来五年海军建设的原则及主力舰所应遵循的战力标准。这一标准如下:只要德国依循其目前宣称的计划，则我们就建造超过德国数量60%的无畏级战舰，同时德国每额外建造一艘，我们就将建造两艘。" Winston S.Churchill, *The World Crisis 1911—1918*(abr. And rev.ed.London, Macmillan, 1943), pp.79—80.

[4] 甚至军事兴趣方面的"时尚"也会对国家的军事决定产生影响。1961年，苏联在北极试爆了一颗6000万吨级的炸弹。之后，原本对"大"炸弹毫无兴趣的科学家似乎"发现了"研究超大型炸弹的乐趣，并在之后不久即掌握了大量这方面的技术。弹道导弹防御在20世纪60年代开始成为一种时尚，其部分原因是受到了苏联的刺激。这种趋势当然并不局限于军事计划;健康和财富方面，也出现了与太空领域同样的现象。时尚是一件好东西，假如能够对其加以合理选择的话，它或许有助于将注意力集中在少数的一些新情况上，而不是严格地根据各项计划的优点来分配兴趣，特别是如果人们在达成一致和展开沟通之前必须使兴趣达到某个"临界值"的话。然而，显然容易出现太多的"时尚"。

[5] Samuel P.Huntington, "Arms Races: Prerequisites and Results," *Public Policy*, Carl J. Friedrich and Seymour E. Harris, eds.(Cambridge, Harvard University Press,

1958），pp.57，64.

［6］*The World Crisis*，pp.75—81.

［7］参见本书第五章。

［8］T.W.Wolfe，"Shifts in Soviet Strategic Thinking," *Foreign Affairs*，42（1964），pp.475—486. 这篇文章后被收入沃尔夫的经典著作《处于十字路口的苏联战略》（*Soviet Strategy at the Crossroads*［Cambridge，Harvard University Press，1964］）。

［9］*Soviet Military Strategy*，RAND Corporation Research Study，H.S.Dinerstein，L.Gouré，and T.W.Wolfe，eds. And translators（Englewood Cliffs，Prentice-Hall，1963），V.D.Sokolovskii，ed. Of original Russian edition；also V.D.Sokolovskii，ed.，*Military Strategy*（New York，Praeger，1963），introduction by R.L.Garthoff.

［10］托马斯·沃尔夫给出了一个有点太完美以至于不真实的例子。 这个例子是，索科洛夫斯基主编的《军事战略》一书的四位作者在《红星报》（*Red Star*）上的一篇文章中，向美国的编辑们提出了苏联的军事准则是否认为有限战争将"不可避免地"升级为总体战争的问题。 为了证明从未主张"不可避免"，他们引用了自己书中的一段话——这段话在美国的译本中全部再现了——并从引述他们自己的话的这段引文中删除了"不可避免"这个词。 参见 *Foreign Affairs*，42（1964），pp.481—482；*Soviet Strategy at the Crossroads*，pp.123—124。

图书在版编目(CIP)数据

军备及其影响/(美)托马斯·谢林
(Thomas C.Schelling)著;毛瑞鹏译.—上海:上
海人民出版社,2022
书名原文:Arms and Influence
ISBN 978 - 7 - 208 - 17766 - 6

Ⅰ.①军⋯ Ⅱ.①托⋯ ②毛⋯ Ⅲ.①军备控制-研
究-世界 Ⅳ.①D815.1

中国版本图书馆 CIP 数据核字(2022)第 169537 号

责任编辑 王 冲
装帧设计 道辙 at Compus Studio

军备及其影响

[美]托马斯·谢林 著

毛瑞鹏 译

出　　版　上海人民出版社
　　　　　　(201101　上海市闵行区号景路 159 弄 C 座)
发　　行　上海人民出版社发行中心
印　　刷　上海商务联西印刷有限公司
开　　本　635×965　1/16
印　　张　16.25
插　　页　4
字　　数　222,000
版　　次　2023 年 1 月第 1 版
印　　次　2023 年 1 月第 1 次印刷
ISBN 978 - 7 - 208 - 17766 - 6/E·82
定　　价　75.00 元